KB124991

진보와 저항의 세계사

진보와 저항의 세계사

제1판 1쇄 발행일 2012년 4월 25일

글 김삼웅
기획 책도둑(김민호, 박정훈, 박정식)
디자인 장원석
발행인 김은지
발행처 철수와영희

등록번호 제 319-2005-42호
주소 서울 마포구 망원1동 386-2 양경회관 302-1호
전화 02-332-0815
팩스 02-6091-0815
전자우편 chulsu815@hanmail.net

ISBN 978-89-93463-27-9 03900

철수와영희 출판사는 '어린이' 철수와 영희, '어른' 철수와 영희에게 도움 되는 책을 펴내기 위해 노력하고 있습니다.

세상은 저절로 좋아지지 않는다

진보와 저항의 세계사

김삼웅 지음

철수와영희

역사는 달리 말하면 곧 저항사다

1.

저항의 물결이 전 지구적으로 출렁이고 있다. 자본주의 심장부 월스트리트에서 사회주의 심장부 모스크바까지, 중동·북아프리카의 아랍국가에서 유럽과 아시아까지, 99퍼센트의 민중이 눈을 부릅뜨고 1퍼센트를 향해 분노한다. 『분노하라』, 『점령하라』 같은 책이 세계 출판시장을 점령한다.

제2차 세계대전 당시 레지스탕스 대원으로 나치에 저항했던, 우리 나이로 96세의 노인인 스테판 에셀은 20여 쪽짜리 소책자에서 젊은이들에게 노골적으로 "분노하라"고 말한다. 제목도 아예 분노하라는 뜻의 'Indignez-Vous!'이다.

"젊은이들이여, 주위를 조금만 둘러보면 참지 말아야 하는 게 어떤 것인지, 곧 알게 된다. 최악의 태도는 무관심이다. '내가 뭘 하겠어? 내 일이나 잘해야지……' 하는 태도다. 그러면 인간을 이루는 기본요소의 하나인 분노의 힘을 잃게 된다. '참여'의 기회도 영원히 놓치는 것이다."—에셀의 '정다운' 채찍이다.

2011년 초 북아프리카와 중동에서 독재자를 몰아낸 시민봉기가, 같은 해 9월 17일 월스트리트 점령운동으로 나타났다. 시위자들은 미국 맨해튼 남쪽 주코티 공원에 천막을 치고 1퍼센트의 기득권층에 저항했다. 분노의 목소리는 곧 유럽으로 번지고 전 세계적으로 이어졌다. 지금은 다소 가라앉은 듯하지만 언제 다시 폭발할지 모르는 휴화산이다. 인류 역사상 전 세계적으로 99퍼센트가 동시다발적으로 '분노'와 '점령'의 기치를 내걸고 1퍼센트에 대적한 적은 일찍이 없었다. 지난해 시사주간지 〈타임〉이 '올해의 인물'로 '시위자(the protester)'를 선정한 것은 의미 있는 일이었다. '시위자'는 곧 '분노하는 다수'의 다른 이름이다.

인간은 분노할 줄 아는 동물이다. 분노를 모르는 인간은 노예다. 그리고 역사는 달리 말하면 곧 저항사다. 저항이 없는 역사는 공동묘지일 뿐이다. 태초에 분노가 있었다. 무화과를 따먹지 말라는 금제(禁制)의 철망을 뚫을 때 분노가 치솟았다. 그때 아담이 분노하지 않았다면 '이성적 인간'은 태어나지 못하고 에덴동산에는 박제된 '유인원'이 남게 되었을 것이다.

나를 가리키는 말의 '아(我)'는 손(扌)에 창(戈)을 들고 서 있는 모양의 상형이다. 손에 창을 들고 자기를 지키는 형상을 '나'로 표기한 옛 사람들의 예지가 가슴을 저미게 한다. 이때의 '나(我)'는 사적 개인과 더불어 공적 국민, 인류 등을 포함한다.

"만일 노예가 그 앞에 서 있다면 반드시 진심으로 슬퍼하고 분노해야 한다. 진실로 슬퍼함은 그의 불행을 슬퍼하기 때문이며 분노하는 것은 그가 싸우지 않기 때문이다."

근대 중국의 저항작가 루쉰의 말이다. 원문은 다음과 같다.

哀其不幸

怒其不爭

루쉰은 또 이런 말도 남겼다.

"밝은 빛의 세력이 어둠의 세력과 끝까지 싸우지 않고, 만약 사악한 세력이 제멋대로 날뛰도록 내버려두는 것을 너그럽게 감싸는 것인 줄로 착각하여 덮어두고 내버려두기만 한다면 오늘날과 같은 혼돈의 상태는 영원토록 끝나지 않을 것이다."

마틴 루터 킹도 여기에 한마디 보탠다.

"백인의 차별보다 더 무서운 것은 흑인 스스로의 열등감이다. 복수하지 않고도 폭력의 악순환을 깨뜨릴 방법은 흑인 스스로 권리의식을 찾는 길이다."

고대 그리스의 시인 솔론은 "피해를 입지 않은 자가 피해를 입은 자와 똑같이 분노할 때 정의가 실현된다"라고 말하고, 미국의 워싱턴은 "사슬에 묶여서 똑바로 걷는 것보다 자유로운 상태에서 비틀거리며 걷는 쪽이 훨씬 더 낫다"고 주장했다.

오래되고 낡은 집을 뜯고 새로 지으면 진보요 그대로 두면 보수다. 사람을 포함하여 모든 동물은 전진한다. 신체구조부터 그렇다. 후퇴할 때도 뒷걸음질이 아니라 뒤로 돌아 걸어간다. 인류는 원시상태에서 진보를 거듭하여 오늘에 이르렀다. 그래서 뒷걸음질이 정상이 아니듯이 역사를 뒤로 돌리는 것은 무지이거나 무모한 짓이다.

고(故) 리영희 교수가 사상적으로 가장 많은 영향을 받았다는 J. B. 베리(1861~1927)는 『진보의 관념』에서 "진보는 서양문명의 중심개념"이라 지적하였다. 서양문명뿐이겠는가. 태고에 서양문명과 동양문명이 비슷한 시기에 싹이 트고 진행되다가 중세(中世) 이래 동양(중국)에서는 요·순·우·탕의 치세를 이상향으로 하는 상고주의

(尙古主義)가 통치철학이 되면서 '동양적 전제'가 계속되고, 서양에서는 천부인권론에 따른 분노와 저항이 자리 잡으면서 합리주의와 과학정신으로 동양을 앞서게 되었다. 물론 동양에서도 분노와 저항의 진보사관이 있었고, 서양에서도 전제군주 천년왕국의 퇴보사관이 있었다. 동양에서도 전제와 싸운 사상가가 있었고 서양에서도 그런 사람이 많았다.

사유하는 '이족동물(二足動物)'은 지극히 이기적이어서 좀체 손해 보는 일에는 나서지 않으려 한다. 또 오랜 '동양적 전제'로 노예근성도 DNA(유전자) 속에 남아 있다.

독일의 저항 목사 마틴 니묄러의 시 「그들이 왔다」는 많이 인용되지만 항상 새롭다.

처음에 그들은 공산주의자를 잡으러 왔다
나는 아무 말도 하지 않았다
나는 공산주의자가 아니었으므로
그들은 유대인을 잡으러 왔다
나는 아무 말도 하지 않았다
나는 유대인이 아니었으므로
그들은 노동조합원을 잡으러 왔다
나는 아무 말도 하지 않았다
나는 노동조합원이 아니었으므로
그들은 천주교인을 잡으러 왔다
나는 아무 말도 하지 않았다
나는 개신교인이었으므로
그들은 나를 잡으러 왔다

그런데 이제 말해줄 사람은

아무도 남아 있지 않았다

2.

이 책은 〈기독교사상〉 2009년 2월호부터 2년여 동안 '인간 진보
와 저항의 발자취'란 이름으로 연재한 것을 보완하고 추가하여 묶
었다. 연재 기간은 이명박 정권 아래 민주주의 후퇴, 서민생계 파
탄, 남북관계 적대라는 반동의 시대였다. 이런 상황에서 용산참사,
총리실 민간인 사찰, 촛불집회 참가자 지명수배, 노무현 전 대통령
정치보복, 4대 강 파헤치기 등 반시대적 '백색전제'가 활개치고, 족
벌신문과 어용화된 방송이 '이명박 찬양'을 한목소리로 내면서 비
판과 저항세력을 좌경종북으로 몰아쳤다. 6월항쟁으로 쟁취한 민
주주의가 유신·5공 시대로 회귀하는 듯한 천박한 모습이었다.

동학혁명, 3·1항쟁, 4월혁명, 5·18광주항쟁, 6월항쟁, 그리고
두 차례 민주정부 수립의 역사를 가진 우리는 북아프리카와 중동에
서 '아랍의 봄' 시위가 계속될 때 '먼 산 불구경'을 했다. 리비아의 카
다피, 이집트의 무바라크, 튀니지의 벤 알리, 예멘의 살레 대통령이
쫓겨나거나 처형될 때 한국에서는 독재자 이승만의 동상이 다시 세
워지고, 박정희의 거대한 기념관이 건립되었다. 역사의 역설일까,
아니면 역사의 반동현상일까.

'인간 진보와 저항의 발자취'를 연재하면서 고대로부터 현대까
지, 시기마다 소수의 선각자들이 분노와 저항을 통해 인류사를 진
보시켜왔음을 보았다. 그들 대부분이 기득세력의 구조화된 폭력에
육신이 찢겼지만, 그들의 순혈이 몽매한 민초들을 각성시켜 역사의
수레바퀴를 돌리는 데 기여했음을 보았다.

책을 쓰는 데는 미흡한 점이 적지 않았다. 무엇보다 중남미, 아프리카, 동남아시아 등의 진보와 저항의 사력을 담지 못했다. 이것은 순전히 저자의 한계 때문이다. 그쪽 분야에 도통 지식이 없다. 쿠바 해방의 체 게바라는 알면서도 베트남 인민들의 위대한 저항, 아시아인 최초의 반제투쟁 기수 필리핀의 호세 리잘, 라틴 아메리카 5개국의 해방자 시몬 볼리바르는 몰랐다. 오로지 무지의 소산일 뿐이다.

그럼에도 단행본으로 엮는 용기를 낸 것은 도덕적으로 타락한 1퍼센트가 99퍼센트의 자산을 독점하는 한국사회의 구조가 더 이상 지속되어서는 안 되겠다는 신념에서다. 다행히 이 땅에서도 분노의 목소리, 저항의 대열이 움직이고 각성한 진보와 저항의 연대가 이루어지고 있다. 이런 때일수록 역사의 맥을, 경험을 아는 지혜가 중요할 것이다.

덧붙이자면, 에릭 홉스봄이 그의 자서전 『미완의 시대』에서 갈파한 경구 때문이기도 하다.

"시대가 아무리 마음에 안 들더라도 아직은 무기를 놓지 말자. 사회의 불의는 여전히 규탄하고 맞서 싸워야 하기 때문이다. 세상은 저절로 좋아지지 않는다."

출판 시장이 지극히 어려운 때 책을 내주신 '철수와영희'의 사장님과 직원 여러분께 감사드린다. 아울러 연재가 쉽지 않았던 시기에 글을 실어주신 〈기독교사상〉의 한종호 주간님께 사의를 표한다.

2012년 새봄, 김삼웅

1

태초에 저항이 있었다

고대
동양 사회의
진보와
저항사상

'상고주의' 속에서도 진보사관 싹터

일반적으로 동양에는 진보의 개념이 없었던 것처럼 인식되어 왔다. 옛날의 문물을 숭상하여 모범으로 삼는 '상고주의(尙古主義)'가 동양사의 중심 개념어가 될 만큼 동양사에서 인간의 꿈은 현세나 미래보다 과거 지향적이었다.

동양(중국)의 유교는 과거에서 이상향을 찾았다. 백성이 '격양가'를 불렀다는 전설의 요·순 시대가 그 대표적인 예다. 그뿐만 아니라 주(周)의 문왕과 무왕, 한나라의 고조와 당의 태종과 현종이 다스리던 시대, 심지어 이민족인 청(淸)의 강희·건륭 시대 역시 성군들이 정치를 펼쳤던 동경의 대상이었다. 이러한 상고주의 유교사관이 지배하는 사회에서는 혁신이나 진보의 개념이 설 땅을 찾기 어려웠다.

대신 자연스럽게 천명사상(天命思想)이 나타나 자리 잡게 되었다.

백성을 다스리는 제왕은 하늘의 명령을 받는 사람으로, 곧 '천자(天子)'라는 인식이었다. 하늘의 아들인 천자는 선정을 베풀어야 하며, 왕조나 시대에 따라 유기체같이 생성·발전·쇠퇴·멸망한다는 순환론이 있을 뿐, 인위적인 변혁은 용납되지 않았다. 일치일란(一治一亂) 즉, 태평성대와 난세가 순환적으로 교체된다는 인식이었다. 카를 비트포겔의 '동양적 전제'란 바로 이런 체제를 두고 한 말이다.

공자와 같은 대학자·사상가들이 나와서 요·순·우·탕을 찬양하고 임금을 사모하면서 동양에서는 상고주의 유교사관이 수천 년 동안 지배 질서로 정착되고 유지되었다. 고대 동양 사회는 왕조의 흥망성쇠는 있었지만 역사의 진보에 대한 의지는 매우 희박했다. 그렇다고 진보와 저항사상이 전혀 없었던 것은 아니다. 동서고금을 막론하고 압제와 불평등이 있는 곳에는 늘 저항이 나타나고 진보사상은 이를 토양으로 삼아 자라기 마련이다.

중국에서는 서주(西周) 말기에 금(金)·목(木)·수(水)·화(火)·토(土)의 5원소가 우주 간의 모든 생성 변화의 근본이 된다는 오행사상(五行思想)이 생겼다. 끊임없는 변화 속에서 진보의 실천을 희구하는 오행사상의 최초 주창자는 추연(鄒衍)이었다. 이 사상은 제나라 산동 지방을 중심으로 전국적으로 퍼지면서 중국 사상의 큰 줄기가 되었다. 동중서(董仲舒)의 천인합일(天人合一) 사상도 유행했다. '하늘과 인간은 하나'라는 세계관이었다.

이러한 것들을 보면 천명사상·오행사상·민본사상 등과 함께 유가의 전통 사상 속에서도 진보사상은 싹트고 면면히 전승되어 왔음을 알 수 있다. 다만, 동양의 유교는 서양의 가톨릭에 비해 전제적 권력이 약했던 까닭에 역설적으로 동양에서 진보사상이 싹트기가 그만큼 더뎠던 것 같다. 그러나 억압에 저항하는 것은 모든 생명체의 본능에 속한다. 고등동물인 인간도 저항과 비판이라는 본성을 갖고 있다. 그러기에 주자학의 사단칠정론(四端七情論)에서는 비시지심(非是之心) 즉, 옳고 그름을 분별하는 마음을 사단(인간의 본성에서 우러나는 네 가지 마음씨) 중의 하나로 치지 않았던가.

동양에서 진보·저항사상의 선각자를 꼽으라면 단연 기원전 4세기 인물인 맹자(孟子)라고 할 수 있다. 맹자는 태평세와 난세가 순환적으로 교체되는 치난론(治亂論), 즉, 일치일란의 역사 법칙을 제시하면서 난세의 절대왕권에 과감히 도전장을 던졌다. 그는 인간의 정치와 역사는 고정불변이 아니라 순환적인 변혁의 과정을 밟아 진보하는 것으로 보았다. 『맹자』에 그의 사상을 엿볼 수 있는 일화가 있다.

어느 날 제나라 선혜왕은 하왕조(夏王朝)의 걸왕을 쫓아내고 은왕조(殷王朝)를 세운 탕왕과 은왕조의 주왕(紂王)을 축출하고 주왕조(周王朝)를 창건한 무왕(武王)의 사례를 들며 맹자에게 물었다.
"아무리 폭군이라도 신하로서 군주에 반역하는 것이 타당한가?"
맹자는 서슴없이 대답했다.
"인(仁)을 해치고 의(義)를 해치는 자는 이미 군주가 아닙니다. 일개 야인과 다를 바가 없습니다. 일개 야인인 걸주(걸왕과 주왕)를 죽였다는 말은 들었지만, 군주를 반역했다는 말은 듣지 못했습니다."

이것은 맹자의 폭군방벌(暴君放伐) 사상의 핵심이다. 인의와 왕도를 저버리고 백성을 학대하는 패도를 행할 때는 천자나 군주라도 서슴지 않고 쫓아내거나 교체해야 한다는 혁명 사상이었다.

조선왕조는 유교를 국교로 삼아 500년 동안 사직을 유지했다. 그

러나 유학의 양대 산맥이라 할 공자는 숭배하면서 맹자는 배척했
다. 그의 혁명 사상을 배척한 것이다. 그래서 조선 역사는 혁명을 모
르는 정체된 사회가 되고 말았다.

> 한 나라에 있어서 가장 귀한 것은 백성이다. 그 다음이 사직이며 임
> 금이 가장 가벼운 존재다. 그러므로 많은 사람들의 마음을 얻게 되
> 면 천자가 되고 천자의 마음에 들게 되면 대부가 되는 것이다. 제후
> 가 무도하여 사직을 위태롭게 하면 제후를 바꾸고, 천자가 국가를
> 위태롭게 하면 그를 몰아내고 현군을 세운다. 그리하여 좋은 재물로
> 시기에 따라 제사를 올렸는데 정해진 한발이나 홍수의 재해가 발생
> 한다면 사직단과 담을 헐어버리고 다시 세워야 한다.[1]

맹자의 거침없는 폭군방벌론, 혁명 사상을 들은 제나라의 선혜왕
은 몸을 부들부들 떨면서 그를 돌려보냈다. 동양에서는 맹자 말고
도 진보 인권 사상을 제기한 사람들이 더러 있었다.

춘추전국시대의 사상가로 기원전 468~376년경에 살았던 묵자
(墨子)는 전통적인 유가의 학설을 비판하면서 겸애설을 주장한 진보
사상가이다. 그는 주(周)나라 대(代)에 확립된 봉건제의 근간인 군왕
과 귀족들의 세습 제도를 반대했다.

그는 신분과 재산의 상속은 "자기 노력에 의하지 않은 부귀"(無故富
貴)로서 하느님의 뜻에 반하는 것이라고 했다. 그리고 그는 재산의
사적 소유를 반대하고 공동 소유를 주장했다. 이런 묵자의 사상에
대해 기세춘은 다음과 같이 평가했다.

"그는 사유 제도가 있는 한 도둑을 없앨 수 없다는 민중적이고 혁
명적인 말을 하기도 했다. 인류사에서 처음으로 재산상속과 사유제

를 반대했다는 것만으로도 묵자는 위대한 인간해방 사상의 시조라 할 것이다."[2]

묵자는 자신의 책『묵자』에서 "하늘은 가난한 자와 부유한 자, 귀한 자와 천한 자, 측근인 자와 소원한 자를 차별하지 않지만 어진이는 들어 높이고 어질지 못한 자는 억누르고 내리친다(雖天亦不辨 貧富貴賤 遠邇親疏 賢者擧而 尙之 不肖子 抑而廢之)"라며 인간의 평등사상을 과감하게 주창했다.

서기 2세기 무렵의 학자 하휴(何休)도『춘추공양전(春秋公羊傳)』에서 소박하지만 체계적인 진보사관을 제기했다.

그는 군왕이 바뀌고 왕조가 교체되면서 점점 더 좋은 임금이 나온다고 보았다. 즉 복희·신농·황제 등 전설적인 제왕들로부터 시작해서 성군으로 추앙되는 요·순·우를 거쳐, 은의 탕왕, 주의 문왕으로 이어지는 여러 차례의 혁명을 거쳐서 곧 이상적인 신왕이 출현될 것이 기대된다고 했다. 이렇게 이상 군주가 장래에 출현할 것으로 공자도 예상했다고 그는 해석하고 있다.

또한 그는 '장삼세(長三世)'의 이론을 내놓고 있는데 여기에서 그의 역사 발전 사관은 더욱 뚜렷이 나타난다. 삼세(三世)란 공자가 알고 있었던 세 개의 시대를 말한다. 즉 공자가 자기 눈으로 직접 본 시대, 할아버지에게서 들어서 알게 된 시대, 그리고 전문(轉聞)해서 알게 된 증조부·고조부의 시대, 이렇게 세 시대를 말하는 것이다. 전문의 시대는 쇠란(衰亂)의 시대이고, 들어서 알던 시대는 승평(昇平)의 시대이며, 보던 시대는 태평(太平)의 시대이다. 다시 말하면 쇠란 → 승평 → 태평으로, 시대가 내려옴에 따라 세상은 발전·향상되어 간다는 것이다.[3]

이 밖에도 17세기 당나라의 문인·사가 왕부지(王夫之)가 있다. 왕부지는 정통적인 유교 사상의 일대 혁신을 주장하면서 사회와 문화 심지어 인간의 도덕조차도 점차 진화한다는 진보사관을 제시했다. 끝까지 청조(淸朝)에 출사를 거부하고 산림에서 방대한 저술에만 전념했기 때문에 사회적으로 크게 영향을 끼치지는 못했다. 그리고 그의 저술은 대부분 금서로 묶였다.

"왕후장상에 씨가 따로 있나"

대체로 역사의 흐름에서 치세는 짧고 난세는 길었다. 동서양이 마찬가지였다. 중국의 춘추전국시대에 36명의 군주가 신하에게 피살되고 140개의 제후국 가운데 10여 개만 남고 모두 멸망했다. 이 시기는 극도의 혼란기였다.

주(周)나라 왕실이 서안에서 낙양으로 도읍을 옮긴 기원전 770년 이후부터 기원전 403년에 이르는 360여 년간을 춘추시대라 한다. 공자가 편찬한 『춘추』를 토대로 이런 이름이 생겼다. 이 시기 주 왕실이 쇠퇴하고 수백 개의 제후국으로 분열되어 다투다가 전국(戰國) 7웅(七雄)의 하나인 진(秦)이 천하통일을 했다. 진왕은 통일 후 왕호를 황제로 고치고 스스로 시황제라 불렀으며, 짐(朕)·폐하(陛下)·조(詔) 등의 용어를 정했다. 봉건제를 폐하고 36군으로 나누는 등 군현제를 시행했다. 이사(李斯)에게 명하여 소전(小篆)이라는 통일된 문자를 만들고, 도량형과 화폐를 통일시켰으며 법전을 완성했다. 대외적으로는 만리장성을 쌓아 흉노족을 몰아냈으나 초호화 아방궁 등 대형 토목공사를 벌여 민생에 큰 고통을 주었다. 백성이 정치에 대한 논의를 못 하도록 분서갱유를 감행했다. 영생을 추구하며 불로초를 구하다가 창업 16년 만에 지방 순행 도중 병사했다.

진시황제는 뒷사람이 '천고일제(千古一帝)'라 부를 만큼 유사 이래 최고의 권력과 호사를 누렸다. 백성에게는 그만큼 고통과 질곡이 따랐다. 대를 이어 황제가 된 아들 호해는 진시황의 과오를 고치기는커녕 더 극단으로 몰아갔다. 사마천은 『사기』에서 호해 때의 정치 상황을 다음과 같이 썼다.

> 법령과 형벌이 날로 가혹해지자 여러 신하들과 사람들이 스스로 위험을 느꼈고 모반하려는 자가 많아졌다. 계속해서 아방궁을 짓고 치도(馳道)와 동궤(同軌)를 건설하느라 세금은 더욱 늘어났고 부역의 징발이 그치지 않았다. (…) 신하를 처벌하는 것이 더욱 엄격해졌고 백성에게 세금을 많이 부과하는 자가 현명한 관리라고 여겨졌다. 길에 나가보면 행인들 가운데 절반 정도가 형벌을 받았던 사람들이고, 시장 바닥에 가보면 사형당한 시체가 하루가 다르게 쌓여갔다. 이러다 보니 사람을 많이 죽인 자가 오히려 충신 대접을 받았다.⁴

중국 사서에 가끔 나오는 '저의반도(楮衣半道)'라는 말이 있다. '저의'는 죄수가 입은 주황색 옷으로 이 말은 즉 길에 다니는 사람의 반이 죄수라는 뜻이다. 폭정의 극한을 의미한다.

어느 시대나 폭정에 저항하지 않는 사회는 희망이 없는, 죽어버린 공동묘지와 다르지 않다. 춘추전국시대 말기에 노나라의 대학자·사상가·교육자인 공자는 인(仁)의 정치 곧 덕치를 주장하고, 그 실천 방법으로 효제충신(孝悌忠信)을 중시했다. 그러나 진시황과 호해를 거치면서 인의 왕도정치는 실종되고 패도정치가 천하를 어지럽히고 백성의 고혈을 빨았다.

이때 처음으로 저항의 횃불을 든 사람은 진승(陳勝 ?~208 BC)과 오광(吳廣?~208 BC)이다. 중국 역사에서 크고 작은 내란이 수백 수천 번 발생했고, 중국 전체를 혼란으로 빠뜨린 '대동란'도 아홉 차례나 일어났다. 대부분 농민들이 중심이었다. 진승과 오광의 농민반란을 시작으로 녹림·적미의 난, 황건적의 난, 수나라 말기의 농민반란, 안녹산의 난, 황소의 난, 백련교도의 난, 이자성의 난, 태평천국의 난이 뒤를 이었다. 모두가 '농민에 의한' 반란으로서, 개중에는 왕조를 창건하기도 했다. 그 시작이 진승과 오광의 횃불이었다.

진나라의 폭정 가운데 특히 분서갱유(焚書坑儒)는 독특하다. 분서는 진나라 역사 기록, 박사관 소장의 책, 의약·점복·농업서 이외는 민간이 소장하는 책을 전부 소각하고 위반자를 극형에 처한 걸 말한다. 갱유는 학자 460여 명을 함양에서 흙구덩이를 파고 묻어 죽인 일을 말한다. 이로써 선비·학자의 씨가 마르고 비판과 저항은 멸문지화를 각오하지 않는 한 불가능했다. 동한(東漢)의 반고(班固)가 편찬한 『한서(漢書)』에는 당시의 실정을 다음과 같이 기록하고 있다.

시황제에 이르러 마침내 천하를 통일했는데, 안으로는 큰 공사를 일으키고 밖으로는 외적을 물리치기 위해 수확의 3분의 2를 세금으로 징수했다. 농업을 장려하고 상업을 억제한다는 명분으로 상인들을 모두 징발했다. 남자들이 힘써 농사짓고 여자들은 힘써 방직했지만 늘 양식과 의복이 부족했다. 천하의 재물을 모두 긁어모았어도 황제의 탐욕을 채우기에는 부족했다. 마침내 천하 사람들이 근심하고 원망하여 도망하거나 반란을 일으켰다.

기원전 209년, 그러니까 호해가 즉위한 다음 해에 마침내 진승과 오광은 반란을 일으켰다. 진승은 남의 집 머슴 출신이고 오광은 농민이었다. 이들은 노력 동원에 징발된 무리 900명과 함께 지금의 북경 지방으로 끌려갔다. 그런데 때마침 홍수에 길이 막혀 정해진 날에 목적지에 도착할 수 없게 되었다. 기일 안에 도착하지 못하면 참수되는 것이 당시 진나라의 법령이었다. 가도 죽고 가지 못해도 죽게 되는 절체절명의 상황이었다.

진승과 오광은 인솔하던 장교를 죽이고 무리들을 향해 "어차피 죽을 바에는 큰일을 위해 싸우다가 죽자. 어찌 왕후장상에 씨가 따로 있겠는가?"하며 선동했다. 이것은 마른 들판에 던진 불씨가 되었다. 도처에서 모여든 사람들로 반란군은 순식간에 불어났다. 진나라에 멸망당한 6국의 옛 귀족들, 진시황의 폭정에 숨죽이고 있던 식자들, 원한이 쌓인 백성, 정치 변혁기에 한몫 잡으려는 기회주의자들이 꾸역꾸역 몰려들었다. 진승은 중국 역사상 최초의 인민정부라 할 장초국(張楚國)을 세우고 장초왕이 되었으며 오광은 가왕(假王)이 되었다.

서한(西漢) 시대의 학자 가의(賈誼)는 진승에 대해 다음과 같이 썼다.

옹기를 새끼로 꿰어 창문으로 삼을 만큼 가난한 집의 자식으로 천하고 일정한 거처도 없었으며, 재능은 중간치도 못 되어 현명하지도 부유하지도 못한 사람이다. 그런 그가 병졸들 속에 섞여 있다가 수백의 무리를 이끌고 진나라를 공격했는데, 나무를 꺾어 병기를 만들고 장대를 세워 깃발을 걸자 천하가 구름같이 호응했고, 산동 호걸들이 모두 일어나 진을 멸망시켰다.[5]

미천하고 재능도 없는 사람이 왕후장상하유종(王侯將相何有種), 즉 '왕후장상이 어찌 씨가 따로 있나?'라는 만민평등·진보사상의 기치를 들고 저항에 나선 것은 세계사적인 피압박 민중 해방운동의 횃불이었다. 두 사람은 얼마 뒤에 부하들에게 암살되어 품은 뜻을 펴지는 못했지만, 인류사에서 어느 사상가·철학자에 못지않은 인간 진보의 큰 획을 그었다.

진승이 세운 장초국은 불과 6개월 후에 사라졌지만, 그의 과업은 같은 농민 출신인 유방(劉邦)이 계승하여 성공시켰다고 할 수 있겠다. 얼마 뒤 유방은 한(漢) 제국을 세우고 한고조가 되었는데, 진승을 위해 묘지기를 둘 만큼 그를 높이 평가했다.

사마천은 『사기』에서 진승을 열전이 아닌 세가(世家)에 배열하면서 태사공자서(太史公自序)에서 진섭세가(陳涉世家)를 찬술한 이유를 "진의 멸망이라는 대사건은 진승의 거병이 발단이 되었"기 때문이라고 썼다. 진승을 그만큼 높이 평가한 것이다(진섭은 진승의 호이다).

지성과 권력의
첫 대결,
소크라테스
재판

'인류사적' 의미의 재판

인류사에서 최초로 개인의 양심과 지성이 공권력과 대결하고, 그래서 비판적 지성에게 독배가 내려진 재판은 기원전 399년 그리스 아테네에서 열린 소크라테스의 재판이다. 이 재판은 몇 가지 '인류사적' 의미를 갖는다. 첫째는 진보적인 지식인이 소신과 진리를 위해 순교를 택한 것이고, 둘째는 비판적 지식인을 제거하기 위해 재판의 방식을 취한 것이다. 셋째는 다수결의 방식이 반드시 진리와 일치하지 않았다는 것이며, 넷째는 재판관(배심원)이 사상 최대의 인원이었다는 것, 다섯째는 플라톤과 같은 철학자가 방청객이었다는 것이다. 먼저 재판의 구성을 보자.

- 법정 구성 — 합의부, 재판관 총 500명.
- 판결 방식 — 무기명 투표.

- 판결 원칙—다수결 원칙.
- 공소인—세 명의 아테네 시민, 주 공소인은 신발을 만드는 장인으로 소크라테스는 그의 고객이었다. 소크라테스는 그의 솜씨를 높이 평가했다. 물론 신발을 만드는 솜씨가 출중하다는 것이지 공소를 제기하는 솜씨가 훌륭하다는 것은 아니다. 고대 그리스 법률에 따르면 보통 시민은 개인의 이익뿐 아니라 공공 이익의 침해에 대해서도 소송을 제기할 수 있었다.
- 죄명—신을 공경하지 않고 왜곡된 학설로 청년들의 정신을 흐림.
- 피고인—소크라테스, 남, 70세.
- 직업—무직(당시 철학자는 생계를 도모할 수 있는 직업이 아니었음).
- 정치적 자격—시민권을 가진 아테네 시민.
- 병역 기록—예비역(청년 시절 아테네를 위해 복무했으며 용맹함으로 인하여 전우들로부터 존경을 받았음).
- 불량 기록—툭하면 길이나 시장에서 사람을 붙잡고 생명의 의의에 대해 토론을 벌임. 사람들이 아는 것이 없다고 털어놓기 전에는 놔주지 않음. 생계로 바쁜 다른 사람들 상황을 고려하지 않음.
- 즐겨 쓰는 말—사실 나는 아는 것이 없다네.[6]

전대미문의 이 재판은 뒷날 사실과 부합되지 않는 몇 가지 낭설을 남겼다. 델포이 신전에 새겨진 "너 자신을 알라"가 마치 피고인의 말처럼 전해지고, "악법도 법이다"라는 말도 소크라테스가 한 것처럼 알려졌다. 이 말은 후대의 독재자들이 독배를 '준법'과 등치시키면서 즐겨 써먹었지만 사실은 다르다. 소크라테스는 그런 말을 한 적이 없었다. 악처로 소문 난 부인 크산티페가 사형선고를 받은 남편을 면회하여 "부당한 재판으로 죽게 되었다"라고 위로하자, "그렇다면 당신은 내가 정당한 재판으로 죽어야 한다고 생각하느냐?"라는 농담을 남겼다는 것도 사실 관계가 확인되지 않았다고 한다. 워낙 역사적·세기적인 재판이다 보니 뒷말도 많고 왜곡된 부문도 적지 않다.

배심원이 500명이나 되어서 재판정을 구하기도 쉽지 않았다. 아테네 시정 활동의 중심지인 아고라(agora)에 마련한 재판정에는, 소크라테스가 워낙 유명한 인물이라 수많은 방청객이 몰려들었다. 법정 안에서 방청객들은 배심원 및 소송 당사자들과 칸막이나 난간을 사이에 두고 앉았다. 당시 아테네는 거듭된 전쟁의 승리에 기여한 시민들이 참정권을 요구하게 되고, 기원전 508년에는 클레이스테네스의 개혁으로 시민을 중심으로 한 고대 민주정치의 기초를 확립했다.

아테네의 시민들은 아고라에 모여 초보적인 민주정치를 시행하기에 이르렀다. 아직 여러 면에서 미숙하기 그지없는 초보적인 직접 민주주의 형태이지만 인류 역사상 최초의 민주제도가 운영되었다. 수많은 희망자 중에서 추첨으로 관리를 뽑았고, 검사제도가 없어 누구나 시민들의 '부정'을 적발하고 고발할 수 있었다. 그러나 한편으로는 재판관이 없는 2000명 규모까지의 배심원 제도를 두고 있어서 유권자가 진리나 양심보다 선동이나 이해관계에 흔들리는 중우정치(衆愚政治)의 결과를 초래하기도 했다.

변론술과 수사학이 발달하고 시민들은 건전한 노동이나 기술을 배우는 일보다 소비나 향락에 더 관심을 보였다. 그러던 중에 아테네가 펠로폰네소스 전쟁에서 스파르타에게 패하자 그토록 소중하게 여겼던 민주제도가 무너지고 스파르타 주둔군의 지지를 받는 30명 참주들의 독재가 시행되었다. 참주들은 9개월 동안 1500명의 아테네 시민들을 처형하는 등 가혹한 전제정치를 자행하여 도시는 피바다를 이루었다. 수천 명의 시민들이 해외로 도망치고 민주정치는 종말을 고하게 되었다.

민주·독재 과도기의 희생양

민주주의 경험을 가진 시민들은 언제까지나 독재에 시달리고 있지는 않았다. 공포정치에 반대하고 저항하는 민주파는 힘을 모으고 군대를 양성하여 과두파와 일대 결전을 앞두게 되었다. 민주세력의 결집에 두려움을 느낀 과두파는 협상을 원했고 민주정치로 복귀하는 대신 과두파의 과거를 묻지 않는 것으로 대타협이 이루어졌다. 다시 민주주의 시대가 도래하고 시민들은 옛날처럼 일상으로 돌아갔다.

이때 희생양으로 등장한 것이 소크라테스이다. 민주주의가 회복되면서 소크라테스는 다시 활동에 나서 아테네 시민들에게 자신의 삶을 돌아보고 영혼을 소중히 여기라고 촉구하고, 관리·지식인들의 부패와 부정을 비판했다. 소크라테스는 스스로 무지하다는 사실을 알아야 비로소 지혜를 탐구하는 출발점에 설 수 있으며, 영혼의 자발성을 귀중하게 여겨야 한다고 주장했다. 또한 지식인과 시민은 도덕적으로 뛰어난 인간이 되어야 한다고 역설하면서 청년들에게 진리와 양심·도덕률을 가르쳤다.

소크라테스는 기원전 469년경에 태어났다. 아버지는 아테네 제국을 세운 델로스동맹의 창설자 아리스티데스 가문의 친구이고, 어머니는 산파였다고 전한다. 극작가 아리스토파네스가 희극의 주인공으로 삼을 정도로 일찍부터 눈에 띄는 인물이 된 소크라테스의 주위에는 늘 청년 귀족들이 모여들었다. 40세 무렵부터는 일신의 안락과 가족을 돌보지 않고 아테네 시민들의 '등에' 역할을 하고자 노력했다. '등에'란 소나 말에 붙어서 따끔하게 쏘는 벌레를 말하는데, 소크라테스는 아테네 시민들의 부패하고 마비된 양심을 깨우기 위해 등에처럼 따끔하게 질타하는 영혼의 각성 운동을 벌였다.

당시 아테네는 독재와 민주주의가 반복되면서 사회정의가 무너지고 중상모략이 판을 쳤다. 이에 소크라테스는 분연히 일어섰다. 도덕적 타락과 새로운 권위주의에 길들어가는 시민들에게 "너 자신을 알라"고 외쳤다. 이 말은 고대 그리스인들이 세계의 중심이라고 생각한 델포이(Delpboe)에 있는 아폴로 신전의 현관 기둥에도 새겨져 있다. 기원전 6~7세기에 활동한 현인 탈레스가 쓴 것으로 전하지만 확실하지는 않다.

소크라테스의 철학과 인생은 이 한마디에 집약되어 있다. 원래 이 말은 인간이 신의 위치를 넘보려는 오만을 경계하는 뜻으로 쓰였다. 그러나 소크라테스는 이 말에 철학적·도덕적 의미를 부여하여 자신의 철학과 사상의 명제이자 삶의 방법론으로 삼았다. 소크라테스는 "사는 것이 중요한 것이 아니라 어떻게 사느냐가 중요하다"고 설파했다.[7]

그는 우주의 본질이나 자연현상과 같은 것에는 별로 관심을 두지 않았다. 그의 철학은 학문의 방법론 따위를 탐구하는 것이 아니라 실천이었고 그 대상은 형이상학이 아니라 바로 인간이었다. 정의·진실·용기·지혜·덕·국가·민주주의에 대한 현실적인 물음에 답하는 것이었다.

정의와 진실, 인간 진보를 향한 소크라테스의 노력에 보수세력이 반격에 나섰다. 스스로 '등에' 역할을 자처하면서 청년들을 '의식화'시키고 권력과 재산과 탐욕에 빠진 자신들의 기득권에 도전하는 소크라테스를 적군이나 30인 참주보다 더 위험한 인물로 인식했다. 당시 이런 사람들을 제거하는 길은 이단 또는 독신(瀆神)으로 몰아 처형하는 것이었다. 소크라테스에게도 어김없이 독신죄와 국민선동죄가 적용되었다.

소크라테스가 추구한 것은 진리(Wahrheit)였다. 그는 아테네 시민들을 향해 "나는 여러분들 가운데 누구를 만나든지 간에 항상 충고하고 가면을 벗기며, 철학하기를 멈추지 않을 것이다. 가장 위대하고 지혜의 면에서나 권력의 면에서 명망 있는 도시인 아테네인으로서 훌륭한 너, 자신은 재산과 명예와 존경을 얻지 못할까 전전긍긍하는 것에 대해 부끄러워해야 할 것이다. 또한 영혼이란 가능한 한 훌륭해지려 하므로, 너 스스로 염려하고 애써야 하지 않겠는가?" 나아가 "날마다 덕(tugend)에 관해, 그 밖의 모든 다른 것에 관해 말하는 것이 인간을 위한 최상의 선이다. 시험 없는 삶은 인간에게는 무가치하다"라고 외쳤다.[8]

그는 진리나 도덕 등 관념적인 분야뿐만 아니라 국가와 제도, 폴리스(polis) 문제에도 적극적인 발언을 했다. 플라톤은 스승 소크라테스에 대한 인상을 담은 자신의 저서에서 다음과 같이 썼다.

국가는 더 이상 우리 전 시대의 풍속과 제도에 맞게 통치되고 있지 않다. 지금의 모든 폴리스는 잘못 지배되고 있다. 왜냐하면 폴리스 내에서 법의 세력 범위는 거의 치유 불가능한 상태에 있기 때문이다.[9]

프리드리히 니체는 소크라테스의 재판을 두고 "세계사의 전환점이 되는 동시에 그 소용돌이"라는, 의미심장한 표현을 썼다. 세속의 권력이 진리를 재판하는 '전환'적 사건이었던 것이다. 소크라테스는 그 '소용돌이'의 중심에 서서, 이를 피하려 하지 않았다.

마침내 아테네 법정에 소크라테스에 대한 고소장이 제출되었다. "소크라테스는 국가가 인정하는 신을 믿지 않고 새로운 다이모니온(daimonion: 소크라테스가 마음속에서 들었다는 신령스러운 소리)을 끌어들여 청년들을 부패시키고 타락하게 만들었다. 그 죄는 마땅히 죽음에 해당한다"는 내용이었다.

소크라테스의 변론

고소장을 낸 사람은 청년 시인으로 보수세력을 대변해 온 멜레토스와 민중 선동가 아니토스 그리고 궤변 연설가 리콘이었다. 그중에서도 아니토스와 리콘이 주동자였다. 특히 리콘은 많은 재산을 갖고 있었는데, 오래전부터 소크라테스를 위험한 사상가로 지목하는 등 개인적인 혐오와 반감을 품고 있었다. 아테나 시대에도 부유한 재산가들은 개혁과 진보를 증오하고 선각자를 사회에서 제거시키고자 했다.

소크라테스에게 소환장이 보내지고 500명의 배심원이 선정되었다. 추첨으로 배심원들을 뽑았다. 대부분이 농업에 종사하는 시민들이었다. 재판은 고발인 세 사람에 의해 주도되었다. 이들은 고소장 내용대로 소크라테스가 국가가 인정하는 신을 믿지 않고 다른 신들을 소개했으며, 국가를 위협하는 사상을 전파하고, 청년들을 타락시켰으니 죽여 마땅하다고 선동했다.

소크라테스는 스스로 변론에 나섰다.

나는 신탁이 말한 것이 거짓이라는 것을 입증하기 위해, 그것을 테스트해보고자 했다. 그래서 나는 제일 먼저 정치가에게 갔다. 그리고는 지혜롭기로 평판이 난 그들이 사실은 지혜가 가장 빈약하다는 것을 깨달았다. 그러나 나는 적어도 내가 아무것도 모르고 있다는 사실을 알기 때문에 정치가보다는 내가 더 현명하다는 것을 안다.

법정에서 비웃는 소리가 나왔다. 그래도 변론은 이어진다.

나는 시인이 나보다 더 지혜롭지 않을까 하여 시인들에게 갔다. 그러나 나는 그들이 지혜가 아니라 영감에 따라 시를 창작한다는 것을 곧장 알아차렸다. 그다음에 나는 장인·농부에게 갔다. 그들은 구두 만들기와 같은 기술이 있기에 스스로 현명하다고 믿는다. 이러한 생각은 그들의 실제적 지식을 감소시킨다.

소크라테스는 정치가·시인 또는 장인 등에게서는 지혜를 발견할 수 없다며, "델포이 신전의 신탁은 내가 지혜롭다는 것을 의미하는 것이 아니라, 내가 실제로 아무것도 모른다는 것을 적어도 내가 알고 있다는 것을 뜻한다"고 말한다.[10]
소크라테스는 이어서 두 번째 주제인 영혼·진리에 대해서 말한다.

내가 늙은이나 젊은이나 똑같이 신체나 돈에 연연하지 말고, 무엇보다도 먼저 영혼의 개선에 관심을 가지라고 설득하면서 돌아다닌 이유는 진리가 최고선이라고 믿기 때문이다. 당신들이 지혜와 진리를 추구하기 전까지는 돈이나 명예, 특권 또는 신체를 생각할 수밖에 없다. 그러나 덕은 돈으로부터 오는 것이 아니며 오히려 덕으로부터 돈이 오는 것이다. 인간에게 공적이든 사적이든 다른 모든 좋은 사물은 바로 덕으로부터 온다. 이것이 나의 가르침이다. 만약 이 가르침이 청년들을 타락시키는 학설이라면, 나는 해로운 인간이다. 만약 어떤 누가 그 이외에 다른 것을 내가 가르쳤다고 말한다면 그는 거짓말쟁이다.[11]

세 번째 주제는 바로 '등에론'이다. 그는 직접 배심원들을 향해 강한 어조로 '등에론'을 전개한다.

신은, 위대하고 고상한 말처럼 거대한 덩치로 말미암아 동작이 더디고 완만하여, 나의 침(針)에 의해 생기를 불어넣을 필요가 있는 국가에 이 등에를 보냈다. 따라서 내가 하루 종일 모든 장소에서 항상 당신 위에 내려앉아 당신을 자극하고 질책하는 것은 바로 이런 까닭 때문이다. 당신들은 나와 같은 사람을 쉽게 찾아보지 못할 것이다. 따라서 나는 당신들이 나를 살려두기를 충고하고자 한다.[12]

소크라테스의 자기 변론이 끝나도 법정의 분위기는 별로 달라지지 않았다. 사람들은 자신의 과오를 지적하는 사람을 별로 좋아하지 않는 속성이 있다. 아테네의 배심원들도 그랬다.

원고측 세 사람이 연단에 올라가 차례로 소크라테스의 죄상을 알리며 공격했다. 아니토스는 배심원들에게 소크라테스에게 사형이 아닌 무죄판결을 내리면 아테네의 젊은이들을 그의 타락한 손에 맡기는 꼴이 될 것이라고 격렬하게 비난했다.

9시간 30분에 걸친 양측의 논변이 끝나고 투표가 실시되었다. 당시의 규칙은 먼저 유죄냐 무죄냐를 다수결로 결정하고 유죄가 판정되면 그다음에 죄의 종류를 결정하는 방식이었다. 먼저 1차 투표에서 유죄 280명, 무죄 220명으로 유죄가 더 많아서 그는 죄수가 되었다. 2차 투표를 앞두고 소크라테스의 편인 플라톤·크리톤·크리토볼로스·아폴로돌르스 등 배심원들이 벌금 30미나(당시 이 금액은 숙련된 장인이 약 8년 동안 일해야 벌 수 있는 돈이었다)를 보증하겠다면서, 체벌이나 사형 대신 벌금형을 제안했다.

성찰 없이 사느니 죽는 편이 낫다

하지만 소크라테스는 거액의 벌금을 내더라도 비판 활동은 중지하지 않겠다고 발언했다. 그는 앞서 권력자들이 석방시켜줄 터이니 아테네를 떠나 해외로 망명하라는 추방형 제의도 거부했다. 따라서 배심원들은 벌금형을 선고하여 소크라테스가 계속하여 아테네에서 비판활동을 할 수 있도록 하느냐, 사형을 선고하여 그의 발언을 영원히 봉쇄하느냐의 기로에 서게 되었다.

소크라테스는 최종심을 맞아 더욱 마음을 가다듬고 배심원들에게 말했다.

아테네 시민들이여, 나는 여러분을 존경하고 사랑합니다. 그러나 나는 여러분보다 신에게 먼저 복종할 것입니다. 내게 생명과 힘이 있는 한, 나는 철학을 실천하고 가르치는 일을 결코 중단하지 않을 것입니다.[13]
아테네인들이여, 나는 여러분이 생각하는 것처럼 나 자신을 위해 발언할 생각은 없습니다. 나는 여러분을 위해 발언할 것입니다. 신이 여러분에게 내린 선물인 내게 유죄 판결을 내림으로써 여러분이 신

을 거역하는 죄를 짓지 않도록 하십시오.[14]

죽느냐 사느냐의 갈림길에서, 운명의 열쇠를 쥐고 있는 배심원들에게 소크라테스는 도전적인 발언을 했다. 지극히 원칙론적인 발언이었지만, 두 손 모아 엎드려 구명을 해도 모자라는 판에 신을 모독하지 말라는 당당한 경고는 배심원들에게 반감을 주었다. 그래서 최종 투표에서는 360대 140표로 사형이 확정되었다. 1차 투표 때보다 80명이 더 사형 쪽에 가담한 것이다.

소크라테스는 사형 판결을 받고 "여러분의 방식대로 말하고서 목숨을 부지하느니 차라리 내 방식대로 말한 다음 죽겠습니다"라고 전제하면서, "전쟁에서든 법정에서든 나를 비롯한 어느 누구도 죽음을 피하기 위해 갖은 수단을 사용해서는 안 되기 때문입니다"[15]라고 말했다. 소크라테스는 이에 더해 "아테네 시민 여러분, 죽음에서 빠져나가는 것은 어렵지 않습니다. 훨씬 어려운 것은 악을 피하는 것인데, 까닭은 악이 죽음보다 빠르기 때문입니다. 여러분이 나에게 사형을 선고하고 이 자리를 나감으로써 진리도 죽일 수 있다고 생각한다면 그것은 잘못 생각하는 것입니다"라고 경고했다. 그리고는 관리들이 그를 감옥으로 데려가려고 다가오자 배심원들에게 "떠날 시간이 다가왔습니다. 우리는 각자 자기 길을 가겠죠. 나는 죽음을 향해, 여러분은 삶을 향해, 어느 길이 나은지는 신만이 아십니다"라는 말을 남겼다. 『소크라테스의 변명』에는 이 최고의 수사학적 발언에 대한 철학자 소크라테스 자신의 해답이 제시되어 있다. "성찰 없는 삶을 사느니 자신의 성실성과 정직성을 온전히 보존하며 죽는 편이 더 낫다"[16]는 말이 바로 그것이다.

마침내 사형집행의 날이 왔다. 소크라테스는 아내 크산티페와 두

아들, 제자들이 지켜보는 가운데 안색 하나 변하지 않고 간수가 전해준 독배를 태연하게 마셨다. 신을 무고하는 것을 가장 피하고 싶었고 두려워한 철학자를 아테네 시민들은 신을 모독한 죄와 청년들 '의식화'의 죄를 씌워 죽인 것이다. 소크라테스는 아스클레피오스 신에게 빚진 닭 한 마리를 갚아 달라는 유언을 친구 크리톤에게 남기고 운명했다.[17]

소크라테스는 온전히 맑은 정신으로 죽음에 대한 두려움을 조금도 드러내지 않았다. 플라톤의 표현에 따르면, "그는 밤새 향연을 즐기다가 새로운 하루를 시작하기 위해 먼동이 틀 무렵에 가장 마지막으로 향연장을 떠나는 사람처럼 평화롭게 죽음을 향해 나아갔다."[18]

민주주의의 발상지인 아테네에서 다수결에 의해 현인을 처형한 것은 아이러니였다. 헤겔은 『종교철학 강의』에서 다음과 같이 말했다.

> 인간이 평범한 권위에 복종하는 데서 그치지 말고 스스로 신념을 형성해 그 신념에 따라 행동해야 한다. 여기서 우리는 비슷한 특징을 지닌 두 사람 (소크라테스와 예수)이 비슷한 운명을 맞았음을 알 수 있다.

서양철학사를 쓰는 사람들은 대부분 기원전 6세기경 그리스 소아시아에 위치한 상업도시 밀레토스 출신의 탈레스(Thales)를 철학의 기원으로 삼는다. 더러는 그리스 초기의 헤시오도스나 시인 호머를 철학의 시조로 간주하고, 혹자는 파르메니데스와 헤라클레이토스를 들기도 한다. 모두 그럴듯한 명분과 논거를 갖고 있다.

그렇지만 적어도 논리와 지성, 진보의 관념과 실천성에 있어서 소크라테스를 앞선 사람을 찾기는 쉽지 않을 것이다. "예를 들면 정의로운 행동에 대한 무조건적인 의무감, 심정의 근저에 놓여 있는 붕괴되지 않는 어떤 것—이러한 점이 소크라테스의 위대한 발견이다. 이러한 점에 대해 그는 죽을 때까지 충실했으며, 그러한 점 때문에 자신의 운명을 피하지 않았다."[19]

예수,
정의와
진리의 길
제시하다

　신은 마르크스에 의하여 하늘에서 추방되고, 프로이트에 의해 무의식의 세계로 쫓겨났다. 니체에 의해 죽음이 선포되고, 다윈에 의해 경험의 세계 밖으로 내쫓김을 당했다. 야스퍼스는 신은 퇴위당하고 그 자리에 인간이 앉았다고 선언했다. 최근에는 도킨스라는 학자가 '만들어진 신'이라며 신을 폄훼했다. 하지만 신은 여전히 건재하고 앞으로도 영원할 것이다. 신은 사람이 부정하고 비방하고 사망선고를 한다고 해서 사라지는 피조물이 아니다. 그것은 불사이고 불가침이고 불가역이고 불가탈이기 때문이다.

　마르크스·프로이트·니체·다윈·야스퍼스·도킨스가 방법론을 달리하며 '사망' '부재' '추방' '퇴위' '인간창조설' 등으로 공격했던 대상은 사실 기독교의 신 야훼였다.

　지난 2000년 동안 기독교가 서양 문명의 중심이었기에 나타난 현상이다. 기독교를 빼고 인류의 역사, 특히 서양의 역사를 말하기는 불가능하다. 기독교는 유럽(미국 포함)의 역사에 넓고 깊게 영향을 끼쳐왔으며 오늘날 유럽인의 보편적 신앙과 가치관과 문화가 되었다. 이 같은 현상은 지금도 마찬가지이고, 지역적으로는 유럽과 미주를 넘어서 전 지구적으로 넓어졌다. 불교·이슬람 등과 함께 세계 3대 종교가 되었다. 기독교 문명과 비기독교 문명과의 '충돌론'까지 제기될 만큼 거대 '문명권'을 형성하고 있는 실정이다.

기독교는 모든 인간의 원초적인 염원인 불사(不死)·부활·영생의 가치를 담고 있다. 이것은 원시종교 때부터 품어온 인류의 오랜 꿈과 소망이 예수의 탄생과 더불어 신앙의 체계로, 그리고 고등종교로 진화하면서 이루어진 성과물이다. 굳이 그랜드 알렌(1849~1899)의 '신 관념의 진화'설을 차용하지 않더라도, 고대 원시종교에서 중세의 유일신 사상으로, 근대의 고등종교로 진화하는 과정에서 기독교가 인류 문명 진보의 선도적 역할을 해왔다는 것은 움직일 수 없는 사실이다.

신학은 물론이지만 정치·사상·역사·철학 분야에 이르기까지 그리스도의 탄생은 새로운 기원(紀元)이 된다. 오늘날 지구촌 대부분은 그리스도가 태어난 해를 원년(元年)으로 하는 서력기원(西曆紀元)을 쓴다. 다만 회교도는 서력 622년의 헤지라〔마호멧 성천(聖遷)〕를 원년으로 삼고 있다. 우리나라에서는 단군이 즉위한 해인 4342년을 단기(檀紀) 즉 단군기원 원년으로 정하여 사용하다가, 1962년부터 서기를 쓰게 되어 오늘에 이른다.

일부 민족국가에서는 여전히 자신들의 건국과 관련한 기원을 쓰나, 지구상의 대부분 국가에서는 그리스도의 탄생일을 기원으로 사용할 만큼 예수의 탄생은 '인류사적' 사건이 되었다.

구세주가 되면서 박해받아

예수는 헤롯왕이 지배하고 있던 이스라엘의 베들레헴에서 태어났다. 목수인 요셉과 마리아 사이에 태어난 첫 번째 아들이었다. 베들레헴은 당시 로마제국이 다스리는 식민지였다. 예수는 식민지 백성의 아들로 태어났다. 이 지역에서는 오래전부터 언젠가 야훼가 보낸 메시아가 나타나 자신들을 해방시키고 구원해줄 것이라는 믿음이 전해왔다. 로마의 압제가 심하면 심할수록 메시아에 대한 기대는 강렬해져 갔다.

당시 유대인들은 몇 갈래로 당파가 나누어져 있었다. 귀족세력인 사두개파(sadducees)는 동족이 겪는 억압과 착취를 외면한 채 로마의 헤롯왕을 지지했다. 그들은 보수적인 입장에서 바빌론유수(기원전 6세기 두 차례에 걸쳐 유대인이 바빌론으로 끌려간 일) 이후 형성된 천사론과 악령론 그리고 육체적 부활에 관한 믿음을 거부한 현세주의자들이었다. 그들은 하스모네왕조의 대제사장들과 헤롯왕 및 로마 치하의 지도적 제사장들을 후원하는 세력이었다. 바리새파(Pharisees)는 중류 지식층에 속하는 사람들로 반로마적이었으나 율법의 준수와 종교적인 순수함을 강조하는 형식주의와 위선에 빠져 있었다. 이들은 나중에 예수를 공격하는 데 앞장섰다.

젤로트–열심당(熱心黨)은 무장봉기를 통해 로마에서 독립해야 한다고 주장하며 실제로 무기를 들고 로마와 싸웠다. 이들은 로마가 신봉하는 다신교를 배척하며 유일신의 메시아를 기다렸다. 에세네(Essene)파는 신비적인 금욕주의를 내세우며 장로의 지도 아래 사해 주변에서 종교적 공동체를 이루면서 살았다.

모든 식민지 국가들이 그렇듯이 당시 이스라엘에서도 독립운동세력, 외세에 영합하여 기득권을 누리는 반민족세력, 민족이나 동포의 운명과는 상관없이 일신의 안일을 즐기는 세력, 속세를 떠나 신앙생활에 만족하는 네 부류로 나누어져 있었다.

당시 곧 메시아가 태어날 것이라는 선지자들의 예언에 이스라엘은 물론 지배국인 로마도 촉각을 곤두세우고 있었다. 그래서 헤롯 왕은 예수가 태어날 즈음에 이스라엘 전국에서 두 살 이하의 사내아이들을 모두 죽이라는 잔혹한 명령을 내렸다. '메시아 탄생'의 싹을 자르려 한 것이다.

예수가 태어나기 직전에 로마 황제 아우구스투스가 전 영토의 주민에게 호적을 등록하라는 칙령을 내렸다. 이를 위해 사람들은 모두 고향으로 떠났다. 예수의 아버지 요셉도 갈릴리의 나사렛 마을에서 유대의 베들레헴으로 떠났다. 임신한 정혼자 마리아와 함께 호적을 등록하기 위해서였다. 이들은 여행길에서 예수를 출산한다.

헤롯왕의 탄압을 피해 살아남은 예수는 12세 때에 요셉과 마리아를 따라서 예루살렘으로 갔다. 이후 요르단강에서 요한에게 세례를 받고 혼자 남아 황야를 헤매면서 자신의 사상과 신앙을 정리했다. 그리고 선교를 시작했다. 예수는 베드로를 비롯해 열두 명을 제자로 삼았는데 모두 최하층 출신으로 로마의 지배를 거부하는 사람들이었다.

예수는 유대의 곳곳을 찾아다니며 병든 자, 어부, 과부, 노동자, 어린아이들을 위로하고 병을 고치며 희망의 씨앗을 뿌렸다. 하늘나라를 설명하고 사람이 의롭고 정직하게 살아야 함을 가르쳤다.

그 무렵 정세의 변화가 있었다. 헤롯왕이 죽고 로마제국 첫 황제 아우구스투스가 이스라엘을 속주로 만들고 빌라도를 총독으로 임명하여 직접 통치에 나섰다. 이스라엘인들에게는 더욱 가혹한 탄압과 수탈이 자행되었다.

"내가 검을 주러 왔노라"

빌라도는 물론 사두개인이나 바리새인들에게 예수는 위험인물이었다. 많은 사람들이 그의 곁으로 몰려들었다. 눈 먼 자를 눈 뜨게 하고 앉은뱅이를 고쳐주는 등, 천형으로 여겼던 병자들이 그의 기도와 손 만짐으로 완쾌하는 기적을 지켜보면서 민심이 동요하기 시작했다. 그러자 빌라도 세력의 탄압이 가해졌다.

예수는 도덕과 윤리, 정의와 공정, 정직과 겸양을 가르치며 온유와 사랑을 설파했다. 다음은 마태복음에 나오는 예수의 가르침이다.

- 의를 위해 배고프고 목마른 자는 복이 있나니 저희가 자비로움을 얻을 선지자니라.
- 자비한 자는 복이 있나니 저희가 자비로움을 얻을 선지자니라.
- 내가 세상에 화평을 주러 온 줄로 생각하지 마라. 화평이 아닌 검을 주러 왔노라.
- 좋은 나무가 나쁜 열매를 맺을 수 없고 못된 나무가 아름다운 열매를 맺을 수 없느니라.

또한 이사야 28장에서는 "나는 공평(정의)을 줄로 삼고 의를 추로 삼으니"라 했다. 예수와 기독교의 정신은 정의의 역사다. 성서에는 정의와 관련된 내용이 도처에 깔려 있다.

- 의로우신 분이기 때문에 모든 것을 의롭게 처리하신다. (시편 143:11)

- 의로운 사람들에게서 터져 나오는 저 승리의 함성. (지혜 11:15)
- 의로운 사람은 그의 신실함으로 살리라. (하바 2:4)
- 의롭게 살아라(하느님 앞에 -). (루가 1:6)
- 의롭지 못한 분노는 변명할 길 없으리니. (집회 1:22)
- 의에 주리고 목마른 자는 복이 있나니 저희가 긍휼히 여김을 받을 것임이요. (마가 7:14)

성서에는 진리라는 단어도 수없이 등장한다. 이는 기독교가 정의와 진리에 바탕하는 종교임을 보여준다.

- 진리가 자유롭게 하리라. (요한 8:31~38)
- 진리를 따라 나를 인도하시고 가르치소서. (시편 25:4~5)
- 진리를 지키고 정의를 세우시라. (시편 45:4)
- 진실하심이 너의 갑옷이 되고 방패가 되신다. (시편 91:4)
- 진실을 길잡이로 보내시어 이끌어 주소서. (시편 43:3)
- 진실한 사람의 입에서 나오는 지혜는 완전하다. (집회 34:8)

이 밖에도 "너희는 먼저 그의 나라와 그의 의를 구하라. 그리하면 이 모든 것을 너희에게 더하시리라"(마태복음 6:33)는 기독교인의 정신이 어떠해야 하는가를 절명하게 보여주는 대목이다. 또한 예수는 기독교인에게 '행동 지침'을 제시했다. "너희는 세상의 소금이니 소금이 만일 그 맛을 잃으면 무엇으로 짜게 하리요. 후에는 아무 쓸데 없어 다만 밖에 버리어 사람에게 밟힐 뿐이니라."(마태복음 5:13)

세상의 소금이 되라

예수는 기독교인에게 세상의 소금이 되라고 하셨다. 여기서 말하는 '소금'은 음식에서 맛을 내는 조미료 역할, 음식물이 썩지 않도록 하는 방부제 역할, 더러운 것을 소독하는 소독제 역할을 한다. 기독교인이 어떻게 살아야 하고 어떤 역할을 해야 하는가를 간단한 비유를 통해 의미 깊게 설명한 것이다.

소금이 제 역할과 사명을 다하려면 스스로 녹아서 자신을 희생해야 한다. 소금이 음식물에 들어가 산화되지 않으면 아무런 쓸모가 없어지고 결국 버려져 사람들에게 밟힐 뿐이다.

총독 빌라도와 기득권 세력은 예수의 말씀과 행동을 위협으로 인식했다. 정상적인 권력이라면 여론을 수렴하고 비판을 수용하는 것이 원칙이지만, 불의한 권력은 폭력을 동원하여 이를 제거하려 든다. 가장 먼저 한 짓이 내부 분열 책동이었다. 12제자 중에서 가장 신심이 두텁지 않은 가룟 유다가 공작의 대상이 되었다. 배신자 가룟 유다를 앞세운 빌라도는 성전의 수비병들, 로마 병사들, 대제사장들, 서기관들, 백성을 대표하는 장로들, 바리새인들, 우매한 백성의 무리를 이끌고 예수 체포에 나섰다. 수비병과 로마 병사들은 창과 칼로 무장하고 군중은 검과 몽둥이를 들고 뒤를 따랐다.

새벽에 모든 제사장들과 백성의 장로들이 예수를 죽이려고 함께 의논하고 결박하여 끌고 가서 총독 빌라도에게 넘겨주니라. (마태복음 27:1~2)

빌라도 앞에 끌려간 예수는 심문을 받았다. 빌라도 총독은 예수에게서 아무런 혐의도 발견하지 못했으므로 석방하거나 약간의 태형을 선고할 생각이었다. 하지만 기득세력과 군중심리에 날뛰는 몽매한 무리는 십자가에 못 박으라고 아우성을 쳤고, 결국 예수는 골고다 언덕에서 운명을 맞았다.

그리스도는 십자가상에서 최후로 일곱 번 말씀했다. 이른바 '가상칠언(架上七言)'이다.

> 첫째 말씀―"아버지여! 저희를 용서하소서. 저들은 자기들이 무엇을 하고 있는지 알지 못하나이다."(누가복음 23:34)
>
> 둘째 말씀―"내가 진실로 네게 이르노니 오늘 네가 나와 함께 낙원에 있으리라."(누가복음 23:43)
>
> 셋째 말씀―"모친에게 이르시되 여자여 보소서! 당신의 아들이 여기 있나이다."(요한복음 19:26~27)
>
> 넷째 말씀―"나의 하나님, 나의 하나님, 어찌하여 나를 버리시나이까?"(마태복음 27:46-47)
>
> 다섯 번째 말씀―"내가 목마르다."(요한복음 19:28)
>
> 여섯 번째 말씀―"다 이루었다."(요한복음 19:30)
>
> 일곱 번째 말씀―"아버지여, 내 영혼을 아버지 손에 부탁하나이다."(누가복음 23:46)

십자가상에서 숨진 예수의 시체는 요셉의 무덤에 매장되었다. 3일 뒤 저녁, 제자들이 한곳에 문을 닫아걸고 침통한 분위기에서 기도를 드리고 있을 때 홀연히 예수께서 나타나셨다. 공포에 떠는 제자들에게 "너희에게 평강이 있을지어다." 하시고, 손바닥과 옆구리의 상처를 보이면서 "내가 3일 전에 십자가 위에서 못 박혀 죽은 예수다. 내가 다시 부활했다. 그러니 너희는 두려워할 필요가 없다. 나는 죽음의 권세를 이겼다. 이제 "내가 다시 말한다. 너희에게 평강이 있을지어다. 아버지께서 나를 보내신 것같이 나도 너희를 보내노라." (요한복음 21)

예수가 추구했던 기본 가치는 정의가 강물처럼 흐르는 화평의 사회, 누르는 자도 눌린 자도 없는 자유로운 시대, 부자가 하나님 나라에 들어가기란 낙타가 바늘구멍을 통과하기보다 어렵다고 주장했듯 빈부격차가 없는 이상사회를 꿈꾸었다. 그리고 "칼을 쓰는 사람은 칼로 망한다"라며 무력(폭력)을 극구 배제했다.

예수의 기독교 사상은 유대교를 모태로 했지만 여기서 더 나아가 혁명적인 혁신과 부활사상을 통해 새롭게 인류 진보의 역사를 추동했다. 그는 가난하고 핍박받는 사람들의 벗이자 진리와 정의의 옹호자였으며 비폭력을 실천했다.

인류의 진보사에서 예수만큼 앞선 이는 흔치 않을 것이며, 그이만큼 불의와 압제에 치열하게 저항한 사람도 찾기 어려울 것이다.

"기독교는 단지 하나님을 숭배하거나 하나님을 창조자로 믿는 것이 아니다. 기독교의 본질은 기독교적 윤리를 인간의 행동으로 실현하는 것"이라는 신학자 디트리히 본회퍼의 지적은 바로 이러한 예수 그리스도의 삶을 주목한 것일 터이다.

소크라테스와 아리스토텔레스가 인류의 역사에서 철학과 과학의 전통을 세운 것과 마찬가지로 예수는 인류의 역사 속에 종교를 세웠다. (…) 예수가 만들어 낸 본질적인 개념으로부터 사람들은 벗어나지 않고 있으며, 또 벗어나지도 않을 것이다.[20]

노예·농노의
의식 향상과
저항운동

지배와 피지배-노예·농노제 생겨

인류가 농경 생활을 시작한 이래 농토는 인간에게 식량 공급지였으며 농민은 그 생산자였다. 그래서 동양에서는 농업을 "천하지대본(天下之大本)"이라고 떠받들었지만, 이것은 허울뿐이고 실제는 억압과 수탈의 대상이었다. 이는 동양과 서양이 다르지 않았다.

농민보다 더 못한 계층이 있었다. 노예 또는 농노(農奴)는 사회구성체의 최하층 부류로서 생산업과 사적인 노역을 담당했다. 그들은 인간이되 인간이 아니었다. 천부적인 권리가 없는, 오로지 의무만을 지닌 '별종'이었다.

고대에는 주로 이웃나라를 침략하여 패배한 국가의 부족원을 노예로 삼거나, 내부에서 반란을 일으킨 자, 범죄자, 이단자 등을 노예로 만들었다. 훗날 노예해방을 주도한 에이브러햄 링컨은 노예제도의 비인간성에 대해 다음과 같이 말했다.

"노예 제도를 주장하는 사람을 만날 때마다 나는 노예제도를 직접 그 사람에게 적용시켜보면 어떨까 하는 강한 충동을 느낀다."

인류 역사상 최초로 공화정(共和政)을 실시한 로마에서는 사람이 사용하는 도구를 세 가지로 분류했다. 괭이나 삽처럼 소리를 내지 못하는 도구, 소나 말처럼 소리를 내는 도구, 그리고 노예처럼 말을 하는 도구가 그것이다. 노예는 농기구나 소·말처럼 한갓 도구에 불과했다. 다른 점은 말을 할 줄 안다는 것뿐이었다.

고대 로마는 당시 가장 문명화된 사회 중의 하나였다. 로마공화제의 최고 통치권자는 신권이나 세습이 아니라 백성이 직접 선출했다. 왕은 백성의 대표 기관인 민회에서 선출하여 원로원의 승인을 받았다. 선출된 통치권자는 법의 통제를 받았으며 군사호민관, 재무관, 호민관, 법무관, 집정관, 감찰관 등 관직을 두고, 의회의 구실을 하는 원로원을 두었다.

감찰관을 제외한 모든 선출직의 임기는 1년으로 하고, 두 명씩 두어 상호 견제하도록 했다. 집권자·귀족·평민 세력 간 균형을 이루게 했는데, 특히 호민관은 평민 계급을 위해 설치했다. 호민관은 비리나 문제가 있을 때는 집정관을 포함해서 다른 관리들을 체포할 수도 있었다. 그러나 노예들은 예외였다. 그들은 사람 취급을 받지 않았다. 팔고 사는 물건일 뿐이었다.

초기에는 신분의 벽이 없었다. 종의 신분이었던 로물루스와 레무스 형제가 크게 전공을 세워서 형 로물루스는 왕의 자리에까지 올랐다. 철학자 키케로(cicero)는 노예의 신분이었다. 하지만 왕권체제가 강화되고 신분 갈등이 심화되면서 권력은 왕족과 귀족에게 독점되고, 상대적으로 농민·노예들에게는 가혹한 탄압과 수탈이 자행되었다. 평민은 어느 정도의 권리가 부여되었다.

소수 집단에 권력이 집중되고 강화되면서 도덕적으로 타락하고, 인권이 짓밟히는 것은 동서고금이 다르지 않았다. 로마는 침략 전쟁으로 영토가 넓어지고 국력이 증가되면서 노예제도 역시 강화되었다. 기원전 1세기경 지금의 이탈리아 지역의 인구 450만 명 중 150만 명이 노예였다는 기록이 있을 만큼 노예가 많았다. 전쟁에서 잡아온 적국의 병사나 식민지 백성이 로마의 노예가 되었다.

스파르타쿠스의 노예 저항운동

그런데 부와 안락에 빠져든 로마 귀족들은 거대한 원형극장을 짓고 검투경기를 즐겼다. 노예 중에서 체격이 건장한 자들을 골라 서로 싸우게 하거나, 굶주린 맹수와 싸우도록 했다. 죽지 않으면 반신불수가 되는 참혹한 '경기'였다. 수많은 노예들이 속절없이 죽어갔다.

기원전 73년 봄 어느 날 로마 카푸아의 검투사 숙소에서 스파르타쿠스가 반란을 일으켰다. 70여 명의 검투사들과 함께 감독관을 죽이고 성문을 빠져나와 나폴리로 쳐들어갔다. 인류 역사에 기록될 최초의 노예항쟁이었다. 수천 명의 농노·노예들과 굶주린 농민들이 합세하여 며칠 만에 봉기군은 수만 명으로 늘었다. 스파르타쿠스는 "트라키아의 유목민 출신으로 용기와 힘이 뛰어난 사람이었다. 출중한 지혜와 온화한 인품을 지닌 그는 검술 시합이나 하면서 구경거리가 되기에는 너무도 아까운 인물이었다. 그는 그의 출신 종족보다도 오히려 그리스인을 닮은 데가 많았다"[21]고 한다. 보통 노예와는 달랐다.

그는 "노예도 사람이다!"라고 외치면서 봉기군을 이끌고 로마를 향해 진군했다. 최초의 '노예 인간선언'이었다. 이듬해 봉기군은 12

만 명으로 늘어났고 사기는 하늘을 찌를 듯했다. 이들의 목적은 로마에 쳐들어가 황제와 귀족과 노예주들을 처단하고 만민이 평등한 사회를 만드는 것이었다. 하지만 지배세력에게 '인간해방'은 곧 반란이었다.

봉기군은 한때 로마의 정규군 2개 사단을 격파하고 이탈리아 반도 남부를 거의 점령하는 등 기세를 떨쳤다. 그러나 점차 이탈 세력이 생기고 전략에 차질을 빚으면서 수세에 몰렸다. 이들은 시칠리아섬으로 들어가 항전했지만 결국 토벌군에게 비장한 최후를 맞게 된다. 6만여 명의 노예가 참살당하고 투항한 자들도 대부분 처형되었다. 스파르타쿠스의 '반란'은 비록 실패로 끝났지만, 그들의 죽음은 헛되지 않았다. 무엇보다도 전쟁 과정에서 노예와 농노들의 차별에 대한 문제의식이 생겼다. 피지배 민초들이 항쟁을 통해 인간으로서의 권리에 눈뜨게 된 것이다.

스파르타쿠스는 노예들과 함께 자유와 평등이 보장되는 새로운 사회를 꿈꾼 진보적인 저항인이었다. 이전에도 기원전 138년과 기원전 104년에 시칠리아섬에서 상당한 규모의 노예봉기가 있었지만, 10만 명이 넘는 노예군을 동원하고 3년 동안 세계 최강의 로마군을 상대로 싸운 것은 스파르타쿠스가 처음이었다. 노예해방 저항사에 스파르타쿠스의 이름이 첫 번째로 기록되고 있는 이유다. 그들의 노예해방 투쟁은 진압되었지만 로마제국에게는 치명적이었다.

노예가 봉기하자, 억압받던 여러 민족도 반란을 일으켰다. 계속되는 타격으로 로마제국의 보루는 흔들리기 시작했다. 역사가 플루타르크는 로마군이 리키아의 도시 크산토를 점령했을 때, 주민들이 노예가 되기보다는 자살을 선택한 일을 경탄하는 어조로 쓰고 있다.

어른 남자와 여자만이 자살한 게 아니다. 어린아이들도 울부짖으면서 불 속으로 뛰어들었고, 성벽에서 몸을 던졌다. 또한 자기 아버지의 칼 아래 목을 내밀었다.

승리한 사람도 이것에는 큰 감명을 받았다. 로마군 사령관은 리키아인 한 명을 구할 때마다 상을 주겠노라고 약속했다. 그러나 순순히 구제된 자는 거의 없었다.[22]

농노들, 영주의 수탈에 권리투쟁 나서

로마제국 말기 농민들의 의식은 신장되었다. 타인의 토지(장원)에 정착한 농민들을 '콜로누스(colonus)'라 불렀는데, 이들은 고대사회의 농노보다는 다소 향상된 지위에 있었다. 이 시기의 농노는 가족의 생계유지를 위한 토지가 대여되어 자립형 농업경영이 허용되었으나, 그에 대한 보증으로 농노주에 대한 인신상의 예속관계가 수반되어 노역을 비롯한 현물과 공조(貢租)를 바쳐야만 했다.

유럽 중세사의 일반적인 변화 중의 하나는 농노제도가 점진적으로 사라졌다는 사실이다. 12세기 프랑스·이탈리아·북부 스페인·서부 독일에서 먼저 사라졌고, 약간 늦었으나 영국에서도 비슷한 현상이 나타났다. 그 대신 장원제도가 확립되었다. 국왕으로부터 봉토를 받은 영주들이 장원의 영주가 되어 지배권을 행사했다.

장원의 토지를 경작하는 농민은 대부분 농노였다. 하지만 이들은 고대의 노예와 달리, 토지와 가옥 등 약간의 재산을 소유할 수 있었고 결혼을 하여 가정을 꾸밀 수도 있었다. 그러나 근대 시민과는 다르게 거주 이전의 자유가 없었고, 재판권·치안권·징세권 등을 행사하는 영주의 지배를 받았다. 그들은 부역이나 현물 지대 외에 각종 공물을 납부하고, 인두세·결혼세·통행세 등의 세금을 부담했으며, 제분소와 제빵소 같은 영주의 독점 시설을 이용하고 그 대가를 지불해야만 했다. 무엇보다도 중요한 것은 영주의 땅에 노동력을 제공하는 일이었다.

이 '부역'은 평균적으로 일주일에 3일 정도였다. 중세는 '신앙의 시대'로 일요일은 노동하지 않았으므로, 농민은 노동 시간의 절반을 영주를 위해 바쳐야 했던 것이다. 이처럼 농노는 여전히 신분의 제약을 받는 예속적인 존재로서, 독일에서는 농노를 가리켜 '뿔 없는 소'라고 부르기까지 했다.

프랑스혁명으로 봉건제가 사라질 때까지 유럽에서 농민(농노)들은 생산의 주체이면서도 여전히 반노예적인 신분 상태를 벗어나지 못했다. 그나마 어느 정도 재산이 모이면 자유를 살 수 있었다. 12세기에는 상업이 확대되면서 농노의 신분 해방운동도 확대되었다. 도시 시장의 성장으로 농산물을 판매할 기회가 많아졌고, 이를 통해 축적한 재물로 자유를 살 수 있었다.

농노들의 해방의식이 진전되던 중세 유럽에는 두 가지 거대한 '폭풍'이 휘몰아쳤다. 첫 번째는 페스트라고 불리는 흑사병의 대유행이었다. 중국에서 발생하여 실크로드를 따라 유럽에 전염된 이 대역병은 1347년 콘스탄티노플과 시칠리아섬을 휩쓸었고, 이듬해 프랑스와 독일을 거쳐 1348년 영국에 상륙했다. 이후 흑사병은 1348년 8월 이후 수개월 동안에 유럽 인구의 30~45퍼센트가 사망할 만큼 맹렬하게 유럽을 휩쓸었다.

그들 자신이 전혀 이해할 수도, 대처할 수도 없는 역병에 걸려 갑자기 죽어갔다. 남녀노소를 막론하고 격렬한 가슴 통증에 시달렸고 딱딱한 종기와 부스럼이 대퇴부 밑의 살이나 겨드랑이에 돋아났다. 어떤 사람은 피를 토하고 고열과 정신착란에 빠졌다. 아침에 건강하다고 느낀 사람도 밤중에 죽어갈 수도 있었다. 어떤 사람은 사흘이나 나흘쯤 앓다가 죽었다.[23]

 사망자 대부분이 농노였다. 귀족이나 영주 중에도 사망자가 적지 않았지만, 주거 환경과 영향상태가 좋지 못한 농노들의 피해가 훨씬 컸다. 페스트가 휩쓸고 간 유럽에는 노동력이 크게 모자랐다. 그런데도 영주들은 더욱 가혹하게 농노를 착취했다. 영국에서는 1349년 노동자칙령, 1351년 노동자 조령제정에 이어 1377년부터는 새로운 세금인 인두세를 부과했다. 1381년 5월 영국 에식스 주의 브렌트우드에서는 농민과 어부 수천 명이 가혹한 세금을 거부하면서 봉기했다. 유럽에서 벌어진 최초의 대규모 농어민 무장봉기였다. 이들이 악질적인 왕립위원(commissioner)의 수급(首級)을 장대에 매달자 봉기는 삽시간에 인근 지역으로 확대되었다.

"아담·이브가 일할 때 영주가 어딨었나"

 농민 봉기의 주동자는 존 볼(John Ball)이었다. 농민군은 캔터베리로 행군하여 주교관과 성을 약탈하고 감옥 문을 열어 죄수들을 풀어주었다. 다량의 법정 문서와 농노들의 계약 문서들을 불태웠다. 봉기군은 또 증오의 대상이던 관리와 성직자들의 집을 공격했다. 10만 명으로 늘어난 봉기군은 런던을 향해 진군했다. 6월 13일 존 볼은 "아담이 밭 갈고 이브가 길쌈할 때에, 그때 누가 귀족이었나?"

라며 10만 농민군 앞에서 저 유명한 설교를 했다.

　성직자였던 존 볼은 1381년 4월에 교황과 고위 성직자들을 비난했다는 이유로 투옥되었다가 얼마 뒤에 석방되었다. 그는 20여 년 동안 영국 남부 지역을 순회하면서 농어민들의 가혹한 공조와 세금, 비참한 생활을 지켜보고 설교를 통해 각성 운동을 전개했다. 그는 '유랑하는 성직자'였다. 존 볼의 '설교 연설'은 이어졌다.

　　태초에 모든 사람은 평등하게 창조되었습니다. 인간이 인간에게 예속당하는 것은 사악한 자들의 부당한 행위에서 비롯되었을 뿐, 우리 주 하나님의 뜻에 위배되는 것입니다. 주 하느님께서 어떤 사람은 농노로, 또 다른 사람을 영주로 만들려고 하셨다면 태초부터 그들 사이에 어떤 구별을 두셨을 게 아닙니까? 이제 우리 영국인은 좋은 기회를 부여받게 되었습니다. 잘 포착하기만 하면 우리가 오랫동안 뒤집어써왔던 멍에를 벗어던지고 언제나 갈망해 마지않던 자유를 쟁취할 좋은 기회인 것입니다. 그러므로 우리는 굳은 용기를 가져야 합니다. 말을 헛간에 거두어들이고, 그동안 곡식을 짓눌러왔던 가라지(tore)를 뽑아서 태워버린 저 성경 속의 지혜로운 농부들처럼 행동해야 하겠습니다. 영국의 가라지는 저 압제의 지배자들입니다. 이제 추수기가 되었으니, 사악한 영주와, 불공정한 판관과 법률가들, 우리의 공동선(共同善)에 해를 끼치는 그 모든 자들을 뿌리째 뽑아 없애버리는 것이 우리의 의무입니다. 그렇게 되면 우리는 현재의 평화와 미래의 안락을 누릴 것이요, 권세 가진 자들을 베고 나면 모든 사람은 똑같은 자유를 향유하며 그들 모두가 같은 귀족, 같은 반열에 들고 같은 힘을 가지게 될 것입니다.[24]

농민군이 런던을 장악하면서 왕과 각료들은 런던탑에 갇히는 꼴이 되고 말았다. 당시 국왕 리처드의 왕실은 런던탑이었다. 양측의 협상이 진행되었다. 존 볼과 국왕은 농민군과 각료들이 지켜보는 가운데 협상을 하여, 농노제 폐지, 봉건적 조세 완화에 동의하고, 각 주의 농민군 대표에게 왕실의 깃발을 하사할 것에 합의했다. 평화로운 타협이었다.

배석한 서기들에 의해 국왕과 존 볼의 합의 사항이 문서로 작성되었다. 농노제의 폐지와 농민들의 반란 행위를 사면한다는 내용도 있었다. 농민군은 여기에 한 가지를 더 추가했다. 백성로부터 지탄의 대상이 된 각료 몇 사람을 넘겨달라는 것이었다. 국왕은 이를 주저했고 그 사이에 농민군은 런던탑 안에 숨어 있던 대주교 겸 대법관인 사이먼 서드베리와 재무상 등을 사로잡아 목을 베었다.

며칠 뒤에 농민군 대표는 다시 국왕에게 회담을 요구했다. 아직 미진한 부분을 논의하자는 제안이었다. 이번에는 농민군을 대표하여 와트 타일러가 국왕과 만났다.

타일러는 윈체스터법 이외의 어떠한 법도 있어서는 안 되고, 이후로는 법의 집행 과정에서 어떤 탈법도 없어야 하고, 영주는 향후 지배권을 가져서는 안 되며, 국왕 자신의 권력을 제외하고는 지배권이 모든 백성에게 배분되어야 한다고 요구했다. 그는 또한 성스러운 교회의 재산이 특정 신자나 교구 사제 혹은 그 밖의 교회 인사의 수중에 남아 있어서는 아니 되며, 이미 재산을 지닌 성직자는 충분한 생계를 영위하므로 그 나머지 재산은 교구 내의 일반 민중에게 나누어 줘야 한다고 요구했다.[25]

농노해방 합의, 국왕의 배신

국왕이 봉기군 대표와 만나 국가 현안을 논의하고, 주요 요구 사항을 받아들인 것은 세계 농민반란사나 혁명사에서 그 사례를 찾기 어려운 일이었다. 하지만 이 같은 '합의'는 오래가지 못했다. 왕과 기득세력은 곧 반격에 나섰고, 타일러를 붙잡아 교수형에 처했다. 타일러의 부관 잭 스트로와 켄트 지역 농민군 지도자인 존 커크비와 앨런 트레더도 체포되어 참수되었다.

농민혁명군의 이념적 지도자 존 볼 역시 정부군에 체포되어 사지를 찢기는 참형을 당했다. 곧 이어 국왕은 농노 해방장과 사면장을 무효화한다는 성명을 발표하고 모든 합의 사항을 무효로 선언했다. 수많은 농노들이 붙잡혀 처형당하거나 투옥되었다.

국왕과 농민군의 협상이 이루어졌을 때, 윌리엄 그라인드콥은 도시 민중들과 함께 시민의 지탄 대상이었던 수도원을 공격했다. 수도원은 이에 굴복하여 모든 불법적인 노비 문서들을 파기하고 농노들의 해방을 선포했다. 그러나 3주일 뒤, 정부군에 의해 반란군이 진압되자, 국왕은 주동자들을 처형했다. 그라인드콥은 일련의 사건을 예감이나 한 듯이 다음과 같은 감동적인 연설을 했다.

지금 얻은 이 작은 자유로 오랜 압제의 세월을 덜게 된 시민 여러분, 가능한 한 굳건하게 일어서시오. 내가 박해받는다 해도 두려워하지 마시오. 왜냐하면 내가 자유 쟁취를 위해 노력했다는 이유로 죽음을 당한다면 내 자신 순교자로서 삶을 마감하는 것을 행복하게 여길 수 있기 때문입니다. 그러므로 설령 내가 허트포드에서 교수형을 당한다고 가정하더라도 여러분이 행동하셨을 바로 그런 식으로 행동하

시기 바랍니다.[26]

비록 국왕파의 반격으로 농민항쟁은 좌절하고, 다시 구체제로 돌아갔지만, 투쟁의 영향은 적지 않았다. 존 볼의 "아담이 배 짜고 이브가 길쌈할 그때 누가 귀족이었나?"라는 구호는 이후 유럽 인권투쟁의 대명제가 되고 평등사상의 기초로 인식되었다. 역사학자 해리슨은 1381년 런던의 농노해방 투쟁의 의미를 다음과 같이 정리했다.

첫째, 이 사건은 그 자체로서 서술할 만한 가치가 있다. 그것은 연대기 작가들이 기록한 바와 같이 드라마적인 요소를 갖추고 있다.
둘째, 와트 타일러와 존 볼은 뒤에 영국 민중신화의 일부가 되었다. 후대의 혁명가들은 그들을 전설적인 영웅으로 언급할 수 있었다.
셋째, 이 점이 가장 중요한데, 이때야말로 민중이 역사의 전면에 나선 최초의 시기였다. 민중은 역병·기근·전쟁과 같은 사건이 있을 때만 전국적인 규모로 나섰다. 그러나 이때도 정치·경제면에서 의식적인 정책 결정 과정에 참여하지 못했다.
사회사가들이 애호하는 문구를 사용한다면, 그들은 역사의 주재자가 아니라 희생자였다. (…) 1381년 6월의 그 며칠 동안 (민중의 종래의) 역할은 갑자기 바뀌어졌다. 그들은 사회 지배계급의 이니셔티브에 그저 순응하는 대신에 그들 스스로 결정을 내리기 시작했던 것이다. 그들은 이제 단순히 사회변화의 재료가 아니라 그 집행자였다.[27]

로마공화제
에서
권리장전
까지

공화제의 이념과 뿌리

공화제는 고대 그리스의 도시국가에서 폭군이나 페르시아의 동양적 전제에 대한 투쟁과 로마에서 왕권과의 치열한 투쟁 속에서 싹텄다. 중세에 들어와서 왕권과 교권의 견제와 탄압을 받으면서 부침을 거듭해오다 마침내 정치제도로 자리 잡는다.

로마공화제는 기원전 509년 고대 로마의 왕정이 무너진 시기부터 옥타비아누스가 아우구스투스 황제가 되기까지의 고대 로마시대를 말한다.

로마공화제의 이론적 개척자이기도 했던 철학자 키케로는 공화국이 "인민의 일들"을 뜻한다고 말하면서 덧붙이기를, "인민은 아무렇게나 모인 일군의 사람들을 뜻하는 것이 아니라 정의와 공동의 이익을 인정하고 동의한 사람들의 모임"이라고 말한다. 그는 이어서 자유는 "인민이 최고 권력을 갖는 공화국에서"만 존재하며, 또한 "권리에 있어서 절대적 평등"을 허용하는데, 왜냐하면 "자유는 (…) 정의로운 주인을 가지는 데 있는 것이 아니라 어떤 주인도 가지지 않는 데 있기 때문이다"라고 설명한다.

제네바 시민이었던 루소는 "자유로운 인민은 복종은 하지만 예종하지 않으며, 지도자는 두지만 주인은 두지 않는다. 자유로운 인민은 오직 법에만 복종하며, 타인에게 예종하도록 강제될 수 없는데, 이것은 법의 힘 때문"이라 말했다.[28]

한마디로 공화제는 군주도 지배자도 없이 시민이 하나의 법제도 아래에서 동등한 주체로서 함께 어울려 사는 이념과 제도를 말한다. 부연하면 권력분립과 공공성과 동등성이 보장되고 공동선을 추구하며, 자유가 사적인 공간에서가 아니라 공적 공간에서 보장되는 공동체를 말한다.

로마공화제는 나중에 반동세력에 의해 짓밟혔다. 그 대표적인 인물이 율리우스 카이사르였다. 기원전 45년 말에 히스파니아 전투에서 돌아온 카이사르는 위대한 장군이자 정치가로서 공화국을 위해 큰일을 하리라는 기대를 저버리고 자신의 독재체제 강화를 서둘렀다.

그는 자신의 추종자 300명을 포함시키고자 원로원 의원 수를 900명으로 늘리고, 그들에게 다음의 사항을 결의하게 했다. "카이사르는 종신 독재관이며 그의 신체는 호민관처럼 신성불가침이며, 국부이므로, 원로원 의원을 포함한 전 로마 시민은 전심전력을 다해 그를 보호하겠다." 그는 제왕을 꿈꾸고 있었던 것이다. 결국 그는 브루투스 등 옛 동지들까지 합세한 반대세력에 의해 암살되고 말았지만, 이로써 로마공화제는 당초의 목표이던 공공성과 동등성의 정신이 무너지고 권력투쟁의 장이 되어 버렸고, 전제국가로 탈바꿈하게 된다.

그럼 로마에서 시작된 공화제가 어떻게 대륙을 건너 영국으로 건너가 시민권리투쟁의 싹을 틔우게 되었는가를 살펴보자. 영국에서 전개된 마그나카르타, 권리청원, 청교도혁명, 권리장전은 공화제로 가는 길목이며 민주주의 쟁취의 과정이다.

마그나카르타

영국 대영박물관에는 마그나카르타(Magna Carta) 원본이 두꺼운 유리관 속에 소중하게 전시되어 많은 관람객의 발걸음을 멈추게 한다. 흔히 대헌장으로도 불리는 이 문건은 1215년 6월 1일 영국 존 왕이 귀족들과 맺은, 국왕의 권리와 의무를 문서로 명시한 최초의 내용이다.

엄격한 의미에서 인민(민중)의 권리신장을 위한 헌장은 아니지만, 국왕이 몇 가지 권리를 포기하고 법적 절차를 존중하며, 왕의 뜻이라도 법으로 제한하도록 하고 있다. 국왕이 할 수 있는 일과 할 수 없는 일을 문서로 작성하여 전제군주의 절대권력에 제동을 걸었다는 점에서 인간 진보를 보여주는 획기적인 문건이다. 비록 귀족·영주들과 국왕과의 '권력배분'을 위한 장치이기는 하지만 국왕의 절대권력을 제한하는 문건이 작성된 것은 획기적인 진전이었다.

1199년 사자왕 리처드 1세가 사망하면서 왕위에 오른 존 왕은 프랑스와의 전쟁에서 패해 노르망디 지역의 대부분을 빼앗기고, 교황과 세력 다툼으로 교회에서 파문을 당하는 등 위기에 놓였다. 여기에 전쟁 명목으로 조세를 마구 징수하여 귀족과 시민들의 반발을 사게 되었다. 1215년 5월 5일 일부 귀족이 존 왕을 국왕으로 인정하지 않겠다고 선언하고 왕의 퇴진운동에 나섰다. 여기에 런던 시민이 가세하면서 존 왕은 마침내 굴복하여 6월 5일 귀족들이 제출한 이른바 '귀족들의 조항'에 조인하게 되었다. 이를 기초로 6월 15일 마침내 마그나카르타 협정이 체결되었다.

그 내용 중에 "어떠한 봉건 왕조도 우리 왕국의 공통된 조언에 의하지 않고서는 군역세를 징수하지 않는다"는 조항은 뒷날 일반적으로 징세에 대해서는 의회의 동의가 필요하다는 의미로 해석되었다. 또한 "자유민은 그와 동등한 자의 적법한 판정에 의하지 아니하고는 체포·구금되거나, 재산이 박탈되거나 법적 보호가 박탈되지 않는다"는 조항은 후대에 사유재산 보호와 배심재판을 보장하는 내용으로 발전했다.

대헌장은 귀족·봉신 등 자유민의 권리를 보장하는 내용으로 하며, 63개 조항으로 이루어져 있다. 주요 내용을 정리하면 다음과 같다.

- 교회의 자유와 여러 권리의 보장 및 자유민에 대한 제2조 이하의 권리보장. (제1조)
- 봉지(封地) 상속세의 최고액의 구체적인 한정. (제2조)
- 일정한 민사사건에 대한 순회재판, 동배(同輩) 재판의 보장과 방법의 한정. (제18조, 제19조)
- 위법행위 정도와 형벌의 비례의 보장과 한정. (제20조, 제21조, 제22조) 생계유지를 위한 재산, 농노의 농경 용구 등은 벌금에서 제외하고 있다.
- 재산권의 보장. (제28조, 제30조, 제31조) 곡물, 말, 짐마차, 목재는 징발을 금지하고 있다.
- 형사사건에 관하여 합법적 재판의 보장과 국법에 의하지 아니 하고서는 체포·감금·처벌·권리침해 등을 받지 않는 자유의 보장. (제39조)

- 증인에 근거한 소추의 보장. (제38조)
- 출입국의 자유. (제41조, 제42조)

  상인의 상행위를 위한 출입국과 국내 이동의 자유 및 일반인에 대한 출입국의 자유 보장.
- 합법적인 재판에 의하지 않고 권리를 침해당했을 경우 복권과 원상회복의 보장. (제52조)

권리청원

마그나카르타를 쟁취한 영국의 귀족과 시민들은 1628년 권리청원과 1689년 권리장전을 선언하기에 이르렀다. 이들 문건은 후일 미국의 버지니아 권리장권이나 프랑스혁명기 인권선언에 필적할 만한 역사적 의미를 갖고 있다. 권리청원은 1628년 영국의 하원에서 기초하여 그해 6월 7일 찰스 1세의 승인을 얻은 '국민의 자유에 관한 선언'이다.

1625년에 즉위한 찰스 1세는 부왕인 제임스 1세의 절대군주제를 답습하여 과중한 세금과 강제 공출, 병사들의 민가 숙박, 일반인에 대한 군법 적용 등 전제정치를 행했다. 1628년 전쟁 비용이 부족해진 찰스 1세가 의회를 소집하자 조세 문제 등을 둘러싸고 왕과 의회가 충돌하기에 이르렀다.

당시 국법에 따르면 국왕 또는 국왕에 준하는 공적인 힘을 가진 통치자에 대해서는 국왕법정에 소송을 제기할 수 없었다. 역사적으로 국왕은 국왕법정의 최고 수장으로서 법정의 판결에 구애받지 않았기 때문이다. 대신 시민은 물적·인적 재산에 대한 소유권이 법적 정당성 없이 국왕이나 그 신하들에게 넘어갈 경우 이를 돌려달라고 청원할 수 있었다. 국왕은 이러한 청원을 법정에 넘길지 여부를 판단할 수 있었다. 대개는 재무법원으로 청원사건을 보냈으며 판사에게 "정의를 행하라"는 내용이 적힌 공식 서한을 보내는 것이 일반적이었다. 하지만 의무는 아니었다.

이에 의회는 찰스 1세에게 인민이 국왕에게 소송할 권리를 보장하는 내용의 청원을 하게 되었다. 하원의원 코우크 등이 중심이 되어 제출하였고, 마침내 왕의 승인을 받아냈다.

주요 내용은, 의회의 승인 없이는 어떠한 과세나 공채발행도 강제하지 않는다는 것, 법에 의하지 않고는 누구도 체포·구금되지 않는다는 것, 육군 및 해군은 인민의 의사에 반하여 민가에 숙박할 수 없다는 것, 군법에 의한 민간인 재판을 금지할 것, 각종 자유권을 보장할 것 등이었다.

이 문건은 주권이 왕에게서 의회로 넘어오는 첫 걸음이 되었다. 공화제의 한 단계 진전이었다. 아울러 영국 의회주의의 중대한 발전을 가져오게 되었다. 그러나 이렇게 마련된 권리청원은 지켜지지 않았다. 1629년 왕은 이 권리청원을 무시하고, 임의로 과세를 하다가 의회의 비난을 받자 의회를 해산하고 의회 지도자들을 투옥하는 한편, 11년간이나 의회를 열지 않는 전제정치를 자행했다. 이것은 뒷날 청교도혁명의 직접적인 계기가 되었다.

이렇듯 권리청원을 비롯한 일련의 인권헌장은 인민의 권리선언이었으며, 인권과 민주주의를 위한 부단한 투쟁 그 자체였다.

청교도혁명

청교도혁명은 1642년에 발발하여 1660년 왕정복고로 이어지기까지 진행된 영국의 시민혁명이다. 1603년 엘리자베스 여왕이 사망하자, 당시 스코틀랜드의 왕이었던 제임스 6세는 잉글랜드 왕을 겸하고 스스로 찰스 1세라 칭하며 스튜어트 왕조를 열었다. 그러나 이로 인해 영국은 전쟁과 내란의 수렁에 빠져들었다.

권리청원을 무시하고, 의회를 해산했던 찰스 1세는 전쟁 자금을 조달하기 위해 1640년 11년 만에 의회를 소집했다. 찰스 1세 진영의 왕당파와 의회 사이의 긴장은 점차 고조되었다. 찰스 1세는 1642년 1월 다섯 명의 하원의원을 체포하려다 실패하자 런던을 떠났고, 양측 모두 전쟁을 준비했다. 애초에 두 진영의 병력 규모는 비슷한 수준이었다. 1645년 의회파가 신형군을 창설할 때까지는 왕당파가 기병에서 우위를 점했다. 그러나 의회파가 재력면에서 왕당파를 압도하고 있었다는 사실은 싸움의 최종 결과를 예상할 수 있게 했다. 왕당파 지지세력은 주로 웨일스와 북부 및 서부 잉글랜드에 분포되어 있었던 반면, 의회파는 부유한 남부와 동부 지역에서 강세를 보였으며, 또한 런던과 대다수 항구 및 해군을 장악하고 있었다. 의회는 세금을 징수할 수 있었던 반면 찰스 1세는 자금을 지지세력들의 인심에 의존해야만 했다.

마침내 6월 의회파가 전투에서 크게 승리함으로써 전세는 역전되었다. 남은 왕당파 병력은 랭포드에서 분쇄되었으며 스코틀랜드에서는 몬트로즈 후작이 필러포 전투에서 패했다. 마침내 1646년 왕당파는 옥스퍼드에서 항복했다. 찰스 1세는 스코틀랜드 군대에 보호를 요청하며 피신했으나, 스코틀랜드 측은 1647년 1월 잉글랜드를 떠나면서 찰스 1세를 의회파 진영에 포로로 넘겨주었다.

그러나 와이트 섬으로 탈출한 찰스 1세는 그곳에서 스코틀랜드의 비밀단체 측과 협상하여 자신을 도우면 잉글랜드에서 장로교파를 지원하고 독립파의 활동을 억압하겠다고 약속했다. 이로써 내란은 두 번째 국면으로 접어들었고 왕당파의 반란과 스코틀랜드의 침공이 있었다. 그러나 이러한 모든 기도는 의회파에 분쇄되었으며, 찰스 1세는 1649년 1월 처형당했다.

흔히 청도교혁명이라는 불리는 이 내전은 형식상 국왕세력과 의회세력 간의 대립이었지만, 본질적으로는 종교 간의 대립이었다. 엘리자베스여왕 시대부터 있던 이러한 대립이 혁명으로 폭발하여 절대주의를 무너뜨릴 수 있었다.

우여곡절 끝에 권력을 장악한 크롬웰은 점차 전제체제를 강화했고, 1653년 이후의 호민관 정치는 군사독재로 변질되었다. 그의 군사독재는 수공업자와 소상인들이 중심인 수평파 등의 민주화 요구와 왕당파의 반동 공세에 대항하기 위한 것이었으나, 그동안 이룬 혁명의 성과와는 동떨어진 결과를 낳았다. 그것은 근대적 시민의식으로 성장한 시민이나 농민들에게 질곡이었다.

여기에 크롬웰의 아들이 호민관에 취임하게 되면서 의회와 군대의 거센 반대에 부딪히고, 1660년 스튜어트왕조의 왕정복고로 청도교혁명은 종지부를 찍게 되었다.

이때 윈스턴리라는 소상인이 이끈 '진정수평파(眞正水平派)'라는 무리가 나타났다. 이들은 크롬웰 정부가 국왕군을 물리치면 인민에게 자유를 주겠다는 약속을 지키지 않았다며 통렬하게 비판하고 일어났다. 윈스턴리는 1649년 일단의 무리를 이끌고 황폐한 공유지를 개간하면서 다음과 같은 노래를 불렀다.

그러니까 우리가 충고하겠소, 자유를 존중하는 모든 사람들에게 황무지와 평지를 경작하라고. 그러면 자유를 얻게 될 것이오. 사망세와 상속세를 중단케 하고, 속박을 멈추게 할 것이오. 사람들은 이 사실을 잘 알고 있지요. 자유는 칼과 대포로 얻어지는 것이 아니라는 사실을.[29]

청교도혁명은 비록 한때 반동세력에 밀리기도 했지만, 이로써 일반 농민·시민 그리고 의회의 권리의식이 증대되어 영국 민주주의 발전의 전기가 되었다.

권리장전

1689년 12월 의회에서 제정한 권리장전은 영국 헌정 사상 괄목할 만한 장전이다. 제임스 2세의 전제정치와 가톨릭 신앙에 반대하면서 일어난 명예혁명은 1688년 12월 왕이 프랑스로 망명하고, 이듬해 2월 국민협회가 윌리엄 3세를 영국 국왕으로 추대함으로써 피 흘리지 않고 혁명을 완성했다.

이때 의회는 새로운 왕을 추대하면서 권리선언을 제출하여 승인을 받았다. 이 선언을 토대로 '인민의 권리와 자유를 선언하고 왕위 계승을 정하는 법률'이라는 긴 이름의 법이 공포되었다. 이것이 권리장전이다. 이 권리장전은 명예혁명의 제반 조치에 법적 효력을 부여하는 것이었으나 실질적으로는 마그나카르타보다 더 중요한 내용이 되었다.

그것은 1세기에 가까운 국왕파와 의회세력의 투쟁에 종지부를 찍는 것이었고, 영국 헌법상의 중요한 제 원칙을 밝힌 문서였다. 주요 내용은 제임스 2세의 불법행위를 12개조로 열거한 뒤 의회의 승인 없이 왕권에 의하여 이루어진 법률이나 그 집행 및 과세의 위법, 의회의 승인 없이 평화시에 계속되는 상비군의 징집 및 유지의 금지, 인민의 자유로운 청원의 보장, 의원선거의 자유 보장, 의회에 있어서의 언론의 보장, 지나친 보석금이나 벌금 및 형벌의 금지 등을 선언하고 있다. 이 권리장전은 미국의 독립선언과 버지니아 권리장전 및 매사추세츠 권리선언 등에도 큰 영향을 미치게 되었다.

2

종교의 시대 : 우상과 싸우다

자연법
사상과
폭군방벌론

자연법사상과 폭군의 존재

원시공동체 사회 이래 인간 사회에는 도덕과 규범이 존재해왔다. 인간 사회가 '만인의 만인에 대한 투쟁'이 되지 않는 것은 바로 이 때문이다. 그런데 한편 강자가 나타나고 주종관계와 종속관계가 생기면서 인간 사회는 지배와 피지배의 계급(계층)이 생겼다.

지배자들은 자신들의 지배력을 정당화하고 강화하기 위해 각종 규범과 실정법을 만들었으며, 피지배층은 자연법사상과 폭군방벌론을 내세워 이에 대항했다.

인류는 고대사회에서부터 자연법사상을 스스로 깨쳐왔다. 실정법 외에 입법자의 의사를 초월하는 가치 기준으로 자연법을 생각하게 되었다. 자연법은 불변의 인간 본성에 기초를 둔 도덕적 법원리로서 보편타당성과 보편윤리성을 특성으로 한다. 자연법은 선험적 원천인 '자연'에 상응해서 보편타당한 불변의 정의 원리와 규칙이며, 그 인식은 이성에 의해 가능하고 실정법에 대하여 고차적인 효력을 갖는다.

일반적으로 자연법은 "선을 행하고 악을 피하라", "각자에게 그의 몫을 주어라", "부정을 행하지 마라", "약속을 지키고 사람을 죽이지 마라" 등과 같은 규범이다. 이런 것은 나중에 실정법으로 만들어지기도 했다.

어떠한 형식으로 든 자연법을 긍정하는 입장에서는 자연법을 두 개의 형(型)으로 분류한다. 첫째로 일반적인 형은 자연법이 실정법에 상위하는 법으로서 효력을 갖는다고 본다. 두 번째는 자연법을 실정법의 이념으로 보고 법으로서의 성격은 부여하지 않는다.

고전적 자연법은 대부분 첫 번째 개념에 속한다. 이런 입장은 실정법이 자연법과 일치하는 경우에만 효력이 있으며 그렇지 못하면 효력도 없다고 설명한다. 따라서 "자연법에 반하는 실증법은 법이 아니다", "악법은 법이 아니다", "폭군은 방벌해야 마땅하다"라는 인식을 갖게 되고, 여기에서 저항권사상이 싹트기에 이른다.

따라서 자연법을 거스르는 군주는 폭군이라 할 수 있다. '폭군(Tyrant)'이란 말은 그리스어 tyrus(압제), 라틴어 fortis(강력함) 또는 angustia(압제)와 비슷하다. 원래 강력한 전제력을 행사하는 왕을 폭군이라 불렀는데, 이 말은 "감정을 자제하지 못하고 극도로 잔인하게 백성을 다스리는 가장 사악하고 불경스러운 왕을 지칭"한다.

그레고리는 『윤리학(moralia)』에서 폭군은 "엄격한 의미에서 나라 전체를 불법으로 통치하는 자"라고 정의했다. 일반적으로 폭군은 백성을 억압하면서 공동선이나 공공이익을 위한 행동이 아니라 자신과 자파의 이익을 위한 행동을 하는 자를 일컫는다.

아리스토텔레스의 『정치학』과 로마누스의 『군주의 통치에 관하여』에서는 폭군의 존재와 행위를 다음과 같이 정리했다.

첫째, 폭군은 자신에게 항거하지 못하도록, 명망이 높고 세력이 있는 시민들을 제거한다. 최악의 경우 우리는 폭군이 형제나 친척까지도 살해하는 것을 볼 수 있다.

둘째, 폭군은 자신의 부정을 폭로하거나, 사람들을 선동하여 자신에게 대항하지 못하도록 지식인을 제거한다.

셋째, 폭군은 연구 활동과 교육을 중단시킨다. 그는 지식인을 제거할 뿐만 아니라 사람들이 교육받는 것을 막으려고 온갖 노력을 다한다. 학식 있고 지혜로운 사람들로부터 비난받을 것이 두렵기 때문이다.

넷째, 폭군은 자신에 대한 반란이 두려워서 사적인 회합이나 합법적인 공공의 모임까지도 금한다.

다섯째, 폭군은 도처에 많은 정보원을 갖고 있다. 폭군은 자신이 과오를 범하고 있다는 것을 스스로 알기 때문에 사람들이 항시 그를 나쁘게 말하고, 그에 대하여 음모를 꾸민다고 믿는다. 그래서 정보 제공자의 말을 기꺼이 듣는다.

여섯째, 폭군은 지역을 갈라놓으려고 노력하는데, 서로에 대한 두려움으로 반란을 꾀하지 못하도록 하기 위한 것이다.

일곱째, 폭군은 백성을 고의로 가난하게 만드는데, 그 이유는 그들이 생계를 유지하는 데 전념함으로써, 그에 대하여 음모를 꾸밀 시간을 가지지 못하게 하려는 것이다.

여덟째, 폭군은 전쟁을 획책하고 군대를 외국에 보내서 싸우게 함으로써 그에 대한 음모를 꾸미지 못하게 한다. 사람들은 전쟁 때문에 폭군이 바라는 대로 가난해지고 교육도 받지 못하게 되기 때문이다. 폭군은 그가 필요할 때 사용할 수 있도록 군대를 양성한다.

아홉째, 폭군은 시민을 두려워한 나머지 그의 경호원을 그의 시민이 아닌 외국인으로 충당한다.

열째, 도시가 여러 파벌로 갈라져 있으며, 폭군은 항시 그 가운데 하나를 지지하고 그 파와 연합하여 다른 파를 탄압한다.[1]

역사적으로 폭군은 지배권 강화와 영속 그리고 세습을 위해 온갖 수단과 방법을 동원한다. 이것은 일시적으로 성공하기도 하지만, 오래지 않아 백성의 저항에 부딪히고 곧 멸망하게 된다. 이와 같은 과정을 거치면서 인류는 민주주의와 공화제의 정치체제를 창안하고 발전하게 되었다.

역사를 진보하는 것으로 포착한 최초의 지식인이란 평을 받는 헤겔은 역사의 발전을 '세계정신(神)'이 자기 자신을 역사 속에서 실현시켜 나가는 것, 즉 신의 섭리에 의한 것으로 인식했다. 헤겔은 정신은 자유를 그 본질로 하기 때문에 역사 발전이란 자유의 증대 과정이 된다고 보았다.

대체적으로 볼테르에 의해 자각된 역사철학적 고찰은 헤르더, 칸트, 실러 등을 거쳐 헤겔에서 어느 정도 완성을 보게 되었다. 헤겔은 『역사철학』에서 역사 발전의 단계를 1단계-중국, 몽골 등의 신정적 전제(神政的專制)로 정신의 동양적 형태(유년기), 2단계-정신의 그리스적 형태(청년기), 3단계-정신의 로마제국적 형태(장년기), 4단계-정신의 게르만적(서구적) 형태(노년기=원숙기)로 나누었다.[2]

이에 비해 카를 마르크스는 역사를 아시아적, 고대적, 봉건적 및 근대 부르주아적 등 4가지 생산양식의 단계로 나누고, 역사는 계급투쟁에 의해서 추진된다고 보았다. 헤겔의 인식과 비슷하다. 이들은 인류의 역사가 계급투쟁의 역사이고, 피지배계급의 해방(자유)을 위한 투쟁이라는 유물사관의 입장을 취했다.

하지만 인류 역사는 '계급투쟁' 이전에 이미 개체적으로 자연법사상을 깨치게 되고, 저항권 사상과 폭군방벌론을 통해 자유와 해방을 추구하기 시작했다. 그리고 민주와 공화제의 가치를 인식하고, 이를 법제화하게 되었다.

불복종, 저항의 시작

서양에서 저항권사상은 신화시절부터 있었다. 에리히 프롬은 "인류 역사는 불복종(저항)의 행위에서 시작되었으며, 이제 복종의 행위로 인해 종말을 맞이하게 될 것이다"[3]라고 지적하고, 인류의 시초를 저항으로 설정했다. 금단의 과일을 따 먹는 순간이 바로 불복종, 저항의 시작이라는 지적이다.

아담과 이브에 관한 히브리 신화와 마찬가지로 프로메테우스에 관한 그리스 신화는 인간의 모든 문명이 불복종의 행위에서 시작되었음을 보여준다. 프로메테우스는 신으로부터 불을 훔침으로써 인류의 진보를 위한 기초를 마련했다. 만약 프로메테우스의 '도전행위'가 없었더라면 인류 역사 또한 존재하지 않았을 것이다.

아담과 이브와 마찬가지로 프로메테우스도 불복종 때문에 벌을 받았다. 그러나 그는 후회하지도 용서를 빌지도 않았다. 오히려 그는 "신들에게 복종하는 노예가 되느니 차라리 바위에 쇠사슬로 묶여 있겠다"[4]고 자신 있게 말했다.

인류의 시민불복종, 인민저항권 사상은 이렇게 시작되었다. 인간은 태초에 자유롭게 태어났는데, 후천적으로 압제와 법제의 사슬에 시달리게 되었다. 하지만 자유롭게 태어난 인간의 예지는 고대로부터 불복종과 저항의 제도와 장치를 마련하는 데 게으르지 않았다.

인간 최초의 성문 법률이라는 함무라비법전 조항 중에는 재판정의 권위를 지키고자 타락한 재판관을 추방하라는 내용도 들어 있다. 구약성경에서는 재판의 공정성을 강조한다.

> 법을 왜곡시키면 안 된다. 체면을 보아도 안 된다. 뇌물을 받아도 안 된다. 뇌물은 지혜로운 사람의 눈을 멀게 하고 죄 없는 사람의 소송을 뒤엎어버린다. 정의, 그렇다. 너희는 마땅히 정의만을 찾으라. 그리하여야 너희는 살아서 너희 하느님 야훼께서 주시는 땅을 차지할 것이다. (신명기 16:19~20)

이슬람교도 비슷하다.

> 믿는 자들이여, 정의에 의하여 입증할 것이며 하나님을 위해 공정한 증인이 되어라. 타인에 대한 증오로 공정을 잃어서는 아니 되나니 정의로써 행동하라. 그것은 가장 독실한 신자의 의무라. 그리고 하나님을 경건하게 섬기라. 하나님께서는 너희의 모든 행동을 알고 계시니라." (코란 제5장 마이다:8)

폭정론의 연원을 찾는다

선정에 대한 반대가 폭정이다. 정치의 방도에서 선정이 왕도라면 폭정은 패도이다. 고금동서를 막론하고 선정과 폭정은 늘 있었다. 그러나 인류사는 선정보다 폭정의 시대가 훨씬 길고 많았다. 이와 같은 현상의 원인은 인간의 성악설적인 측면도 있겠지만, '권력의 생리'에서 찾을 수도 있다.

폭정에는 자연법과 실정법이 짓밟히게 되고, 재산권이 침해된다. 이것이 심하면 인민의 저항권이 발동된다. 공화제와 민주주의는 이런 과정을 거쳐 발전했다. 학문적으로 폭정에 대해 본격적인 연구를 시도한 사람은 아리스토텔레스다. 그는 저서 『정치학』에서 폭정을 다음과 같이 정의한다.

- 폭정은 지배자의 이익만을 위한 일인 지배체제이다.
- 폭정이란 시민사회를 전제적으로 지배하는 독재이다.
- 폭정이란 책임을 지지 않고, 신분의 고하를 막론하고 모든 자를 통치하며 피통치자의 이익을 위해서가 아니라 군주 자신과 정파의 이익을 위해 통치하는 군주정이다. 따라서 폭정은 자유의사에 의한 지배가 아니다. 왜냐하면 어떤 자유민도 그러한 지배를 자유의사에 의하여 인정하지 않을 것이기 때문이다.

아리스토텔레스는 이어서 폭정의 사례에 대해 다음과 같이 썼다.

폭정에는 도대체 악만이 존재한다. 폭정의 특징은 크게 세 부류로 요약될 수 있다. 폭군의 모든 정책은 전부 이 가운데 어느 하나에 속한다. 첫째로 시민이 서로 불신케 하는 것, 둘째로 모든 시민의 권리를 박탈하는 것, 셋째로 시민을 비굴하게 만드는 것이다.

서양에서 폭군방벌론자를 '모나르코마키(monarchomachi)'라 부른다. 네덜란드의 자연법사상가 J. 알투시우스(1557~1638)는 종교적 성격에서 탈피한 저항권의 이론을 전개하여 자연법에 의한 폭군방벌론을 주장했다. 군주가 인민과 맺은 계약을 위반하면 방축살해(放

逐殺害)하는 것도 정당하다는 주장이었다.

민주주의가 좋은 것은, 반란단체를 만들지 못하도록 정당제도를 두고, 폭군의 등장과 장기집권을 막고자 선거제도와 이를 통한 정권교체를 보장하기 때문이다.

종교개혁의
기수들
중세 암흑을
뚫다

부패한 교회의 농민 갈취

　중세 유럽은 정치권력과 종교권력이 결탁하거나 따로 군림하면서 농민들을 가혹하게 착취했다. 흔히 '중세암흑'이란 말이 나올 만큼 암흑시대였다. 여기에 페스트를 비롯하여 각종 역병까지 창궐하여 인구 3분의 1 정도가 사망하고, 기득권세력은 이른바 '마녀사냥'을 통해 비판자와 저항세력을 이단으로 몰아 고문하고 화형에 처했다.

　이 시기는 교회와 영주가 권력의 중심에 있어서 타락이 더 심했다. 농민들은 가족을 부양하기 전에 교회에 곡물과 야채, 가축의 10분의 1을 바쳤다. 영주에게는 더 많이 빼앗겼다. 해마다 두 번씩 토지사용료로 정해진 만큼을 바쳐야 했는데 심한 곳은 그 양이 전체 생산물의 절반에 이르기도 했다. 더욱 고통스러운 것은 일정기간 의무적으로 해야만 하는 노력봉사였다. 독일에서는 연 60일을 해야 했는데, 농번기에 동원되어 정작 자신의 농사는 망치기 일쑤였다. 영주의 허가 없이는 결혼조차도 못 했고, 결혼하려면 세금을 바쳐야 했다.

> 교회의 타락은 극도에 달하여 성직자들을 자기에게 맡겨진 영혼에 오히려 해독을 끼치고 있다. 성직자들의 대부분이 공공연하게 첩을 두고 있으며, 만약 교회에서 이를 처벌하고자 한다면 이에 반항하여 오히려 문제를 야기시켰다. 그들은 폭력을 사용해서까지 정의의 수행을 막고 있다. —이사벨라, 1500년 11월 20일

이 기록이 말해주듯이 가톨릭 교회의 부패와 타락은 극한에 이르렀다. 영주들로부터 농민들을 보호해야 할 교회가 영주들보다 가혹하게 수탈하고 기득권을 지키고자 비판자들을 처형했다.

쌓이고 쌓인 분노는 1524년, 드디어 독일에서 피비린내 나는 농민항쟁으로 폭발했다. 그러나 결과는 비참했다. 무장한 군대에 의해 농민 10만여 명이 살해되고 5만여 명이 부상당하거나 집과 재산을 빼앗겼다. 마을이 파괴되고 농지는 황폐되었으며 기근과 피폐, 역병이 다시 농촌을 덮쳤다. 거리에는 거지가 들끓고 노상강도가 우글거렸다.

공포가 도처에서 소용돌이쳤다. 교회가 인도한 곳은 천국이 아니라 지옥의 업화(業火)였다. 절망에 빠진 사람들은 아담과 이브가 저지른 인간의 죗값이라고 생각했다. 독일의 농민항쟁 이후 유럽의 모든 나라에서 형벌이 더욱 가혹하게 자행되었다. 반항자는 끓는 솥 속에 산 채로 처넣어지거나, 목에 밧줄이 묶여 끌려 다닌 끝에 갈기갈기 찢겨 죽었다. '이단자'에게는 말뚝에 묶어 화형을 시키거나 말과 소에 팔다리를 묶어 사지를 찢는 참혹한 형벌을 가했다.

압제에는 저항이 따른다. 아무리 캄캄한 암흑시대라 해도 누군가는 이성의 눈을 뜨고 저항하기 마련이다. 어느 시대나 암흑과 몽매를 일깨운 사람들은 있다. 예언자적 사명이 있는 종교인들이 그 역할을 맡는 경우가 적지 않았다.

가장 먼저 이성의 눈을 뜬 사람은 영국 옥스퍼드 대학 신학교수인 존 위클리프(1324~1384)였다. 1374년 국왕의 사절단으로 브뤼주에서 교황 측과 교섭하고 귀국하여 널리 선교활동을 벌였다. 많은 저서를 펴내고 한때 국왕의 비호를 받았다. 그러나 교황에 대한 납세를 반대하고 교회가 지나치게 많은 재산을 소유하는 것을 비판하면서 교회와 등지고 그 대신 농민의 지지를 받았다.

그는 『지배론』이란 저서를 통해 "교회의 모든 지배는 은혜에 의해서만 있을 수 있으며, 은혜가 없는 기구나 인간은 아무런 지배권을 행사할 수 없다"고 주장했다. 그리하여 1378년, 로마 교황과 대주교의 지배는 필요 없는 것이므로 영국 교회는 영국 국왕의 지배를 받아야 한다고 주장했다. 그는 성서를 영어로 번역하여 많은 농민이 읽도록 하고 농촌에 가난한 성직자를 보내어 민중에게 복음을 전하는 등, 교회개혁과 농민계몽운동에도 헌신했다.

그러나 그는 그의 설교 때문에 위트 타일러에서 농민반란이 일어났다며 대학과 귀족들로부터 지지를 잃자 은퇴하여 실의 속에서 지냈다. 1382년에는 그의 저서에서 뽑아낸 24개 조가 이단이며 오류라고 판정받았으나 간신히 처벌은 면했다. 그러나 30년 뒤 얀 후스에 의해 그의 개혁정신은 이어지고, 1세기 뒤 루터가 종교개혁의 횃불을 들었다.

얀 후스의 저항과 종교개혁운동

얀 후스(1369~1415)는 보헤미아의 가난한 농부의 아들로 태어나 교회에서 봉사하다가 프라하대학에 들어가서 석사학위를 받고 교수가 되었다. 그는 대학에서 강의하고 신부직을 받으면서 학장으로 승진했다. 훌륭한 종교 논문으로 지식인들의 환영을 받는 등 34세에 이미 자수성가한 입지적 인물이 되었다.

하지만 깨어 있는 영혼의 소유자는 안주하지 않는 법이다. 후스는 베들레헴 성당에서 라틴어 대신 보헤미아의 모국어로 기도를 올렸다. "우리는 우리나라의 언어로 하느님께 기도를 올려야 한다"고 말하며 이를 실천했다. 사람들이 후스의 성당으로 몰려왔다. 일종의 종교적인 독립선언이었다. 그는 로마교황청에 도전하기 시작했다. 왜 자신들이 수천 마일 떨어진 로마교황청에 돈을 바쳐야 하는지 묻고, 로마의 고위 성직자들이 방탕한 생활을 하고 있음을 폭로했다.

그 무렵 후스는 위클리프의 저술을 5권이나 직접 필사하여 읽고 크게 감명받았다. 그의 '이단성'에 감탄하면서 부패·타락한 성직자들에게 세속의 부귀와 권력을 포기하라고 촉구했다. 그들과 언쟁하는 일이 잦았다. 지배세력은 어디서나 자신들의 기득권을 놓치지 않으려 한다. 후스에게 위험이 닥쳐왔다. 프라하의 대주교가 대학에 있는 위클리프의 저작물을 모두 소각할 것을 명령했다. 이것은 후스에 대한 경고였다. 그는 참을 수가 없었다. 대주교의 전횡에 반대하는 단체의 조직에 나섰다. 그리고 "나의 친구들이여, 불로서 진리를 태울 수 없다. 숨을 쉬지 않고 남에게 해를 주지 않는 물체에 대해서 성을 내는 것은 소인의 짓이다. 오늘 소각되는 책들은 전 국가의 손해이다"라고 소리 높여 외쳤다.

후스의 강연 소식을 듣고 많은 사람이 단체에 가입했다. 보헤미아의 왕과 백작도 참가했다. 종교의 자유에 대한 열망과 민족주의가 겹치면서 나타난 현상이었다. 로마교황청은 보헤미아 왕가를 통해 압력과 박해를 시작했다. 제자 세 명이 체포되어 처형당했다. 위험을 느낀 후스는 프라하를 떠나 시골로 내려갔지만, 그곳에서도 활동을 멈추지 않았다. 농민들을 상대로 설교하면서 교황청의 처사를 비난했다.

교황청은 후스에게 파문이라는 극형을 내렸다. 중세에 교회의 파문은 곧 죽음을 의미한다. 그렇지만 그는 굴하지 않았다. 선지자들을 돌로 쳐죽인 다음에 그들을 기념하기 위해 비석을 세우는 '교회의 눈이 먼 지도자들'을 비난했다. "당신들은 죽은 자에게 예배하면서 산 자를 핍박한다"고 경고하는 것을 잊지 않았다.

교황청은 이어 스위스 콘스탄츠에서 열리는 교회평의회에 출두하라는 명령을 내렸다. 주위에서 모두 말렸지만 후스는 재판정을 자신의 신앙과 신념을 설파하는 장소로 삼고자 먼 길을 떠났다. 그러나 그를 기다리는 것은 폭력이었다. 그는 체포되어 감옥에 갇혔다. 성경을 포함하여 모든 독서를 금지당했다.

지배자들은 그를 시내에 가두면 언제 시민들이 탈옥시킬지 모르고, 또 그들로부터 환심을 살 수 있다는 이유로 멀리 떨어진 호숫가에 있는 도미니크 수도원의 감옥에 처넣었다. 그리고 심한 고문을 가했다. 후스는 "나를 고문하는 사람들이 가진 문제점은 그들이 자랑하는 신앙이 아무런 가치가 없다는 것을 증명했다는 사실이다"라고 심경을 밝혔다. 곧 재판이 시작되었다. 다음은 심문에 대한 후스의 대답이다.

- 당신은 당국의 권위를 무시했다. 누구의 권위를 가지고 하느님의 권위를 가르치느냐?

  －나의 양심의 권위를 가지고 가르친다.

- 그러나 수백 명의 훌륭한 박사들이 너의 가르침이 틀렸다고 말한다. 너는 너의 잘못을 고쳐줄 수 있는 그들의 권위를 부정하는가?

  －나는 하느님과 나의 양심에 호소한다. 당신들의 숫자가 더 많을지라도 나는 나 자신의 양심의 소리를 더욱 중요시한다.

다음에는 지기스문트 황제가 직접 심문에 나섰다. 황제는 "나는 너에게 친절히 기회를 주었다. 의회의 명령에 복종해라. 너의 가르침의 잘못임을 고백하면 가벼운 벌을 받고 풀려나도록 해주겠다. 그러나 나의 충고를 거역하면, 그들이 어떻게 대할지 각오하라." 황제의 말이 끝나자 많은 고위 관리들이 '전향서'에 서명하면 부귀영화를 보장하겠다며 서류를 내밀었다. 묵묵히 지켜보던 후스의 한마디, "가장 영광스러운 주 예수께 나를 맡깁니다. 아버지, 저들을 용서하소서, 저들이 하는 일을 저들은 알지 못하나이다."

지배자들은 이 하느님의 종, 예수님의 제자를 "참으로 실제적이고 공개적인 이단, 그리스도의 제자가 아닌 위클리프의 제자"라고 정죄하여 처형하기로 결정했다. 자신들의 권익을 위해서 '이단자'는 용납되지 않았다. 그들은 후스의 옷을 벗기고 머리를 십자가형으로 삭발한 다음 악마 그림의 종이 모자를 머리에 씌웠다. 머리에는 "이단자들의 주모자"라고 새겼다. 얼마 뒤 장작더미에서 불길이 세차게 타올랐다. 후스는 혼잣말처럼 조용히 말했다. "예수님의 가시면류관은 이것보다 더 무겁고 고통스러웠을 것이다."

후스는 거위라는 뜻이다. 1415년 그가 처형당할 때 "만약 당신들이 지금 거위를 불태운다면, 100년 뒤에 당신들이 해칠 수도 구이를 할 수도 없는 백조가 나올 것이다"라고 예언했다. 과연 거의 100년 뒤 루터가 나타나 종교개혁을 이루었다.

루터, 우상과 맞서 싸우다

위클리프와 후스가 흘린 피는 헛되지 않았다. 의롭게 흘린 피는 헛되지 않다. 루쉰은 『꽃 없는 장미』에서 "먹으로 쓴 거짓말은 피로 쓴 사실을 감출 수 없다"고 했다.

마르틴 루터(1483~1546)는 후스가 화형당한 지 68년 뒤에 독일 작센의 광산촌에서 출생했다. 시대는 전환기였다. 악령이 날뛰던 침침한 중세는 종언을 고하려는 듯 어스름 빛 속에서 새 정신이 싹트고 있었다.

마르틴 루터가 태어났을 때 유럽은 동면상태에서 서서히 깨어나고 있었다. 도시는 상업 활동으로 활기를 되찾고 광산에는 기계가 윙윙거리고 있었다. 인쇄기가 발명되고 종이가 제조되었다. 읽기와 쓰기도 이미 학자들의 독점은 아니었다. 독일의 대학들은 세포가 분열하듯이 나날이 증가했다. 알프스 너머의 이탈리아에서는 르네상스 운동이 사람들의 관심을 약속된 천국의 낙원으로부터 지상생활의 기쁨으로 돌려놓고 있었다. 포르투갈에서는 제노바 출신 콜럼버스가 대서양을 서쪽으로 횡단하여 아시아의 부(富)에 도달하려는 항해 계획을 의심 많은 궁정에 제출하고 원조를 얻어내려고 안간힘을 쓰고 있었다. 1000년 이상이나 기독교의 동방 보루였던 콘스탄티노플은 1453년에 터키인에게 빼앗기고 말았다.

이 무렵에 성장한 루터는 에르푸르트 대학에서 법률학을 공부했으나 오거스틴 수도원에 들어가 신학을 배우고 비텐베르크 대학에서 신학교수가 되었다. 그러던 중 가톨릭 교의(敎義)에 대한 의문이 싹트고, 공무로 방문한 로마에서 교회의 허상을 직접 대면하면서 저항정신을 키웠다. 가톨릭 본부인 로마가톨릭 교회의 타락상을 목격한 것이다. 그리하여 "로마는 그림으로 장식된 창녀로 돈을 가장 많이 주는 사람에게 매력을 판다"고 선언하기에 이르렀다.

당시 로마교황청은 죄를 범한 사람들의 형벌을 면죄하여 준다는 '면죄부' 또는 '속죄부'라고 하는 부표(符表)를 팔아 엄청난 재력을 축적하고 있었다. 로마교황청에서는 원래부터 성지참배 혹은 종교적 목적으로 헌금을 받고 죄를 사(赦)하는 제도가 있었으며, 십자군 시대에는 종군자나 헌금자가 면죄된다고 했다. 이렇게 얻은 신자들의 헌금은 로마교황청의 중요한 재원이 되었다. 1476년 교황 식스투스 4세는 죽어서 연옥에 있는 사람들의 속죄부까지 만들어 판매한 적이 있었고, 레오 10세는 세입의 부족을 면죄부의 판매로 보충하려는 폐풍을 보이고 있었다. 루터가 사는 독일에서는 마인츠의 대주교 알브레히트가 도미니쿠스 교단의 수도사들을 동원하여 이를 판매하고 있었다.

루터의 고민은 깊어져 갔다. 가톨릭의 개혁과 자신의 구원 사이에서 방황하고 고민했다. 그러던 어느 날 갈망하던 회답의 열쇠를 로마서 속에서 발견했다. 그것은 단 한마디였다. '의'를 뜻하는 '우스티티아(iustitia)'라는 말 자체였다.

루터는 연옥에 떨어진 사람들에 대한 영겁의 징벌을 신의 의(義)와 관련시켜 생각했다. 성 바울이 말한 "올바른 자는 믿음으로 산다"는 뜻을 새롭게 깨달았다. 신의 의(義)란 신의 은혜이며, 은혜로 하여 올바른 사람은 길이 산다. 다시 말해 신의 정의라는 것은 징벌이 아니라 자비에 기초하고 있다는 믿음이었다. 그는 "신은 줄 뿐이며 팔든가 사지 않는다. 따라서 신의 은총은 돈으로는 얻을 수 없다"는 결론에 이른다.

종교개혁 불씨-95개 조의 화살

루터가 가톨릭 신앙의 믿음을 '정의'라고 인식하면서 회심(回心)의 칼을 갈고 있을 때 레오 10세가 성 베드로의 면죄부를 또다시 판매한다는 소식이 들려왔다. 많은 비텐베르크 사람들이 사면장을 구입하기 위해 재물을 들고 국경을 넘었다. 독일의 재화가 까닭 없이 로마교황청으로 흘러들어 간 것이다. 루터는 이를 더 이상 두고 볼 수 없었다.

당시는 신문 같은 것이 없었으므로 학자들은 공적인 장소에 자기의 주장을 공표하는 것이 관례처럼 되어 있었다. 비텐베르크에서는 성내에 있는 가톨릭교회당의 문 위에 못 박혀 있는 게시판이 그런 장소였다. 루터는 면죄부 판매의 부당성을 비롯하여 가톨릭 개혁을 적시하는 95개의 논제를 정리하여 이곳에 부착했다.

얀 후스가 화형당한 지 102년이 지난 1517년 10월 31일의 일이다. 이것은 부분적으로는 면죄부 판매의 부당성을 고발하는 저항운동이지만, 역사적으로 보면 종교개혁의 거대한 폭풍우를 몰고 오는 태풍의 눈이었다. 루터가 "진리에 대한 사랑과 이를 명백히 할 목적"으로 쓴 95개 조항의 몇 부분은 다음과 같다.

- 교황은 자신에게 통상적으로 허용된 것 이외에 다른 죄를 용서할 수 없으며, 용서해도 안 된다. (제5조)

- 하느님에 대한 두려움을 잃게 하는 병폐인 교황의 사면권은 위험하다. (제49조)
- 학식 있는 신학자라 하더라도 속죄의 안이와 통회의 진리성을 동시에 부르짖는 것은 곤란하다. (제39조)
- 참다운 통회라는 것은 고난을 찾고 그것을 사랑한다. 그러나 속죄는 고난을 풀어주고 예외를 두고는 우리를 그것에서 멀어지게 한다. (제40조)
- 오늘날 교황은 시골의 졸부보다 더 악랄하게 약탈을 자행하고 있다. 교황은 가난한 신도들에게서 우려낸 돈이 아닌 자신의 정당한 돈으로 성베드로성당을 건축해야 하지 않겠는가. (제86조)
- 그리스도를 믿는 사람들에게 "평화! 평화!"라 하는 모든 거짓 예언자들은 사라져라. 거기에는 평화가 없는 것이다. (제92조)

루터가 제기한 95개 조의 핵심은 "참으로 회개한 자라면 벌을 받는다고 푸념을 늘어놓지는 않을 것이다. 오히려 그리스도처럼 기꺼이 벌을 받을 것임에 틀림없다"는 것이었다. 그리고 "교황이 면죄부를 판매하는 권한을 갖고 있다면 어째서 기독교의 자비의 이름으로 당장 연옥을 비워버리지 않는가. 교황은 막대한 재산을 갖고 있으면서 어째서 자기 돈으로 성 베드로의 바실리카 회관을 세우지 않고 가난한 사람들을 착취하려 하는가"라는 날카로운 내용에 있었다.

루터가 쏜 이 같은 화살은 하느님과 그리스도를 내세우면서 가난한 사람들을 혹세무민해온 성직자들의 급소를 정통으로 찔렀다. 그리고 피땀 어린 노동의 대가로 면죄부를 산 사람들과, 돈이 없어서 못 산 가난한 사람들에게 해방의 복음이 되었다. 95개 조의 공개장은 곧 사본이 만들어져 이웃 마을에 퍼지고, 인쇄업자의 손에 들어가 대량 인쇄되어 전국에, 두 달 뒤에는 전 유럽에 퍼졌다. 마침내 로마교황청에도 들어갔다.

루터의 '종교개혁안'이 삽시간에 전 유럽에 배포될 수 있었던 것은, 구텐베르크가 1434년경 활자인쇄기를 만들고, 1450년경 독일 마인츠에 인쇄소를 설립하면서 전 유럽에 인쇄술이 보급된 것이 큰 요인이었다.

지난 1000년 동안 인류 역사를 바꾼 가장 중요한 사건으로 구텐베르크의 금속활자 발명을 드는 데에는 이유가 있다. 금속활자의 발명은 인쇄기의 보급을 가져오고, 루터의 종교개혁에도 크게 기여했다. 그 이전만 해도 성경은 고위 성직자나 소수 부자들만 소유하던 것이었다. 인쇄술의 발달로 대량 인쇄가 가능해지면서 일반 신도들도 성서를 갖게 되고, 가톨릭 교회의 문제점을 일반화하게 되었다.

교황으로부터 파문의 교서가 날아왔다. 루터의 견해를 41개 항으로 정죄하고, 60일간의 근신을 명하는 파문교서였다. 루터는 공개적으로 파문교서의 사본과 교회 법전들을 불태우면서, 거듭 신앙의 자유를 천명했다. 루터의 저항을 받은 교황청은 카예탄 추기경을 보내 주장 철회를 종용했다. 그러나 그는 뜻을 굽히지 않았다. 오히려 죄에 대한 용서는 신앙에 의해서만 가능할 뿐, 결코 사면장 구입으로 얻을 수 있는 것은 아니라고 반박했다.

루터는 또 정통파 가톨릭 이론가 에크와 가진 토론에서 "100년 전 콘스탄츠의 종교회의가 얀 후스를 이단으로 판정한 것은 과오이며, 그의 사상에는 완전히 기독교적인 것이 많다"고 주장했다. 이 같은 주장은 로마교황청의 권위를 완전히 부정하는 도전이었다. 새로 독일의 황제가 된 카를 5세는 1520년 6월 루터를 파문하고, 무법자로 낙인 찍어 공민권을 박탈했다.

교황은 마지막으로 기회를 한 번 더 주었다. 루터를 보름스 의회에 소환하여 이단적인 주장을 철회하면 용서하겠다는 '관용'을 제의했다. 루터는 끝까지 흔들리지 않았다. 이 자리에서 루터는 "나는 성서와 명확한 근거에 의해 승복당하지 않는 한 양심을 거역하여 행동하는 것은 옳지 않기 때문에 아무것도 취소할 수 없고, 이를 원하지도 않는다. 신이여, 나를 구하소서"라며 유언과 같은 말을 남겼다.

한 달 뒤 황제는 루터의 공민권을 박탈하는 '보름스 칙령'을 공포하고, 그를 외딴 고성으로 추방했다. 루터가 은거 중에 신약성서를 번역하여 외롭게 지내고 있을 때 유럽에서는 종교개혁의 거대한 폭풍이 휘몰아쳤다. 그를 화형에 처하지 않은 것은 시대가 그만큼 변했기 때문이었다.

하늘이 준
인권,
도처에서
짓밟혀

현대적 인권이 존재하기까지

인권이란 "사람으로서 살아가기 위해 마땅히 누려야 할 권리"를 말한다. 출생과 더불어 하늘로부터 부여받은 인간의 권리다. 그래서 천부인권 또는 자연권이라고 했다.

"모든 인간은 날 때부터 자유롭고 평등한 존엄성과 권리를 가지고 있다. 인간은 천부적으로 이성과 양심을 가지고 있으며, 상호 간에 형제애의 정신으로 행동하여야 한다." 세계인권선언 제1조의 내용이다.

인간 역사에 하늘이 준 권리, 즉 하늘이 사람에게 내려준 양도할 수 없는 '천부인권'은 그러나 수천 년 동안 억눌리고 빼앗기고 짓밟혀왔다. "인간은 자유롭게 태어났다. 그러나 도처에서 철쇄에 얽매여 있다"라는 루소의 말 그대로다. 현실에서는 태어난 시대와 공간에 따라 인권은 보호받기도 하고 유린되기도 했다. 인종·성별·신분에 따라 대우받거나 차별을 받는다. 1000년 전에도, 100년 전에도 그랬고, 지금도 크게 달라지지 않았다.

동서양에서는 오랜 세월 동안 왕권신수설(王權神授說)이 지배해왔다. 왕이나 천자는 하늘이 낸다는 독점적 지배사상이었다. 왕손은 왕이 되고 노비의 자손은 노비가 되었다. 이것은 숙명처럼 인식되었다. 깨뜨리려는 사람들을 반역죄로 다스렸다. 신분제는 과거 수천 년 동안 이어지고, 근대에 이르러서야 인권의식이 싹트면서 자유와 평등의 질서가 자리 잡게 되었다.

오늘날 인권을 본질로 하는 자유와 평등사상이 모든 국가의 헌법에 명시되어 있지만, 현실은 여전히 압제와 불평등이 지배한다. 권력은 권력을 낳고, 재벌의 아들은 재벌이 되고, 족벌신문의 자손은 족벌신문의 사장이 되며, 강남지역의 아이들은 다른 지역의 아이들보다 훨씬 더 많이 '명문대학'에 진학한다.

인권은 헌법 조항과 세계인권선언에서만 존재하고, 현실은 여전히 봉건시대의 신분질서가 그대로 유지되며, 자유와 평등은 그 본래의 의미와 가치가 갈수록 변질된다. 정치상의 인권과 사법상의 인권은 하늘과 땅만큼 거리가 멀다. 재벌은 거액을 탈세해도 법망을 피하고, 고위층은 위장전입과 부동산 투기를 일삼아도 '능력'으로 평가되어 출세하고, 하위층은 생계형 범법도 처벌받는다. 법을 만드는 사람들은 날치기를 해도 무사하고, 법을 지키는 사람들은 새치기만 해도 단죄된다.

1776년 식민지에서 해방을 선언한 미국 독립선언서는 "우리는 다음의 사실을 자연의 진리로 확신한다. 즉 모든 사람은 평등하게 창조되었다. 그들은 조물주에 의하여 일정한 불가양 천부의 권리를 부여받았으며 생명·자유 및 행복을 추구할 권리가 있다"라고 선언했다. 이는 근대적 인권선언의 효시가 된다.

여기에서도 나타나듯이 인권의 본질은 '불가양(inalienable)'이다. 빌리거나 빌려줄 수 없는 권리, 그래서 '천부의 권리'다. 하늘이 준 또는 하늘과 같은 권리가 인권인 것이다. 천부적·불가양의 권리는 '만인공유'의 차별이 없고 불평등이 없는 것을 말한다. 이는 비록 근대의 산물이기는 하지만, 인류 역사와 함께 인간이 추구해온 최고의 가치관이고 꿈이었다. 헤겔이 말한 "인류사는 자유의식의 진보 과정"이란 짧은 표현에서 '자유의식'이 바로 인권인 것이다.

근대적 개념의 인권이 '만인공유'의 가치로 인식되기까지는 험난한 암흑시대와 고약한 절대왕정을 거치면서 싸워온 선각자들의 헌신이 있었다. 동양에서는 맹자의 '폭군방벌론'을 시작으로 최제우의 '인내천(人乃天)사상'이 있었고, 서양에서는 영국의 청교도혁명과 명예혁명을 이끈 일군의 지도자들 그리고 미국의 독립선언과 1789년 프랑스혁명의 씨앗을 뿌린 계몽주의 사상가들이 존재했다. 부처의 "천상천하 유아독존"이나 "이웃을 네 몸과 같이 사랑하는 일이 더 큰 계명이다"(마가복음 12:31)는 예수의 말씀도 인권선언의 효시가 된다.

동서양에서 두 줄기로 흘러온 인권사상의 흐름은 마침내 1948년 국제연합(UN) 총회에서 '세계인권선언'을 탄생시키기에 이르렀다. 세계인권선언은 프랑스혁명 당시에 제시되었던 존엄성·자유·평등·박애의 네 기둥으로 이루어졌다. 여기까지 이르는 데 수천 년의 세월이 흘렀고, 그 사이 흘린 피와 쌓인 사체는 그야말로 '시산혈해(屍山血海)'였다. 동양은 뒤에서 다루기로 하고 먼저 서양 인권사상의 맥락을 찾아보자.

문예부흥기 지성의 선구자들

대체로 14세기에서 16세기 초엽까지를 '문예부흥시대'라 부른다. 이 시기에 정치·경제·문화·과학분야에 걸쳐 개혁이 진행되었다. 이탈리아에서 시작된 이 운동은 중세의 신 중심의 세계에서 벗어나 인간 중심의 세계로 돌아오려는 자아발견의 일대 혁신운동이었다. 이탈리아에서 문예부흥운동이 발아한 것은 강력한 봉건군주가 존재하지 않고, 지중해 무역으로 화폐경제가 발달하면서 근대적인 도시생활이 시작되었기 때문이다. 도시의 자치적 생활습관은 차츰 중세의 금욕 생활에만 만족할 수 없게 되어 현세주의 이념을 추구하게 되었다. 터키의 침략을 받은 그리스 학자들이 망명하여 풍성한 지식의 풍토를 이룬 것도 큰 요인이었다.

14세기 초엽의 시인 단테가 『신곡』을 이탈리아어로 쓴 것을 효시로, 보카치오가 근대소설의 시조로 불리는 『데카메론』을 집필한 것을 필두로 미켈란젤로의 다비드와 모세의 상(像) 제작, 레오나르도 다빈치의 〈최후의 만찬〉, 〈모나리자〉, 라파엘의 성모상 등 불후의 명작으로 이탈리아는 문예부흥의 요람이 되었다. 특히 다빈치는 '만능인'으로서 그림·조각·예술·과학 등 다방면에 박식하여 르네상스 문화의 상징이었다.

이 시기에 발명된 인쇄술로 미술·조각·철학·과학·인문학에 이르기까지 다양한 분야의 지식이 유럽 전 지역으로 확산되고, 각지의 학문과 예술이 모여들어 장대한 르네상스의 화원을 이루었다. 이 시기 인류의 진보와 저항을 주도한 사람들을 살펴보자.

단테(1265~1321)는 "르네상스는 단테로부터 시작된다"고 할 수 있을 정도로 선각적 인물이다. 피렌체에서 출생한 그는 정쟁에 휘말려 국외로 추방된다. 돌아오면 화형에 처한다는 통고를 받은 그는 사망할 때까지 19년 동안 길고 긴 망명생활을 하게 된다. 뒷날 그는 당시의 심경을 "나그네처럼 거지처럼 이탈리아의 방방곡곡을 유랑했다. 정말 내게는 돛도 없고 키도 없었다. 비참한 곤궁에서 불어오는 메마른 바람 따라 이 항구 저 물굽이로 쫓겨다니는 배였다"고 토로했다.

1315년 피렌체 정부는 단테를 포함하여 일반 추방자들에게 대사령을 내렸다. 벌금을 물고 공개적으로 사죄하면 귀국을 허락한다는 조건이었다. 그러나 단테는 이를 단호히 거부했다. 타락한 권력의 대사령에 응하는 것은 무고한 자기의 죄를 인정하는 것이라는 이유에서였다. 단테의 서한을 보자.

이것이 15년 가까운 추방의 고난 뒤에 고향으로 돌아오게 하는 고마운 소환의 방법인가. 이것이 온 천하에 명백히 드러난 무죄에 대한, 각고의 피땀과 노고에 대한 보상인가. 이런 방법으로는 고향에 돌아가지 않겠다. 만약 다른 방법이 찾아진다면 나는 사랑하는 고국으로 서둘러 돌아갈 것이다. 만일 피렌체에 돌아가는 것이 불가능하다면 나는 영원히 고국에 돌아가지 않겠다. 어느 곳에 있든 태양과 별은 바라볼 수 있지 않은가. 동포들의 눈앞에서 오욕과 오명을 뒤집어쓰면서까지 구태여 돌아가지 않겠다. 어디 산들 입에 거미줄이야 치겠는가.

단테는 이러한 신념에서 피렌체 정부에 굴복하지 않고, 일가족의 추방에도 흔들리지 않으면서 불후의 작품 『신곡』을 집필하고 『향연』,

『속어론』 등 걸작을 남겼다. 다음은 『신곡』 지옥편의 한 대목이다.

　　　나를 거쳐 슬픈 고을로 가는 것
　　　나를 거쳐 끝없는 괴로움으로 가는 것
　　　나를 거쳐 멸망된 족속 안으로 드는 것이다
　　　정의는 내 지존하신 창조주를 움직여
　　　천주의 힘, 그 지극한 지혜와
　　　본연의 사랑이 나를 만들었도다
　　　내 앞에 창조된 것이란 영원한 것 외에 또 없어
　　　여기 들어오는 너희, 온갖 희망을 버릴 것이다

윌리엄 오컴(1300~1349)은 영국 길포드에서 태어나 옥스퍼드대학에서 수학하고 학사학위를 취득한 뒤 20세에 모교에서 교편을 잡았다. 옥스퍼드대학 교수로 있으면서 정립한 '유명론(唯名論)'은 프랑스와 독일에서 큰 반향과 공감을 불러일으켜 14~15세기에 '근대적 방법론'이라고 불리면서 많은 지식인들의 관심을 모았다.

그의 저서 『백어록(百語錄)』은 100개의 신학적, 철학적 명제들을 정리한 내용이다. 이 책에서 유한자의 인과관계로 신의 존재를 증명함이 불가능함을 피력하고 있다. 증명 가능성 자체를 부정하지는 않았지만, 신의 유일성, 무한성 등은 오로지 개연성만을 가진 것으로 주장했다. 신의 존재나 그 속성은 순리적인 논증만으로 이해할 수 없고 계시에 의해서만 확신할 수 있다는 것이다. 철학적인 신의 존재 증명에 회의를 표명한 셈이다.

이러한 그의 학설과 저술이 신정(神政)의 절대시대에 무사할 리 없었다. 1324년 그가 쓴 명제 중 51개가 이단적이라는 옥스퍼드대학

총장의 고발로 아비뇽의 교황청에 소환되었다. 4년 동안 이곳에 붙잡혀서 그가 주장한 철학적, 신학적 명제들이 오류이므로 이를 철회할 것을 요구받았지만 거부했다.

교황으로부터 파문당한 오컴은 간신히 탈출하여 당시 신성로마제국 황제인 루트비히 4세의 보호를 받으면서 뮌헨의 프란체스코 수도원에 머물며 20여 년 동안 저술을 통해 교황에 대항했다. 그는 루트비히 4세에게 "칼로 나를 보호해달라. 나는 펜으로 황제를 지키겠다"고 했다. 당시 교권과 속권에 대한 견해차 때문에 교황과 불화 관계에 있던 황제는 오컴을 보호하고 있다는 이유로 파문을 당했다.

오컴은 진리에 대한 사랑과 날카로운 비판의식을 가진 신앙인으로서 교회의 권위를 세속화로부터 수호하고 현실세계에 눈을 돌릴 것을 요구하면서 교황의 전횡에 도전한 지식인이었다. 이 때문에 수난과 역경에서도 신념을 굽히지 않는 '무적의 모험가'란 평가를 받았다.

에라스무스(1465~1536)는 프랑스 소르본대학에서 수학하고 그리스어와 라틴어 등 고전문학을 연구한 뒤 영국과 이탈리아 여행을 즐겨했다. 영국에서는 친구 토마스 모어와 만나 그의 집에서 유숙하며 유명한 『우신예찬』을 써서 현학자(衒學者)나 무지한 수도사 등을 가차없이 공격했다.

케임브리지대학에서 그리스어를 가르치고, 1513년 이후는 독일에 정주했다. 당시 종교개혁의 물결에서 처음에는 개혁파에 동정적이었으나 루터와 논쟁을 벌여 신구 양파로부터 공격을 받았다. 열정적인 기독교도였으므로 교회의 권위는 부정하지 않았으나 현행의 부패한 교회에 대해서는 날카로운 비판을 가했다.『신약성서』의 라틴어 번역과 주석을 하고, 학문·종교를 건전한 상태로 돌리기 위해 교육계에 종사했다. 로마교황청에는 냉정한 비판을 가했다.

마키아벨리(1469~1527)는 '마키아벨리즘'을 낳을 만큼 저명한 이탈리아의 정치학자, 역사가다. 외교사절로서 여러 나라에서 활동했기 때문에 국제정치에 능통했다. 메디치가(家) 몰락 뒤 1498년부터 1512년까지 공화정부의 주석 소데리니 밑에서 외교·군사에 관한 10인 위원회 사무국장의 일을 맡았다. 말년에는 피렌체 근교의 산 카시아노에서 저작에 전념, 빈곤한 생활을 했다. 명저『군주론』, 『로마사론』, 『전술론』, 『피렌치사(史)』와 희곡『만드라고라』 등을 저술했다.

여우의 간사한 지혜와 사자의 용맹을 예로 들어 목적을 위해서는 수단 방법을 가리지 않겠다는 마키아벨리즘은 중세적 정치 방식이나 도덕률이 권위를 잃은 과도적 사상의 산물이며, 무엇보다 내우외환으로 혼란의 극에 있었던 당시 이탈리아의 역사적 소산이었다. 유사 이래 출판된 책 중에서 가장 혹평이 심한 이 책은 루이 14세, 나폴레옹, 비스마르크, 히틀러 등이 탐독했다.

그런데 여기서 두려움을 느끼게 하는 것이 좋으냐, 사랑을 받는 것이 좋으냐 하는 의문이 생긴다. 나는 두 가지를 모두 원한다고 말하고 싶다. 그러나 이는 양립할 수는 없는 것이다. 하나를 선택해야 한다면 사랑받기보다는 두려움을 주는 받는 편이 훨씬 안전할 것이다. 왜냐하면 대개 인간은 은혜를 모르고 변덕스럽고, 정직하지 못하고, 겁이 많으며, 탐욕스럽기 때문이다. 그래서 은혜를 입는 동안은 군주에 충성을 다하며 위험이 멀리 있는 한 군주를 위해 피를 흘리고 재산이나 생명, 더욱이 그 자식까지도 희생시키려 하는 것이다. 그러나 정작 위험이 닥쳐왔을 때 그들은 군주를 외면해버린다.

—마키아벨리의 『군주론』에서.

토마스 모어(1478~1535)는 영국 정치가, 인문주의자로서 옥스퍼드에서 수학하고 에라스무스와 교제하며 신학문의 영향을 받았다. 뒤에 법률을 공부하여 변호사로서 명성을 떨쳤다. 하원의원으로 정계에 진출하고 헨리 8세와 대법관 울지의 신임을 받아 네덜란드의 사절이 되었다. 하원의장과 랭커스터 공령(公領) 총재 등을 역임했으며 울지의 뒤를 이어 대법관에 임명되었다.

가톨릭교도가 아닌 일반인으로서 이 직책에 오른 것은 그가 최초였다. 재판의 능률과 공정을 기하여 직무를 수행했으나 이단에 대한 처단은 엄격했다. 가톨릭교도의 입장을 고수하고 국왕의 이혼 문제에서는 이를 인정하지 않았으며, 또 왕을 영국 국교의 최고 수장으로 하는 데 반대해 런던탑에 감금되었다가 참수되었다. 네덜란드에 머물 때에 쓴 『유토피아』는 자유사상과 유토피아 사상사에 중요한 위치를 차지한다.

피코 델라 미란돌라(1463~1494)는 이탈리아의 볼로냐대학에서 법률을 수학한 뒤 유럽 각지의 대학에 유학하여 고전문학, 철학, 자연과학에 아라비아, 헤브루의 동방에까지 걸치는 해박한 지식을 지니고 있었다. 그리스어, 히브리어, 아라비어 등 여러 나라 언어에 능통하고 강직한 성격으로 지식인들의 숭앙을 받았다. 그는 많은 학자를 로마에 초청하여 900개 조목의 교리 명제를 제출하면서 토의

할 것을 제의했으나 교황청의 협박으로 중지당했다. 1485년 소르본대학에서 연구한 것을 토대로 로마에 돌아와서 『인간의 존엄에 대하여』를 출판했다. 그러나 교황청은 이 책을 이단서로 판정하고 금서 조치를 내렸다.

피코는 변명서를 써서 항명하려 했지만 교황청은 1487년 피코와 그에 동조하는 사람들을 이단 심문에 걸겠다고 위협하고 나섰다. 이런 위협 속에서도 그의 변명서가 출판되자 교회는 기어코 피코를 파문했다. 로마를 탈출한 피코는 프랑스로 망명했지만 체포되어 모든 책과 서류 심지어 가지고 있던 금전까지 압수된 채 감옥에 갇혔다. 뒤에 석방되어 피렌체에 정착하여 메디치가의 보호를 받으면서 살다가 32세의 나이로 짧은 생애를 접었다. 저서 『인간의 존엄에 대하여』에 쓴 인간에 관한 단상을 살펴보자.

> 아담, 너에게는 특정한 위치도, 고유한 모습도, 특권도 주어지지 않았다. 자기의 선택과 숙고에 의해서 스스로 원하는 위치와 모습과 특권을 가질 수 있도록 했던 것이다. 자연은 자기 이외의 것에 의해 결정지어지며 신의 존재에 의해 미리 쓰여진 법 안에 속박되어 있다. 그러나 너는 무엇으로부터 방해와 속박이 없는 스스로의 의지와 상담하면서 그 의지에 따라 그것을 결정하면 되었던 것이다.

몽테뉴(1533~1592)는 프랑스에서 태어나 고등법원의 사법관을 지내고 보르도 지방의 시장으로 추대되기도 했다. 그러나 법관이나 행정가이기보다 진보적인 자유주의사상가로서 여러 나라를 여행하며 견문을 넓히고 『수상록』을 썼다. "나는 무엇을 아는가?"를 좌우명으로 삼고, 자기의 체험과 독서 생활을 근거로 있는 그대로의 인간, 변천하는 대로의 인간을 그렸다. 그는 자연에 몸을 맡기는 데서 인생의 지혜를 구했다. 몽테뉴의 문학과 사상은 르네상스시대 유럽의 진보정신에 큰 영향을 끼쳤다.

프랜시스 베이컨(1561~1626)은 영국의 철학자·문학자·법률학자·정치가이다. 케임브리지대학에서 법률학을 공부하고 변호사, 의회의원, 재판관 등으로 활약했다. 이어서 검찰총장, 추밀원 고문관, 대법관을 역임하고 자작이 되었으나 실각하여 저술 활동에 전념했다. 『학문의 진보』, 『수필집』 등의 저술을 통해 영국 수필 문학의 아버지라 일컬어지게 되었다. 만년에 발표한 『신기관』은 학문 탐구에 귀납법을 사용함으로써 근대 과학의 방법론을 확립했다. 실험과 관찰을 중요시하는 그의 학풍은 영국 경험론의 시초가 되었다. "아는 것이 힘이다"라는 그의 말은 유럽 지성계를 풍미했다. 베이컨은 문학·법률상 업적으로 영국 르네상스의 선구자가 되었다.

토마소 캄파넬라(1568~1639)는 이탈리아 칼라브리아에서 태어나 도미니쿠스 수도회에 들어가 스콜라철학과 연금술·점성술 등을 배웠다. 뒤에 자연철학자 텔레시오의 경험론에 영향을 받은 그는 아리스토텔레스의 철학에 대해 불만을 갖게 되었다. 스페인의 압정에 시달리던 칼라브리아의 독립운동에 가담했다가 체포되어 나폴리 감옥에서 27년간의 옥살이를 했다. 옥중에서 연구를 거듭하여 신정적(神政的) 이상을 담은 『태양의 나라』라는 유토피아적 국가론을 저술했다. 출옥 뒤 프랑스로 망명하여 연구 활동을 계속했다.

데카르트(1596~1650)는 프랑스에서 태어난 철학자·수학자·자연

과학자로서 근세철학의 아버지로 일컬어진다. 학원에서 논리학·
형이상학·자연과학·스콜라학, 대학에서 법률학·의학을 배우고
네덜란드군에 지원하여 장교가 되었다. 1627년『정신지도의 법칙』
을 쓴 뒤 네덜란드 각지를 순방하고 만년에『방법서설』,『정념론』
등을 완성하여 정신과 물질의 이원론을 완성했다. 그의 관념론은
스피노자에게 계승되었다. 양식과 방법적인 회의에 인도되어 자연
의 법칙을 발견하려고 하는 합리주의는 18세기 계몽주의와 과학혁
명의 싹이 되었다.

중세의 암흑과 폭압은 이들의 헌신과 희생으로 막을 내리고, 인류
는 차츰 근대적 자유사상과 인권의식에 눈을 뜨게 되었다. 계몽주의
시대와 과학혁명의 과정을 거치고, 미국 독립전쟁과 프랑스혁명을
이루면서 근대적 시민계급의 성장으로 인권의 신장을 가져왔다.

천문학자들의
진보정신과
수난

고정관념 깬 혁명적 '지동설'

'코페르니쿠스적 전환(轉換)'(Copernican system)이라는 말이 있다. 신 중심의 중세로부터 인간 중심의 근대로 세계관이 대전환하는 것을 두고 하는 말이다. 코페르니쿠스가 제기한 지동설이 변화의 계기가 된 데서 비롯되었다. '혁명(revolution)'이라는 말이 바로 코페르니쿠스의 책 제목『천구(天球)의 회전에 관하여』의 '회전'에서 나왔다고 한다.

'코페르니쿠스적 전환'이란 용어는 보통 사고방식이나 태도가 아주 크게 변하는 걸 말한다. 독일의 철학자 임마누엘 칸트가 종래의 인식론을 크게 전환시킨 그의 이성비판의 처지를 이르는 데에 쓰면서 시작되었다.

인류 역사는 수많은 선지자·예언가·혁명가·군주·발명가·탐험가·정치가·작가들이 있었다. 그들 중에는 역사의 전환이나 인간사의 변혁을 가져온 이가 적지 않았다. 하지만 '~적'이란 조합으로 쓰이는 인명은 코페르니쿠스가 유일하다.

지구는 평평하다는 인식, 태양과 달이 지구를 돈다는 고정관념, 이것을 깨뜨린 것이 코페르니쿠스의 지동설이다. 태양 중심의 지동설은 아리스토텔레스 이래의 우주관에 반기를 든 결정적인 '과학혁명'이었다. 종교혁명, 정치혁명, 산업혁명 등과 더불어 '과학혁명'은 인류사에서 가장 큰 변혁을 이룬 혁명의 하나이다. 다른 어떤 분야 못지않게, 아니 오히려 우월하게 변혁과 진보를 가져다준 것이 '과학혁명'이다.

"'과학혁명'이란 코페르니쿠스에서 시작되어 17세기에 완결을 보는 천문학적·물리학적 혁명과 그것이 불러온 지적·사회적 변화를 가리킨다고 할 수 있다."[5] 미국의 철학자 화이트 헤드의 말이다. 그는 17세기를 '천재의 세기'라 부르면서, 대표적인 천재로 12명을 들었다. 베이컨(F. Bacon), 하비(W. Harvey), 케플러(J. Kepler), 갈릴레이(G. Galilei), 데카르트(R. Descartes), 파스칼(B. Pascal), 호이겐스(C. Huyghens), 보일(R. Boyle), 뉴턴(I. Newton), 로크(J. Locke), 스피노자(Spinoza), 라이프니츠(G. Leibniz).

이들 중 10명이 과학자라는 사실이 주목된다. 갈릴레이, 케플러, 뉴턴 등은 코페르니쿠스의 주장을 받아들이고 확인해준 인물들이다. 그런 의미에서도 코페르니쿠스는 과학혁명의 아버지다. 근년에 역사가들은 르네상스로부터 생겨나서 후대에 가장 멀리까지 영향을 끼친 변화는 과학적 탐구 방법의 발전이라고 생각하게 되었다. 그래서 1500년부터 1700년에 이르는 과학의 성장기에 '과학혁명'이라는 이름을 붙였다. 허버트 버터필드 교수는 이렇게 말하고 있다. "그리스도교의 대두 이래의 어떠한 것도 이것(과학혁명)에 비하면 빛을 잃고 르네상스나 종교개혁은 단순한 에피소드에 불과한 것으로 격하되어 버리고 만다."[6]

코페르니쿠스(N. Copernicus, 1473~1543)는 폴란드의 서프로이센의 토룬에서 태어났다. 열 살 때 아버지를 여의고 외삼촌 밑에서 자랐다. 신부가 되고자 크라크푸 대학에서 철학을 공부한 뒤 이탈리아로 유학하여 볼로냐대학에서 천문학과 의학을 연구했다. 귀국 뒤 교회 일을 맡아 보는 한편 의사로도 활약하면서 태양계 연구에 생애를 바쳤다.

마침내 『천구의 회전에 관하여』라는 저서를 통해서 지구가 태양의 둘레를 돌고 있다는 '지동설'을 발표하여 혁명적인 과학의 전기를 마련했다. '지동설'은 '천동설'을 믿던 당시의 종교계와 과학계에 큰 충격을 주었다.

고난 속에서도 지킨 신념

코페르니쿠스가 '지동설'을 주장하기 전까지 정통 이론은 프톨레마이오스(100~170)의 '지구중심설'이었다. 지구는 우주의 중심에 정지해 있고, 태양·달·행성 및 항성계가 각각 고유의 위치에서 지구 주위를 돌고 있다고 믿었다. 코페르니쿠스가 임종 직전에 펴낸 『천구의 회전에 관하여』에는 다음과 같은 내용이 담겼다.

- 태양은 세계의 중심에 위치하고 움직이지 않는다.
- 항성은 항성천구에 자리 잡고 역시 움직이지 않으며 항성천구는 종래 믿었던 것보다 훨씬 더 먼 거리에 있다.
- 지구는 다른 행성과 마찬가지로 태양 둘레를 공전한다.

- 지구는 24시간에 한 번씩 지축을 중심으로 자전한다.
- 달은 지구 둘레를 돈다.

독실한 기독교 신자였던 코페르니쿠스는 이 학설을 대단히 조심성 있게 전파하려 노력했다. 기독교적인 세계관과 자신의 새로운 우주관이 근본적으로 배치되기 때문이었다. 그래서 책이 나오기 전에 두 차례나 그 요약본을 여러 사람에게 읽혔다. 어떤 추기경은 그에게 출판을 권하기까지 했지만, 자신의 생전에는 책을 출판하려 하지 않았다.

코페르니쿠스는 자신의 수명이 얼마 남지 않았다는 사실을 알고는 원고를 추종자인 젊은 독일의 천문학자 레티쿠스에게 넘겨주었고, 곡절 끝에 원고는 다시 루터파의 목사 오시안더의 손으로 넘어갔다.

오시안더는 책을 출판하면서 코페르니쿠스의 동의를 받지 않은 서문과, 교황 파울로 3세에게 바친다는 내용의 헌사를 써넣었다. 그는 당시의 교회 권력과 신학적 도그마에 사로잡힌 민중의 반발 때문에 새로운 사상을 그대로 세상에 내놓는 것은 위험하다고 생각했다. 그래서 서문에서 "코페르니쿠스는 지동설을 '사실'이 아니라 하나의 '가설(假說)'로서 제안한 것이다. 결정적 진리로서 주장된 것은 아니다"라고 썼다.

이 같은 과정을 거쳐 인류사에서 '코페르니쿠스적 전환'을 가져온 『천구의 회전에 관하여』는 세상에 빛을 보게 되었지만, 막상 저자는 임종 직전이어서 책을 자세히 검토할 상황이 못 되었다.

아마도 과학적 진리 중에서 가장 위대하고 가장 존귀한 이 진리는 발소리를 죽여가며 세상에 나타나지 않으면 안 되었다. 1543년 5월

24일 막 인쇄된 한 권의 책은 우선 코페르니쿠스에게 배달되었다. 하지만 그는 임종의 자리에 누워 있었다. 그로부터 몇 시간 뒤 그는 저 그릇된 신앙심이 강한 사람들(그 신앙에 의해서 그의 명성을 더럽히고, 경우에 따라서는 그의 생명까지도 앗았을지도 모르는 사람들)의 손이 닿지 않는 곳으로 떠나가 버렸다.

그렇지만 이 사람들의 손이 전연 닿지 않은 것은 아니었다. 죽음도 그를 지켜주지는 않았다. 그의 묘비에는 그의 생애의 업적을 말해주는 기록도, 그 위대한 발견을 전하는 말씀도 기재되지 않았다. 책이 출간되면서 반박과 핍박이 따랐다. 종교개혁의 횃불을 든 마르틴 루터도 이렇게 비난했다.

> 사람들은 하늘이나 태양과 달이 도는 것이 아니라 지구가 돈다는 것을 보여주려고 애쓴 한 건방진 점성가에게 귀를 기울인다. 영리해 보이기를 원하는 자는 누구이건 어떤 새로운 체계, 물론 모든 체계들 가운데 가장 훌륭한 체계를 고안해내야 한다. 이 바보는 천문학 전체를 뒤집어놓으려고 한다.[7]

코페르니쿠스의 이론은 그러나 전혀 새로운 학설은 아니었다. 오래전 천문학에 뛰어났던 그리스인들에 의해 시도되었다. 피타고라스학파는 창시자인 피타고라스가 생각해낸 것이라고 주장했다. 최초의 천문학자로 불리는 사모스의 아리스타쿠스(기원전 3세기)는 비록 관측의 잘못 때문에 정확하지는 못했으나 태양과 달의 상대적 거리를 발견했다. 그는 세계에서 가장 먼저 지동설을 믿은 사람으로 알려져 있다. 하지만 결국 그도 갈릴레이가 그랬던 것처럼 불경죄라는 오명을 걸머졌으며 스토아학파의 클레안테스에 의해 탄핵

되었다.

코페르니쿠스는 자신의 책에서 선학들의 '지구 회전' 연구를 언급했다. 시러큐스의 히스타스(기원전 5세기), 피타고라스학파인 에크판토스(기원전 400년), 폰티쿠스의 헤라클레이데스(기원전 390~339경)는 지구가 축을 중심으로 회전한다고 생각했고, 피타고라스학파인 필로라우스(기원전 475년경 활약)는 지구가 태양이나 달과 함께 세상의 중심에 있는 거대한 불덩이 주위를 돌고 있다고 보았다는 사실을 언급했다. 지동설에 가장 깊은 관심을 보인 그리스 천문학자인 사모스의 아리스타쿠스도 원래 함께 언급되었지만 편집 과정에서 우연히 누락되었다.

코페르니쿠스가 탐구한 혁명적 가치는 이런 고대의 자료가 여기저기서 발견된다고 해서 평가절하되지 않는다. 우선 고대의 견해들은 그저 지나가는 논평에 지나지 않았다. 상세한 설명이 전적으로 부족했다. 태양이 중심에 놓이고 지구가 그 궤도를 따라 돈다는 논리를 체계적으로 설명해내는 힘든 과업은 여전히 코페르니쿠스의 몫으로 남아 있었다. 단언할 수는 없지만 여러 정황으로 보건대 코페르니쿠스는 지구가 움직인다는 생각을 한 다음 혹시 같은 생각을 한 사람이 고대에도 있지 않았을까 하여 자료들을 찾아본 것 같다. 이렇게 과거를 되돌아보는 일은 이해가 안 갈 수도 있다. 왜 코페르니쿠스는 이전에 같은 생각을 가진 사람이 있었다는 사실을 끄집어내 자신의 업적을 깎으려 했을까?[8]

코페르니쿠스를 포함하여 당대인들은 진리(지혜)란 새로운 것을 찾아내는 것이라기보다는 과거부터 존재해온 것을 되찾는 작업으로 생각했고, 이런 생각은 근본적으로 종교적 믿음에서 나왔다. 코페르니쿠스는 독실한 기독교인이었고 창세기에 아담이 모든 것을 이름 지은 것으로 이해했다.

실명한 갈릴레이와 화형당한 브루노

갈릴레오 갈릴레이(1564~1642)는 근대 자연과학의 방법론을 정립한 인물로 평가된다. 이탈리아의 피사에서 가난한 귀족의 집안에서 태어난 갈릴레이는 특히 천문학과 역학에서 큰 업적을 남겼다.

망원경을 발견하여 천체 관측의 새로운 길을 열고, 코페르니쿠스의 지동설을 지지하는 책을 써서 종교재판에까지 회부되었다. 그는 자신이 발견한 망원경으로 하늘은 무수히 많은 별로 덮여 있고, 은하수가 별들의 모임이라는 것을 밝혀냈다. 또 태양이 자전한다는 것과 흑점을 발견하고 목성에 네 개의 달(위성)이 있음을 알아냈다.

갈릴레이의 이러한 발견은 '완전하고 영원불변한 하늘'에 대한 고정관념, 아리스토텔레스적 우주관에 종말을 가져왔다. 예나 지금이나 진리를 탐구하는 사람에게는 박해가 따른다. 기득권세력은 자신들의 기득권이 침해된다고 생각하면 갖은 명분과 이유를 들어 탄압한다. 교황청의 보수파들은 1616년 갈릴레이에게 코페르니쿠스의 설을 지지해서는 안 된다는 명령을 내렸다. 지동설은 오류이며 성서의 진리에 배치된다는 이유였다.

갈릴레이는 교황 우르바누스 8세를 여섯 번이나 만나 설득했지만 실효를 얻지 못했다. 『두 가지 세계상에 관한 대화』라는 책을 내면서 교황청과는 돌이킬 수 없는 관계가 되고 말았다. 1633년 갈릴레이는 이단 심문소에 소환되어 유죄 판결을 받았다. 코페르니쿠스의 설을 철회하라는 판결이고 그의 저술을 모두 압수한다는 내용이었다. 갈릴레이는 코페르니쿠스의 견해를 지지하지 않을 것이며 글이나 말로 그것을 가르치지 않겠다는 서약을 하고, 간신히 화형을 면하게 되었다.

절망한 갈릴레이는 교황의 친척인 추기경 프란체스코 바르베리니에게 비통한 마음으로 편지를 썼다.

> 나의 모든 연구와 노력의 결실이 이제 무거운 위반죄를 지은 사람들에게만 내려지는 교황청 소환으로 끝나게 되었음을 생각하면, 이 연구들에 들인 시간을 저주하고픈 심정이 듭니다. (…) 그리고 세상에 내 연구의 일부를 알렸던 일을 후회하며, 아직도 내 손안에 지니고 있는 것들을 거두어들여서 불길에 내던지고, 그렇게 해서 나의 생각을 부담스럽게 여긴 적들의 소원을 이루어주고 싶다는 마음이 듭니다.⁹

갈릴레이는 이단 심문소를 나오면서 "그래도 그것(지구)은 돈다"(Eppir si mouve)라고 뇌까렸다고 하지만, 정확한 근거는 밝혀지지 않았다.

1600년 브루노(1548~1600)를 불태워 죽이기로 판결한 종교재판에서 아홉 명의 심판관 가운데 하나였던 벨라르미노 추기경은 갈릴레이의 이단신문에도 심판관으로 나와 갈릴레이가 코페르니쿠스의 학설과 자신의 천체관을 포기하도록 설득했으나 말을 안 듣자 이단으로 판결했다. 갈릴레이는 코페르니쿠스의 학설과 자신의 천체관이 오류라고 인정하지 않았다. 다만 그것을 가르치지 않겠다는 서약을 하고 화를 면할 수 있었다.

갈릴레이는 근신 처분을 받고 죽을 때까지 자기 집을 떠나지 못하는 연금 상태에서 여생을 보냈다. 말년에는 실명(失明)하여 불편한 생활을 하게 되었다. 실의에 빠진 그는 7년 동안 아무것도 쓰지 않았다. 학자나 연구자가 글을 쓰지 못하는 것이야말로 가장 혹독한 형벌이다.

교황이 죽고 바르베리니 추기경이 새 교황에 선출되었다. 전에 각별한 사이였기 때문에 갈릴레이는 로마로 달려가 교황의 취임을 축하하고 코페르니쿠스체계를 설명했다. 그리고 붓을 들어 『두 대 우주체계에 관한 대화』를 썼다. 책을 본 새 교황은 노발대발해 그를 다시 이단 심문소에 회부하고 고문으로 위협했다. 심문은 형식에 지나지 않았고 결국 무기징역이 선고되었다. 판결에는 3년 동안 일주일에 한 번 일곱 편의 회개의 시편을 읽어야 한다는 내용이 포함되었다. "나는 내가 말한 오류와 이단을 포기하며 저주하고 거부합니다······."

갈릴레이의 재판은 권력과 지성의 대결, 달리 말하면 권력이 지성을 어떻게 탄압하고 박해하는가를 보여준다.

심약하고 노령이었던 갈릴레이는 잔명을 유지하고자 권력에 타협했지만, 비슷한 시기를 산 철학자이자 신학자인 브루노는 달랐다. 그는 7년 동안 옥중에서 협박과 회유를 받으면서도 끝내 권력에 굴하지 않았다. 처형 전에 40일간의 유예기간이 허락되어 친구들이 어떻게든 살려보려고 애를 썼지만 그의 뜻을 꺾을 수는 없었다.

브루노는 자신이 이단자라고 생각하지 않았다. 다만 자기는 신학자이면서 철학자라는 자부심을 갖고 있었다. 신학과 철학은 차원이 다르다고 믿었다. 자신이 반대하고 비판하는 것은 가톨릭이 아니라 아리스토텔레스의 우주관과 철학이라고 주장했다. 그는 우주는 무한하다는 신념을 갖고 있었다.

그는 모든 현상을 이성적·원리적으로 해명하려는 자신의 태도는 철학자로서의 사명이며, 그것은 자기의 신앙과는 상관이 없다는 것을 이해시키고자 했다. 하지만 완고한 중세의 교회는 끝까지 그의 굴복을 요구하면서 파문하기에 이르렀다.

1600년 2월 17일, 브루노는 배교 및 수도사의 서약을 어겼다는 죄목으로 화형에 처해졌다. 자기를 심판하는 거짓 신자들에게 "나를 심판하는 그대들이야말로 심판을 받는 나보다 더 무서워 떨고 있지 않은가"라고 질타하면서 박해를 담담하게 받아들였다. "나는 순교자로서 기쁜 마음으로 죽음을 맞는다. 내 영혼은 불꽃같이 하늘나라로 오를 것이다"라는 유언과 함께 그의 육신은 화염 속으로 사라졌다.

이브의 저항
그리고
평등과 차별

하나님의 형상 또는 중생평등

인간은 성별·신분·색깔·인종과 상관없이 평등하게 태어났다. 구약 창세기 1장 27절은 "하나님이 자기 형상, 곧 하나님의 형상대로 사람을 창조하시되 남자와 여자를 창조하셨다"고 밝혔다.

부처는 "일체의 중생은 모두 평등하다"(一切衆生平等)라고 설파했고, 이슬람 경전에는 "유일한 영혼으로부터 너희를 만든 알라를 두려워하라. 그는 부부를 만들었고 거기에 무수한 남자와 여자가 나왔다"는 내용이 있다.

인간이 "하나님의 형상대로"(in our image) 창조되었다는 언급은 구약의 여러 곳에서 나타난다. 창세기 3장은 "여호와 하나님이 아담을 깊이 잠들게 하시니 잠들매 그가 그 갈빗대 하나를 취하고 살로 대신 채우시고, 여호와 하나님이 아담에게서 취하신 그 갈빗대로 여자를 만드시고 그를 아담에게로 이끌어 오시니, 아담이 가로되

이는 내 뼈 중의 뼈요 살 중의 살이라. 이것을 남자에게서 취한즉 여자라 청하시니라"고 했다.

창세기의 이 여호와 중심 사상에 따르면 여자는 하나의 독립된 인간이 아니라 단지 남자를 위한 조력자일 뿐이고, 하나님의 모사품이 아닌 남자의 모사품일 뿐이다.[10]

하지만 이브는 남자의 조력자·모사품이기를 거부했다. 이브는 금지되어 있던 선악과 열매를 땄고 그것을 아담에게도 주었다. 이에 아담은 거역하지 않고 받아먹었다. "여자가 그 나무를 본즉 먹음직도 하고 보암직도 하고 지혜롭게 할 만큼 탐스럽기도 한 나무인지라 여자가 그 실과를 따먹고 자기와 함께한 남편에게도 주매 그도 먹은지라. 이에 그들의 눈이 밝아 자기들의 몸이 벗은 줄을 알고 무화과나무 잎을 엮어 치마를 했더라"(창세기 2:25~3:5)라고 했다.

이브는 '선악을 인식하게 하는 나무'라는 팻말이 붙은 나무의 과일을 먹어서는 안 된다는 경구에 의문을 품었다. 그리고 이 말에 모순을 감지한다. 즉 선과 악을 구분할 수 있다는 것 자체가 악하다면, 이 말은 논리적으로 모순이라는 것이다. 그래서 뱀에게 조언을 구한다.

금지 명령은 반민주적이다. 그리고 죽음의 협박은 지배자의 지식만을 보호할 뿐이다. 그러니까 이브는 아무 부담 없이 선악과를 먹을 수 있고, 그러면 그녀는 신처럼 될 것이며 선악을 구분할 수 있을 것이다.

이로써 원죄의 개념으로 우리에게 잘 알려진 그 사건과 이에 따른 결과들이 발생했다. 즉 성(性)과 부끄러움의 발견, 무화과 나뭇잎과 도덕의 발병, 낙원에서 추방, 생계유지를 위해 불가피한 노동의 저주 등이 거기서 생겨났다.

이브 '인간 독립선언' 쟁취하다

에덴에서 추방은 고통이면서 새로운 출발이었다. 껍질을 깨지 않고는 새 생명의 출산이 어렵듯이, 이브는 신성(神性)의 껍질을 깨고 인성(人性)의 새 생명을 찾아 세상으로 나온 것이다.

이브는 비록 남자의 갈비뼈를 자료로 하여 만들어졌다 하더라도 '금기'를 맨 먼저 깨뜨린 저항다. 이로써 인간은 선악과 '에덴동산'이라는 기존 체제를 무너뜨린 혁명아로서 부끄러움을 아는, 이성(理性)을 가진 존재가 되었다. 에덴에서는 추방되었지만, 그것은 자주적으로 살아가고자 하는 '인간 독립선언'이었다. 이는 아마도 이브의 진보의식과 저항정신이 없었다면 불가능했을지 모른다.

이브는 그녀 자신과 인류에게 선과 악을 알렸다. 이브는 지혜의 발전, 더 나아가 지식의 기원인 것이다. 그녀는 '신'이 이미 언표했던 의지에 따라 인간이 신의 형상대로 만들어지는 데 공헌했다.[11]

구석기시대에는 흔히 남성이 수렵을 하고 여성은 육아나 채집에 종사한 것으로 알려졌지만 실제로는 여성도 수렵에 종사했음이 각종 벽화나 자료에 나타난다. 기원전 1만 년경 신석기혁명이 일어나면서 도구를 사용하는 농경사회로 나아갔는데 이를 여성들이 주도했다는 것이 인류학자들의 주장이다.

고든 차일드를 비롯한 일군의 인류학자들은 농업을 발명한 것이 여성들이었다고 생각하고 있다. 정착 생활을 하면서 곡물 채집이 중요해짐에 따라 여성들은 곡물의 발아와 번식주기에 주목한다. 더불어 여성들은 새로운 기술의 개발을 주도했다. 곡식을 찧기 위한 돌절구 제작, 곡물을 보존하기 위한 용기의 제작 등이 그것이다. 나중에 여성들은 누에에서 실을 뽑아 천을 만들게 된다. 이들의 활동은 경험과 추론의 놀랄 만한 완성이며 중대한 지식이 수없이 실처럼 만났던 경우이다. 그 시기에 이러한 새로운 발명과 활동에 있어서 여성의 주도성은 여성의 지위가 사회적으로 상승하고 있었음을 가정하게 한다. 여성은 신기술의 습득을 자식에게 전하고 가계는 모계로 이행되며 최초의 숭배 대상 또한 여성이었다는 점이 관찰되고 있다.[12]

실제로 기원전 5000년경 페르시아 만 근처 바빌론 지역에 살던 수메르 종족은 모권사회로 여성들이 이끌었다. 이 같은 여권 위주의 습속은 오늘날에도 아프리카, 오스트레일리아, 남아메리카, 중국 내륙, 브라질의 일부 지역에서 이어지고 있다.

기독정신 배반한 성직자들

기원전 315년경 로마에서 제논에 의해 창립된 스토아학파는 인간이 이성을 나누어 가지며 선천적으로 평등하다는 이론을 내세우고, 특정한 계급이나 나라의 속박을 배격하는 세계 시민주의를 표방했다. 서양에서 최초로 학문적·철학적으로 남녀평등론을 제기한 것도 바로 이 스토아학파가 아닐까 싶다. 원시 그리스도교도 역시 신 앞에서는 주인·노예·남자·여자가 따로 없다는 교리에 따라 남녀가 평등하다는 인식을 갖고 있었다.

그러나 시간이 흐르면서 사정은 달라진다. 중세의 대표적인 종교개혁가 칼뱅은 여성은 남성의 갈빗대로 만들어졌으므로 남성은 권위를 갖고 여성을 위해 희생을 아끼지 않는 대신 여성은 남성에게 복종해야 하는 것이 신의 의지라고 했다.

태초에 인간은 평등하게 태어났고 성인들도 이것을 확인했지만,

도처에서 여성에 대한 차별과 불평등이 자행되었다. 이러한 상황은 기독교·불교·유교가 마찬가지였다. 칼뱅처럼 토마스 아퀴나스도 비슷한 주장을 했다.

창세기(3장 1~24절)는 여성의 출생·육아의 기능이 신의 계율을 어긴 대가로, 이브와 그의 후손인 여성들에게 준 천부적인 역할로 인식했다. 이 때문인지 토마스 아퀴나스는 "여자는 태어날 때부터 주인인 남편의 속박 아래 영원히 놓이게 되어 있으며, 하느님은 남자에게 우월성을 부여하여 모든 방면에서 그녀를 지배하도록 했다"고 주장했다.

이 같은 불평등은 기독교의 배분적 평등론이라는 자연법에 근거한 규범으로 간주했다. 이 같은 여성에 대한 기독교적 관점은 중세 내내 중요한 신학이론으로 수용되었다. 토마스 아퀴나스가 전체 사회조직이 평등에 기반을 둔 것이 아니라 계급과 계층을 바탕으로 한 계서제(階序制)에 기초를 두고 있다고 주장했음은 그 같은 논리의 일단을 드러낸 것이라 하겠다.[13]

중세 암흑시대는 특히 여성들에게 고통의 시대였다. 유럽의 종교 재판소는 수만 명의 여성을 마녀라는 이유로 체포하여 화형에 처했다. 이른바 '마녀'들은 악마를 돕는 사악한 존재로 인식되었다. '마녀사냥'은 개혁적인 프로테스탄트교와 가톨릭의 대립이 심했던 독일과 프랑스 지역에서 특히 심각했다. 1400년대 페스트가 발생하여 유럽 인구 3분의 1이 사망하는 등 종말론적 위기에 봉착하면서 기득권세력은 희생양을 찾았다. 그것은 바로 유태인과 여자였다.

여성이 마녀로 몰린 이유는 무엇일까? 우선 여성에 대한 전통적인 편견(여성은 남성을 유혹하며, 판도라의 상자를 연 위험한 인간이다)과 여성의 신비(식물과 의학 등에 대한 여성의 지식은 그들이 초자연적인 능력을 지니고 있다는 의심을 불러일으켰다) 등이 작용했을 것이다. 교육에서 여성이 배제됨으로써 남성과 여성 사이에 문화적인 차이가 벌어진 것도 여성에 대한 편견을 강화시키는 데 일조했을 것이다.

기득권층은 종교적인 적뿐만 아니라 경제적인 적, 사회적인 적까지 마녀로 몰아 제거했다. 자기를 괴롭히는 빚쟁이, 양심의 가책을 느끼게 하는 거지, 싫은 사람 등을 무차별적으로 마녀로 고발한 것이다. 때마침 세속의 권력을 확보한 국가는 교회보다 철저하고 체계적으로 마녀사냥을 주도했다.[14]

이 밖에도 여성들의 성을 착취하는 '초야권'(droit de seigneur)이라는 게 있었다. 영주들은 자신들이 거느린 농노 처녀들의 결혼 첫날밤을 차지할 권리가 있었다. 영주들만이 아니라 가톨릭 성직자들도 이러한 초야권을 행사했다는 비난을 받았다. 일부 역사가들은 이른바 '초야권'이, 수도사들이 영주의 야만성을 과장하기 위해 꾸며낸 것이라고 주장한다.

동양에서도 여성을 억압하는 악습이 행해졌다. 고대 인도를 비롯하여 여러 지역에는 남편이 죽으면 아내를 순장하는 악폐가 있었다. 중국에서는 '전족' 제도가 청나라 말기까지 지속되었다. 여아의 나이 4~5세가 되면 엄지발가락을 제외한 네 발가락을 안으로 굽혀 천으로 싸맴으로써 발육을 억제시켰다. 아름다운 여성을 만들기 위해서라는 명분도 있었지만, 행동의 자유를 속박하기 위한 목적이었다.

인도인의 성스러운 경전이자 종교서 가운데 가장 오래된 책으로 알려진 마누법전에는 여성에 대한 남성의 지배권을 신성한 법률이라고 천명하는 내용도 담겼다.

여자는 이 지구상에서 남편 외에 다른 신을 섬겨서는 안 된다. 남편의 성격이 아무리 고약하고 악하며 온갖 결함으로 가득하더라도, 여자는 신을 섬기듯 그를 존중해야 하며 순종하는 마음으로 모셔야 한다. 남편이 욕하거나 때리면, 여자는 남편의 손에 입을 맞추며 남편의 화를 돋우는 성가신 존재였음을 고백하고 용서를 빌어야 한다. 남편이 죽으면 여자는 죽은 남편과 함께 불에 타 순장됨으로써 신의를 지켜야 한다.[15]

인도인의 기도문에는 남녀용이 따로 있었다. 남성은 "만유의 주시여, 당신이 나를 여자로 태어나지 않게 하시니 감사합니다"라고 기도하고, 여성은 "만유의 주시여, 나를 당신의 뜻에 맞게 창조하시니 감사합니다"라고 기도한다.

여성들 자아의식 향상, 생산력 주체로

중세시대 여성은 이중삼중으로 억압 속에서 살아야 했다. 교권과 세속의 권력에 짓밟히고 착취를 당했으며 여성의 가치를 빼앗겼다. "여자와 당나귀와 호두, 내가 뭔가 말해도 될까? 이 셋은 맞지 않고서는 아무런 변화도 없어."[16] 여성에 대한 남성의 지배권을 드러내는 중세의 이 속담이 보여주듯이, 여성은 '인성 상실'의 시대를 살아야 했다. 하지만 시간이 흐름에 따라 여성들의 권리의식은 커졌다. 특히 11세기에 시작하여 12세기 말경에 구체화된 성모 마리아에 대한 공경사상은 여성들의 도덕적 지위향상에 크게 공헌했다.[17]

여성들이 차츰 자아의식과 사회의식에 눈뜨게 되었다. 권리와 평등을 찾게 되고, 기독교인은 예수와 성모마리아의 정신에 성차별이나 계급이 있지 않음을 인식하게 되었다. 그런 면에서 기독교는 여성의 권리향상에 크게 기여했다.

한국에서도 고려 후기부터 이어진 반상·남녀차별이 기독교(천주교)의 전래와 함께 크게 완화되고, 여성 신도가 증가하면서 남녀평등사상이 고취되었다. 지금도 한국을 비롯하여 일부 동양국가에서는 가부장제 질서에도 불구하고 여성이 결혼을 해도 자신의 성씨를 그대로 사용한다.

하지만 서양의 경우는 결혼하면 남편의 성을 취득한다. 남성 중심의 유례라 할 수 있다. 이런 면에서 한국의 여권사상은 그 뿌리가 깊고 확고한 모습을 보인다. 동양 3국에서는 유일하게 1500년 전에 세 명의 여왕이 등극했다.

농경사회가 정착되면서 수공업이 발전되었다. 여성들의 생산업 역할이 점차 증대되고 발언권도 강화되었다. 경제적 생산양식은 인간관계에 반영된다. 뒷날 카를 마르크스는 이와 관련해 명료한 진단을 내렸다.

인간이 수행하는 사회적 생산 속에서 그들은 필수불가결한, 그리고 그들의 의지와는 독립된 일정한 관계 속에 들어가게 된다. 이러한 생산관계는 그들의 물질적 생산력의 일정한 발전단계에 대응한다. 이러한 생산관계의 총체가 사회의 경제적 구조를 형성하며 이것이 거기로부터 법적, 정치적 상부구조가 나타나는, 그리고 여러 형태의 사회적 의식이 대응하는 실질적 기반을 이룬다.
물질적 생활의 생산양식이 사회적, 정치적, 정신적 생활과정의 일반적 성격을 결정한다. 인간의 의식이 그들의 존재를 결정하는 것이 아니라 반대로 그들의 사회적 존재가 그들의 의식을 결정한다.[18]

인간정신의 발전과 점진적인 정신해방의 단계에 따라 인류는 중세를 지나 종교개혁과 산업혁명을 거치면서 크게 향상되었다. 여성들의 권익도 향상되어 갔다. 하지만 여성에게 씌워진 봉건적 유제와 법률, 반이성적 차별은 쉽게 개선되지 않았다.

3

혁명의 시대: 천부인권의 탄생

근대를 연
금속활자와
백과전서

서력 1000년대의 제1대 발명

> 세상을 더 많이 변화시킨 것은 금이 아니라 납이었다. 납 가운데서
> 도 총알 제조용으로 사용된 납보다 인쇄활자로 사용된 납이 세상을
> 더 많이 변화시켰다. —G. C. 리히텐베르크

서기 1000년대에 인류사에서 가장 큰 변화를 일으킨 것은 요하네
스 구텐베르크(1397~1468)의 금속활자 발명이라고 한다. 1450년경
에 구텐베르크가 활자 주조법과 활자를 활자판에 고르게 배열하는
등의 기술을 개발하면서 인류사에 코페르니쿠스적 변혁을 가져왔
다. 서기 1000년대가 저물어가던 1999년 말, 새로운 세기를 앞두고
〈타임〉지는 지난 1000년 동안 인류 역사에 가장 크게 영향을 끼친
발명으로 구텐베르크의 '금속활자'를 선정했다. 그는 같은 기간의
'10대 인물' 중에서도 2위를 차지했다. T. 칼라일이 "근대문명의 중

요한 세 개의 요소는 화약과 인쇄술과 개신교이다"라고 말할 것처럼 인쇄술은 '근대문명'을 일군 원동력이었다.

이보다 200여 년 앞서 금속활자를 발명하고, 가장 오래된 금속활자 인쇄본인 『직지심체요절』이 프랑스 박물관에 '유폐'되어 있는 우리 처지로서는 억울하고 분통한 일이지만, 구텐베르크가 인쇄술을 대중화했다는 것만큼은 틀림없는 사실이다.

독일 마인츠에서 태어난 구텐베르크는 1430년경 스트라스부르크에서 보석 세공과 유리 만드는 일을 했다. 그는 1450년경에 마인츠로 돌아와 J. 푸스트와 함께 인쇄공장을 차려 천문력이나 면죄부 등을 인쇄하기 시작했다. 당시에는 아마포(亞麻布) 압축기 틀에다 양피지(羊皮紙)를 발라서 인쇄했는데 활자의 주형(鑄型)은 주석과 납의 합금이었다. 그러나 5년 뒤 파산하자 푸스트에게 공장을 넘기고 활자와 인쇄기 개량을 연구했다.

구텐베르크는 새로운 협력자 C. 후메리의 도움으로 인쇄공장을 다시 차리고 개량된 주조기와 인쇄 시설을 통해 과거와는 전혀 다른 방식의 인쇄를 시작했다. 1454년경 라틴어 성경 인쇄를 시작했는데 이것이 '구텐베르크의 성경'으로 '마자랭 성서'라고도 불린다. 현재 이 성서는 파리 국립도서관 등에 소장돼 있다.

이 성서는 641장, 1282쪽의 두 권으로 나누어져 있다. 크기는 42×30센티미터이며 본문은 2단으로, 각 단은 42행으로 이루어져 있다. 그래서 '42행 성서'라고도 불리는데 초판 인쇄본은 180부였던 것으로 추정된다. 이 중 140부가 종이 책이었고 40부는 송아지 피지 책이었다. 여기에는 약 5000여 장의 송아지 가죽과 5만 장의 종이가 쓰였는데 이것은 훗날 판매를 통해서만 자금의 회수를 기대할 수 있는 엄청난 투자였다. 그중 48부가 오늘날 현존하는데, 36권은

종이 책이고 12권은 송아지 피지 책이다.[1]

소문이 나면서 인쇄기는 곧 유럽 전역으로 퍼져 나갔다. 이탈리아는 1465년, 프랑스는 1470년, 스페인은 1472년, 네덜란드와 영국은 1475년, 덴마크는 1489년에 각각 인쇄공장이 세워졌다.

동양에서 활판 활자는 중국 송나라 인종(1041~1048) 때 필승(畢昇)이라는 사람이 발명하여 고려를 비롯하여 동아시아 여러 나라에서 개량·활용되었다.

활자본 인쇄가 지식·정보 공유 가져와

활자본 인쇄는 여러 가지 '혁명적' 변화를 불러왔다. 인쇄 속도가 빠르고 상대적으로 값이 싸다는 이유로 수요가 폭발적으로 증가하였다. 과거에는 원본을 일일이 사람 손으로 옮기다 보니 오류가 많아서 불신을 받기도 했는데, 활자본 인쇄는 정보 이용자들에게 통일되고 표준화된 사본을 제공해주었다. 구텐베르크의 인쇄술이 정보의 신속성과 신뢰성을 증대시킨 것이다.

인쇄술의 발달은 르네상스의 불길에 기름을 끼얹었다. 소수의 귀족이나 성직자들만 볼 수 있었던 책을 일반 대중이 공유하게 되면서, 학문과 지식·정보는 광범위하게 전파되었다.

앞서도 말했지만 루터의 종교개혁 '95개 조 반박문'은 활판인쇄술 덕에 2주일 만에 전 유럽으로 퍼졌다. 지식인은 인쇄물을 통해, 글을 모르는 농민은 판화를 통해 알게 되었다. 인쇄된 성서를 읽은 시민들은 지금까지 가톨릭교회가 이야기한 것이 성경의 내용과 크게 다르다는 것을 알게 되면서, 종교개혁을 적극 지지했다. 루터는 인쇄술을 가리켜 "복음 전파를 위해 신이 내리신 최대의 선물"이라

극찬했고, 20세기 미국 미디어학자 맥루한은 구텐베르크의 인쇄술로 구축된 도서 문화의 세계를 '구텐베르크의 은하계'라고 표현했다. 도시마다 서점이 생기고 지식과 정보가 일반 농민들에게까지 공유되면서 중세의 질서체계는 무너져갔다.

1468년 3월 구텐베르크가 사망하자 소르본대학 교수 기욤 피세는 1470년 12월에 인쇄된 편지에서 다음과 같은 헌사를 남겼다.

> 구텐베르크는 모든 사람들 가운데 처음으로 인쇄 기술을 생각하여, 고대인들처럼 갈대를 쓰지도 않고 지금 우리처럼 깃대 펜을 사용하지도 않고, 금속활자로 이처럼 빠르고 깔끔하고 아름답게 책을 만든 사람이다. 확실히 그는 예술과 책을 즐기는 모든 사람들의 진정한 찬사를 받을 자격이 있다. 책을 쓰는 학식 있는 사람과 문화에 헌신적인 사람들 손에 선택의 수단을 쥐여주었다는 점에서 그는 신보다 더 고마워해야 할 사람이다.[2]

영국의 역사가·작가인 웰스(1866~1946)는 민족주의·국가주의를 배격하고 세계통일 국가의 건설을 제창하면서 쓴 『세계문화사 대계』의 '종이가 인간의 마음을 해방했다'라는 장에서 다음과 같이 썼다.

> 유럽을 소생시킬 수 있었던 최대의 은인은 동양에서 건너온 종이였다. 세계 도처에 성서가 헤아릴 수 없이 넘쳤고 학교 교과서는 헐값이 되고 독서술은 날로 보급되었다. 문자가 선명하게 인쇄됨으로써 판독에 머리를 쓸 필요도 없고 읽으면서 바로 이해하고 생각할 수 있다. 각국의 잡다한 지방적 방언이 순식간에 표준 이탈리아어와 표

준 영어로 변했다. 그리하여 15세기와 더불어 유럽 문학의 진정한 역사가 시작되었다.

구텐베르크의 금속활자 발명과 인쇄술은 동양에서 발명·활용되어 건너간 종이가 있었기에 가능했다는 지적이다.

프랑스 백과전서파의 등장

프랑스혁명이 일어나기까지는 여러 가지 원인과 조건이 있었지만, 사상적 기초는 『백과전서』라는 데 연구가들의 의견이 모인다. 모든 혁명에는 이론서가 있었듯이 프랑스혁명도 예외는 아니다.

『백과전서』는 1751년에 발행을 시작하여 1772년까지 21년에 걸쳐 전질 35권의 사전으로 만들어졌다. 인류 역사상 최초의 백과사전이었다. "계몽사상가들이 편찬한 과학·예술·기술에 관한 이성적 사전"이라는 이름이 붙은 이 백과사전은 프랑스혁명을 촉발시키는 불씨가 되었다.

프랑스에서는 1700년대부터 계몽주의 사상가들이 주도하는 이른바 '백과전서파'가 활동했다. 이들은 혁명이 일어나기 전 수십 년 동안 프랑스의 정치·문화·학문·사회에 커다란 영향을 미치고, 마침내 혁명의 불길을 당겼다. '백과전서파' 지식인들은 모든 지식 분야를 대표하는 진보적 인사들이었다. 과학과 합리주의를 믿었으며 자연법사상에 철저한 인본주의자들이었다. 이들은 당시의 정치와 사법·입법·종교기관의 폐해를 비판하면서 새로운 시대의 조류를 이끌었다.

이 거대한 사조(思潮)를 선도한 인물이 드니 디드로(1713~1784)다.

그는 프랑스 랑그르에서 도공(陶工)의 아들로 태어났다. 13세 때 출가하여 예수회에서 교육받고 1732년 파리대학에서 문학석사 학위를 취득했다. 교사와 출판보조원으로 생활하며 선교용 연설문을 쓰기도 했다. 레장스·프로코프 등의 살롱에 출입하면서 장 자크 루소와 만나 사귀었다.

직물상의 딸 샹피옹을 만나 아버지의 반대를 무릅쓰고 결혼해 세 명의 자식을 낳았지만 딸 안젤리크만 생존하였다. 생계를 위해 번역일을 하면서 1746년 『철학적 사색』을 써서 명성을 얻었다. 디드로는 시·소설·에세이·평론·철학 논고·생물학 논고에 이르기까지 방대한 영역에 걸쳐 깊이 사색하고 통찰하며 글을 썼다. 학문과 사회활동에 열정가였던 그는 『맹인에 관한 편지』를 썼다가 6개월간 투옥되기도 하고 각종 작품이 검열의 위협을 받으면서도 진보에 대한 신념과 자유주의 정신을 버리지 않았다. 루소, 콩디야크, 달랑베르 등 프랑스의 진보 지식인들과 교류했다.

달랑베르는 '백과전서파'의 대표적 지식인 중 하나다. 1717년 파리에서 태어나 신학·법률을 배우고 변호사가 되었으나 개업하지 않고 수학 및 물리학 등을 연구했다. 특히 수학에 재능을 보여 뒷날 "수학이야말로 내가 흥미를 느낀 유일한 직업이다"라고 할 만큼 전문성을 보인 그는 약간의 개인 교습을 받은 것 외에 거의 독학으로 공부했다. 『역학론』을 비롯하여 「유체의 평형운동론」, 「기후의 일반적인 원인에 대한 고찰」, 「지축과 세차에 대한 연구」, 「천체계의 중요한 다른 점들에 대한 연구」 등 많은 책과 논문을 써서 큰 반향을 일으켰다.

여기서 『백과전서』의 탄생 배경을 살펴보자. 1728년 영국의 이프레임 체임버스가 런던에서 『사이클로피디아 : 예술과학 대사전』을 편찬했다. 앙드레 르 브르통은 이를 번역하여 프랑스에서 발간하고자 했다. 그러나 여러 사정으로 이 작업이 실패하면서 계획을 바꾸어 독자적인 백과사전 제작에 착수했다. 브르통은 처음에 달랑베르를, 얼마 뒤에는 디드로를 백과전서 편찬에 끌어들였다.

수학 분야는 달랑베르가 책임을 맡고 나머지 모든 분야는 디드로가 준비했다. 새로운 백과사전의 편찬 소식이 전해지면서 루소, 몽테스키외, 볼테르, 돌바크 남작, 튀르고, 마르몽텔, 네케르 등 젊고 유능한 학자·전문가들이 속속 여기에 참여했다. 모두가 역사의 진보를 믿는 자유주의적 지식인들이었다. 신분상으로는 제3신분에 속한 사람이 압도적이고, 184명의 집필자는 교사·군인·의사·관리·변호사·문인·교수·학자 등 직종이 다양했다. 볼테르는 주도적 인물은 아니었지만 열성을 보여 웅변·우아·재치·상상 등 43항목을 집필했다.

디드로는 열정으로 일을 추진했다. 편집·제작에 필요한 3000~4000개의 도판 만드는 일을 지휘 감독하고, 철학·사회이론 등을 비롯한 수많은 항목을 직접 기술했다. 한 사람이 그토록 많은 분야의 항목을 쓴 건 디드로가 최초이자 마지막이었다.

그는 최초의 심리소설가이며, 최초로 진화론을 믿는 생물학자이며, 최초의 일관성 있는 유물론자였다. 그의 예술시론은 보다 새롭고, 그의 과학은 보다 종합된 것이며, 종교 및 과학에 대한 그의 원칙은 어떤 다른 철학자보다도 급진적인 것이었다. 그의 다재다능은 놀랄 만했다.

『백과전서』는 기존에 발행된 책을 차용하거나 표절했다는 비난이 따랐지만, 독창적이고 혁신적인 내용이 더 많았다. 편집은 프랜시스 베이컨의 분류에 따라 지식을 기억, 이성, 상상의 세 부문으로 나누었다. 기억 부문에는 역사·박물·기술·상공업을, 이성 부문에는 철학(신학과 심리학으로 재분)·수학·물리학을, 상상 부문에는 시 및 기타 유사 부류를 포함시켰다. 디드로는 '백과전서'라는 항목을 직접 집필하면서 자신이 주도하여 편찬한『백과전서』의 의미에 대해 다음과 같이 기술했다.

> 우리는 백과전서가 다만 하나의 철학의 세기의 기도라고 알고 있다. 이 시대가 동트고, 인간의 지식을 미래에서 완성시킬 사람들의 이름을 불후 불멸의 것으로 만드는 반면, 이러한 백과전서의 명성은 우리들 자신의 이름을 기억하게 하는 데 욕되지 않을 것이다. (…) 모든 것은 예외 없이 또 누구의 감정에도 구애됨 없이 검토되고 토론되고 조사되어야 한다.[3]

기득세력에 저항, 프랑스혁명 불씨 돼

1752년『백과전서』제2권이 간행되면서 프랑스 정부의 탄압이 가해지기 시작했다. 파리대학이 집필자인 프라데스 신부의 학위논문을 취소한 것을 시발로 가톨릭교회 측은 모든 항목의 사전검열을 요구했다. 이것도 모자라 정부의 칙령으로 이미 출간된 두 권의 발행과 배포를 정지한 데 이어 모든 원고에 대해 압수령을 내렸다. 파리의회는『백과전서』의 요약판이라 할 엘베시우스의『정신론』을 불태우기도 했다.

다행히 디드로가 정보를 미리 알고 원고를 다른 곳으로 빼돌려서 압수되지는 않았다. 정부와 교회 측이 내세운 판금의 이유는 책이 왕권을 파괴하고 독립반란의 기풍을 조장하며, 애매 막연한 어휘로

써 오도해 부패한 도덕심의 근거를 만들며, 무종교와 불신을 퍼뜨린다는 것이었다.[4]

특히 보수적인 성직자들이 『백과전서』의 발행에 격렬한 거부반응을 보였다. 항목 중에 무신론과 이신론(理神論) 내용 때문이었다. 이들은 정부를 움직여 결국 최고 행정재판소에서 발행정지 처분을 이끌어냈다. 달랑베르 등 편집 책임자들이 이에 응하지 않자, 식자공들을 시켜 300여 쪽의 원고를 몰래 없애는 술책을 쓰기도 했다.

일부 장관이나 성직자 중에는 은밀히 『백과전서』의 편찬을 지원하거나 직접 집필에 참여한 사람도 있었다. 나중에 이 사실이 밝혀져서 일부는 해외로 추방되거나 파문되기도 했다.

『백과전서』에 게재된 몇 가지 항목을 살펴보자.

자연상태와 자연법

자연상태는 완전한 자유의 상태이다. 그것은 사람이 자연법의 한계 내에 있다면 누구의 의사에도 복종하지 않고, 원하는 것을 행하고, 소유한 사람이나 물건을 자기 판단에 따라 자유로이 처분할 수 있는 상태이다. 이는 또한 평등의 상태이다. 거기에서는 권력과 권위가 모두 상호 교환적이다. 왜냐하면 자연이 주는 동일한 이익의 혜택을 입으며, 동일한 능력을 갖고 있는 동일종, 동일속의 존재 사이에서는 분명히 어떠한 종속관계가 없고, 그들은 서로 동등하고 평등하지 않으면 안 되기 때문이다. 이 평등의 상태는 인류 의무의 기초이다.

자연법

모든 법 가운데 첫 번째는 자연법이다. 최초의 인간은 이러한 자연법에 따라서 살았다. 그것은 광명의 빛이며, 신이 인간들에게 부여한, 또한 정의와 형평을 인식하게 하는 올바른 이성의 원리이다.

정의

정의란 말은 덕성의 실천이라고 해석된다. 때때로 그것은 올바른 권리와 이성을 의미한다. 또 다른 경우에 그것은 각자에게 옳은 것을 행하게 하는 힘, 혹은 이와 같은 힘의 행사를 뜻한다.

정부

정부는 일가족에 의해 세습되고 한 사람의 수중에 놓여 있다 해도 개인의 재산이 아닌 공공의 재산이며, 그 때문에 인민으로부터 탈취할 수 없다. 정부는 인민에 의해서만 본질적으로 또 완전히 소유될 수 있는 것이다. 그러므로 정부를 임대차하는 것은 인민이다. 그 이행을 결정하는 계약에 있어서는 항상 인민이 개입한다. 국가가 왕에 속하는 것이 아니라 왕이 국가에 속한다. 그러나 왕은 국가 안에서 정치를 행하는 권능을 갖고 있다. 왜냐하면 국가는 그를 왕으로 뽑았으며 왕에게 복종할 것을 약속했기 때문이다. 왕관을 쓴 사람은 원한다면 마음대로 왕관을 벗을 수 있다.

자연권으로서의 자유

자연적 자유(자연권)는 모든 사람이 그들의 행복에 적합하다고 판단한 방법으로 자기의 인신과 재산을 처분하도록 자연이 부여한 권리이다. 이때의 제약은 그 권리를 자연법이란 조건에 의하여 형성한다는 것, 그리고 그들이 그것을 남용하여 남에게 해를 끼치지 않는다는 것이다. 자연법은 이러한 '자유'의 법칙과 규칙이다. 왜냐하면 독

립된 사람이면 누구든지, 그들의 행동 방향을 자연법에 전적으로 의
존하고 있기 때문이다.

정치적 자유

시민의 정치적 자유는 안전을 느끼면서 오는 정신의 평온을 말한다.
안전을 얻기 위해서는 시민이 서로를 겁내지 않을 만큼 정부가 확립
되어야만 한다. 좋은 시민법 및 정치법에 의하여 이러한 자유가 보
장된다.

자연적 평등

① 모든 사람은 자연적으로 자유이다. ② 통치상 조건의 차이 즉 귀
족·세도가·부자 등에 의해 만들어진 모든 불평등에도 불구하고 남
보다 상위에 있는 사람들은 하위자들을 자연적으로 동등한 존재로
서 대우해야 하며, 하위자들에게 불가피하게 요구할 것 이외에는 요
구하지 않는다. 특별한 권리를 갖지 않는 사람이 약간의 우선권을
요구할 수 있다는 이유로 남보다 더 많은 것을 주장해서는 아니 되
고, 그와 반대로 자기 자신이 주장하는 동일한 권리를 남에게 허용
해야 한다.

『백과전서』는 지배계급의 온갖 탄압에도 불구하고 1780년 35권
의 초판이 완성되고, 1832년 총 166권으로 완간되었다. 프랑스혁
명의 불씨이자, 혁명의 결과물이었던 것이다.

계몽사상
시대를 연
진보주의자들

"면도날 위에 선 시대"

일반적으로 '계몽사상 시대'란 위트레흐트 조약(1713)에서 1789년의 프랑스혁명에 이르는 시기를 특징짓기 위해 현대사가들이 붙인 이름이다. 17세기 후반에서 18세기에 걸쳐 유럽을 지배한 사상이 계몽사상이었다. '계몽'이란 용어는 이성 또는 자연의 빛이 중세적 암흑을 헤치고 인류의 진로를 가리킨 것을 의미한다. 따라서 계몽사상 또는 계몽주의는 '진보의 사상' 혹은 '합리주의'라고도 불린다.

계몽사상 시대가 최고조에 달했던 1784년에 독일의 철학자 임마누엘 칸트는 이 시대의 명칭으로까지 된 계몽의 의미에 대해 "계몽이란 인간의 미성숙 상태에서 탈출"이라고 의미를 부여했다. 미성숙이나 미완성의 원인은 '이성의 결여'에 있는 것이 아니라면서 「계몽이란 무엇인가」라는 소논문에서 다음과 같이 썼다.

계몽이란 스스로 책임져야 할 미성숙 상태에서 인간이 벗어나는 것이다. 미성숙 상태란 다른 사람의 도움 없이는 자신의 오성(悟性)을 사용할 능력이 없는 상태를 뜻한다. 그 원인이 오성의 부족에 있는 것이 아니라 다른 사람의 도움 없이는 스스로 그것을 사용할 결심과 용기가 부족한 데에 있을 경우, 미성숙 상태에 대한 책임은 자신에게 있다. 알려고 하는 용기를 가져라! 이것이 계몽의 슬로건이다.

계몽사상의 철학적·사상적 배경에는 경험론과 합리론이 있다. 인식이나 지식의 근원이 경험에 있다는 철학적 흐름은 16세기 프랜시스 베이컨에 의해 태동되어 로크·흄·버클리·콩디악으로 이어졌다. "모든 인식은 경험에서 비롯된다"는 말로 정의되는 경험론은 데카르트에 의해 합리론과 접목되었다. 이성 또는 사유에 절대적 권위를 부여하고 이것을 최고의 원리로 인식하는 합리주의는 인간의 생활태도나 사회·문화 전반에 걸쳐 이성이 일방적으로 지배하며, 따라서 생활수단이나 목적에 관해서 계획성이 높아지고 목적·수단의 체계에 있어서 인간 행위가 합리적으로 행해진다는 명제에 이른다.

계몽사상이 경험론과 합리론의 바탕에서 출생했지만, 그 혈통은 자연법사상에 뿌리를 두고 있다. 중세의 자연법이 보편주의와 결부되었던 것과는 반대로 근대의 자연법은 개인주의와 결부되면서 경험과 합리성을 자각하게 되었다.

르네상스와 종교개혁을 통해 이루어진 인간 오성의 발전은 경험론과 합리주의, 여기에 천체과학의 발달과 지리적 발견을 통해 확대된 세계를 알게 되면서 계몽사상으로 집합되어갔다.

이성을 원리로 한 평등과 진보

계몽사상은 르네상스 및 종교개혁이 구질서를 해체한 뒤, 그 전통을 이어받아 이성을 원리로 하는 인간의 평등성과 일체성 및 진보를 주장하면서, 정치적으로는 자연권 및 개명 전제주의 사상, 종교적으로는 관용과 이신론(理神論 : 신앙과 이성의 합치), 역사적으로는 진보주의와 함께 합리주의·과학정신으로 무장하면서 중세의 어둠을 뚫고 전개되었다.

이러한 사회 흐름 속에서 시민계급이 출현하고 절대군주 대신 계몽군주가 나타나 지배와 피지배의 관계가 엷어져 갔다. 인간의 본성인 이성에 의해 지배자와 피지배자 사이에 새로운 정치적 관계가 성립되고 이것은 프랑스혁명의 원동력이 되었다.

이 시기의 대표적인 계몽군주는 프로이센의 프리드리히 2세, 오스트리아의 요제프 2세, 러시아의 예카테리나 2세가 꼽힌다. 프랑스의 루이 14세는 화려한 베르사유 궁전을 짓고 예술과 문학을 장려하는 등 계몽군주적 성향과 함께 권력을 강화하고 비판을 철저하게 억압하는 독재자의 모습을 보였다.

합리주의적 사고는 역사에 대한 신학적 파악이나 순환론, 정체론 등의 전래적인 역사관을 더 이상 인정하지 않았다. 합리주의자들은 신이 세계를 창조했으나, 세계는 그 자체의 법칙에 따라서 전개된다는 새로운 견해를 내세웠던 바, 이것은 바로 계몽사상의 역사 이해였다. 그들은 자연에서와 같은 법치적인 질서가 사회 발전과 역사 진행 속에 내재한다고 믿었고, 인간 역사에서 모든 것을 원인과 영향과의 관계 속에서 인과관계적으로 파악하고자 했다. 합리주의적 사고는 또한 이성의 의미를 확고하게 만들어줌으로써 진보사상을 형성시켰다. 계몽사상가들은, 각 시대는 기존하는 지식에 새로운 지식을 첨가시킴으로써 인간은 지식과 경험에 있어서 보다 풍부해진다는 견해를 확고하게 굳혀 나갔다. 그들에게는 역사 진행 속에서의 지식과 경험의 축적이 곧 진보를 의미했다.[5]

제임스 러셀 로웰은 18세기를 통틀어 "면도날 위에 선 시대"라고 불렀다. 계몽사상이 풍미한 17~18세기는 중세의 각종 유제와 압제를 씻어내고 보다 좋은 세계로 향한 선행자(先行者)들의 노력이 요구되었다. 칸트가 "우리 시대는 계몽의 시대이기는 하나 계몽된 시대는 아니다"라고 말한 대로였다.

계몽사상의 선행자들은 그들 자신이 이성의 시대, 계몽의 세기, 문명과 진보의 새 시대의 새벽에 살고 있다는 것을 믿고 자부했다. 이들은 이성이 일반에 널리 적용될 경우 인위성·속박·부정·불의·미신이 사라지게 될 것이라고 생각했다.

계몽사상가들은 대부분 평민 출신이었다. 이들은 왕이나 귀족계급으로부터 모욕적인 제약과 행패를 당하면서 근대적 시민의식에 눈뜨고 왕권신수설 따위의 비이성·비합리적 도그마에 저항했다.

계몽사상은 우선 영국의 명예혁명 시대에 탄생했다. 명예혁명으로 국왕과 의회의 투쟁에 종지부를 찍었다. 그때 발표된 권리선언은 인민주권 원리를 주장했다. 그 후 계몽사상은 프랑스에 전해져 앙시앙 레짐(구체제)을 비판하는 논거가 되었다. 독일 등 기타 유럽제국에도 널리 퍼졌다. 프랑스에서는 사상운동으로서 전개되었으나 영국에서는 극히 온건한 동향을 보였을 뿐이다. 이것은 상식을 존중하는 영국인의 국민성이라고도 할 수 있으나 한편 차근차근 개혁이 행해 졌기 때문이기도 하다. 즉 영국인은 사회의 모순을 하나하나 정리해 갔으나 프랑스인은 축적해두었다가 혁명에 의해서 처리한 것이다.[6]

계몽사상 연구의 대표작 중의 하나로 알려진 『계몽주의의 기원』 을 쓴 피터 게이는 이 책의 서두에서 "계몽시대의 인간은 대단히 야 심만만한 계획을 바탕으로 뭉쳤다. 그 계획은 세속주의, 인류애, 사 해동포주의, 그리고 자유를 위한 계획이었다. 그 자유란 전제권력 에서 벗어날 자유, 언론의 자유, 통상의 자유, 개인의 재능을 실현 할 자유, 심미적 반응의 자유 등 한마디로 도덕적 인간이 자신의 뜻 대로 세상을 살아갈 자유를 뜻했다"[7]라고 썼다. 계몽사상을 이끈 인 물들이 도덕성과 자유로운 사고를 갖추었다는 것이다.

놀라운 것은 유럽 전 지역에서 거의 동시적으로 나타난 계몽사상 가들은 잘 훈련된 부대도 아니고 엄격한 사상을 가진 학파도 아니 었다는 사실이다. 이들 중에는 무신론자, 유물론자들도 있었지만 대부분 그리스도교 신앙을 갖고 있었다. 급진파는 민주주의 사상을 발전시키는 데 기여했지만, 소수의 보수파는 여전히 왕조의 권위에 충성했다. 특히 프랑스의 계몽주의자들은 가톨릭교회와 국가에 대 항하여 언론의 자유와 인권의 쟁취를 위해 싸우고 '미신'에 대한 논 쟁에 몸을 사리지 않았다.

계몽의 문을 연 지식인들

대표적인 계몽사상가들을 살펴보자.

존 로크(1632~1704)는 영국의 사상가로서 계몽사상의 선구자란 평을 받는다. 휘그당과 관련하여 한때 프랑스와 네덜란드에 망명했다가 명예혁명으로 귀국하여 사회혁명의 이론을 정립하고 저술했다. 그는 정부가 권력을 남용하여 사회계약을 위반했을 때는 인민이 혁명적 수단에 의해 자연권을 되찾을 수 있다는 놀라운 시민저항권 사상을 제시했다. 또 『인간오성론』에서는 경험주의의 입장에서 베이컨의 방법론적 인식론을 존중했다. 사회계약설과 권력분립론을 제창하여 민주주의 이론 발전에 크게 기여했다. 자유주의자로서 국권의 입법권과 행정권의 구별 및 분립의 필요성을 주장했다. 그가 제기한 권력분립론은 나중에 프랑스의 몽테스키외에 의해 3권분립론으로 정리되었다.

권력분립론은 ① 자유주의적 정치조직 원리로서 ② 소극적으로는 권력의 남용과 그 자의적 행사를 방지하고 ③ 국가의 권력 및 그를 행사하는 사람을 회의 또는 비관적으로 봄으로써 국가권력에 대한 불신임을 그 터전으로 하고 있으며 ④ 정치의 중립성 또는 중화성을 주장하고 실현해서 국민의 자유와 권리를 보장코자 하는 원리를 말한다. 근대적인 3권분립체제는 존 로크의 권력분립사상에서 기원한다고 해도 과언이 아닐 것이다.

볼테르(1694~1778)는 18세기 프랑스 최고의 사상가, 시인, 소설가, 극작가, 역사가이다. 파리에서 공증인의 아들로 태어나 예수회 학교에서 공부하고 23세 때 오를레옹공의 섭정을 비판하는 시를 썼다가 바스티유에 투옥되고, 옥중에서 『오이디푸스』를 썼고, 이것이 상연되어 큰 성공을 거두었다. 한 귀족과 싸움으로 부당하게 투옥되었으며 해외 망명을 조건으로 석방되어 영국으로 건너갔다. 3년

간의 망명 생활은 그에게 행운이었다. 영국의 의회정치를 비롯하여 민주주의적인 여러 제도와 풍습·사상·문화에 접촉할 수 있었다. 이때의 견문을 뒷날 귀국하여 『철학서한』으로 정리하여 발표했다.

볼테르는 이 책에서 영국과 대조하면서 절대왕정 치하의 프랑스를 신랄하게 비판하고 풍자했다. 프랑스 정부의 루이 15세는 이 책이 "종교와 도덕에 반하고 기성 권력에 대한 경의를 어기는 창피스러운 작품"이라는 이유로 소각 명령과 함께 체포령을 내렸다. 다시 망명길에 나선 볼테르는 계몽군주라 자부하는 프로이센의 프리드리히 2세의 초청으로 그곳에 갔으나 권력자와 저항 지식인의 관계가 오래갈 리 없었다.

볼테르는 신체적인 안전과 사상의 자유를 찾아 유럽 각지를 전전하다가 겨우 스위스 국경 가까운 페르네에 정착하여 저작 활동을 계속했다. 『캉디드』와 여러 편의 소설을 쓰고 역사 연구서 『루이 14세 시대』와 사론으로 『풍속론』 등을 저술했다. 페르네에 정착한 뒤 생애에서 가장 활동적인 시기를 보냈다. 저명한 문필가와 철학자들과 교제하고, 러시아 황제 예카테리나 2세와도 서신을 교환했다. 각지의 제후·귀족·평민 등 각계각층의 인사들이 그를 찾았다.

볼테르의 소명은 전체주의에 대한 비판과 풍자, 광신, 교회의 불관용, 사회적 편견과 특히 봉건적인 권력과의 투쟁에 있었다. 그는 권력화된 종교의 근원이 무지와 열광, 기만에 있다고 생각하고 교회사를 박해·약탈·모살과 비인도적인 행위가 계속되는 부정(不淨)의 역사로 간주했으며, 마침내 교황을 '두 발 가진 금수'라고까지 비판했다. 가톨릭에 대한 그의 저항은 반봉건 투쟁의 일부를 구성하는 것이고 그만큼 진보적인 모습이었다. 그렇다고 해서 모든 종교에 대해 반대한 것은 아니다.

『루이14세 시대』는 그의 정치사상이 집약된 야심작으로 20년이나 걸려 완성했다. 루이 14세 시대의 정치·경제·문화·예술 등을 살피는 내용이었다. 붓 한 자루로 바스티유 감옥을 깨뜨린 볼테르는 오랜 망명 생활 끝에 귀국하여 1789년 프랑스혁명을 11년 앞두고 조용히 운명했다.

루소(1712~1778)는 어려웠던 가정환경으로 유년 시절부터 오랜 방랑과 정치적인 추방 생활을 거듭했다. 그렇게 개인적인 불우와 자유분방한 정신으로 56년이란 길지도 짧지도 않은 생애를 살았다. 그는 모진 고난 속에서도 거대한 업적을 남긴, 민주주의 역사에 큰 기록을 남긴 인물이다. 1750년 디종아카데미의 현상 논문에 「학예론」이 당선되어 두각을 나타내고, 「인간 불평등 기원론」은 낙선되었다. 이 글은 책으로 출판되어 호평을 받았다.

루소의 대표작인 『사회계약론』은 민주주의와 사회주의사상에 크게 기여한 작품으로, 불가양적이며 불가분의 인민주권론을 제창하면서, 일반의사에 입각한 직접민주주의적 공화제를 제창했다. 자연상태는 사회계약에 의해서 지양되어 공화제에서 자연적 불평등이 윤리적·법률적 평등으로 진화된다는 것이다. 그의 사회계약론은 프랑스혁명에 커다란 영향을 주었다.

루소에게 1762년은 각별한 해였다. 프랑스 정부는 그의 저작 『에밀』을 불온서적으로 판정하여 분서하고 저자에게 체포령을 내렸다. 소식을 듣고 재빨리 스위스로 피신하여 체포를 면했지만 『사회계약론』을 발매 금지 처분시키는 등 탄압이 가중되었다. 영국으로 건너가 『참회록』을 쓰고 유럽 각지를 유랑하다가 정부의 묵인 아래 고국으로 돌아왔다. 프랑스혁명을 11년 앞두고 사망할 때까지 많은 저서를 남겼다.

　루소의 국가론은 사회계약설이었다. 그는 자연적 상태에 대해 홉스와는 달리 모든 사람에 의한 자유롭고 평등한 사회로서 이상화했다. 사람들이 계약을 맺어 국가를 수립하고 지배자를 뽑는 것은 자기의 자유를 보장하는 것이기 때문에 만약 지배자가 전제적 폭군으로 되는 경우에는 인민저항권을 발동하여 타도하는 것이 합리적이라고 지적했다. 또 인민이 국가의 주인이기 때문에 인민의 주권을 박탈하는 것은 불가능하다고 생각했다. 그는 자연상태를, 만인의 만인에 대한 투쟁 상태라고 보았던 홉스와는 달리, 누구나 예속됨 없이 독자성을 갖는 상태로 보았다.

　몽테스키외(1687~1755)는 계몽사상가 중에는 드물게 귀족의 아들로 태어났다. 법률 교육을 받고, 백부의 사망으로 그의 작위와 관직인 최고 사령관직을 물려받았다. 하지만 저작 활동을 위해 기득권을 포기하고 평민 생활로 자족하면서 프랑스를 정치적으로 풍자하는 책 『페르시아의 편지』를 익명으로 출간하여 큰 반향을 일으켰다. 프랑스아카데미 회원으로 추천되었으나 프랑스의 전제정치를 자유주의적 견해에서 비판하는 등 왕권에 대한 도전으로, 루이15세에 의해 거부되었다.

　오스트리아·이탈리아·헝가리·독일·미국 등을 방문하고, 영국에서는 왕립협회 회원으로 선출되기도 했다. 『로마 흥망 원인론』을 썼으며 특히 평생의 연구 결과인 『법의 정신』을 1748년에 출간했다. 이 저작은 법학뿐만 아니라 사회학·정치학·지리학 등의 고전으로 간주되며, 이 밖에도 많은 분야에 걸쳐 훌륭한 저작을 낳았다. 그는 저술에서 입헌정치의 권력분립론과 견제균형이론을 전개했다. 그것은 영국의 헌법제도를 전범으로 삼아 자유를 보장하는 통치기구의 원리였다. 그는 전제정치나 독재는 가차없이 공격하면서, 그런 정치는 반드시 혁명으로 귀결된다고 경고했다. 때문에 그의 저작은 대부분 외국에서 발행하거나 익명으로 출판되었다.

그는 법이 행사되는 방식에 따라서 국가 형태를 전제제, 군주제, 귀족제, 민주제로 구분하고, 민주제가 가장 안전하다고 주장했다. 그는 존 로크가 제기한 권력분립에 사법권을 추가시켜 3권분립이론을 정립했다. 사법권이 입법·행정권을 견제함으로써 법의 무제한적 자의가 제한받아야 한다고 주장했다. 근대의 3권분립 체제는 그의 소산이다.

비코(1668~1744)는 이탈리아의 아소르디티학술원 위원에도 선출된 바 있는 사상가로서 몽테스키외와 동시대인이었으나 자신의 시대는 물론 사후에도 제대로 평가받지 못한 불우한 인물이다. 비코만큼 시대를 앞지른 진보사상을 가진 이도 역사상 드물 것이다. 비코의 천재성에 대해 연구한 뢰비트는 다음과 같이 극찬했다.

> 그것은 비단 헤르더와 헤겔, 딜타이와 슈펭글러의 기본 사상을 앞지른 것일 뿐 아니라 니부르와 몸젠의 로마사, 볼프의 호메로스에 관한 이론, 바호펜의 신화 해석, 그림의 어원론을 통한 고대 생활의 재구성, 자비니의 법제사적 이해, 휴스텔 드 쿨랑주의 고대 도시와 봉건제에 대한 역사적 이해, 마르크스와 소렐의 계급투쟁에 대한 역사적 이해 등과 같은 구체적인 발견을 선행(先行)하는 것이었다.[8]

비코는 역사적 진화 또는 사회적 원리를 3단계 공식으로 설정했다. 즉 모든 민족은 역사상 신의 시대, 영웅의 시대, 인간의 시대에 이르는 세 단계를 연속으로 경험한다는 것이다. 각 단계는 인간 본성을 발전시키며 관습·법·정치 형태·언어와 문자·정신 등 독자적인 특성을 갖는다는 것이다. 그는 이 같은 역사 단계가 반복해서 되풀이된다고 주장한다.

비코는 주저 『새로운 과학』을 비롯하여 몇 가지 저술을 펴냈다. 그런데 존 로크나 루소, 볼테르, 몽테스키외 등과는 달리 이른바 '시민적 군주제'에 대해 평가했다. 정부 형태는 1인 통치를 의미하는 가족적 군주제에서 소수의 지배체제인 영웅적 귀족제를 거쳐, 다수 혹은 전체의 지배를 의미하는 대중적 공화제로 넘어간다. 이러한 대중적 공화제에서는 전체 혹은 다수가 정체(政體)를 구성하고, 마지막으로 다시 1인 통치체제인 시민적 군주제로 되돌아온다는 것이다.

최종적 단계인 '시민적 군주제'가 입헌군주제를 뜻하는 것인지, 시민 참여의 대의제인지는 분명하지 않지만 군주제나 귀족 지배체제를 거부하는 것만은 분명해 보인다. 계몽사상 시대에 과학·역사·철학·기하학·종교학에 이르기까지 각 분야에서 독창성을 발휘했던 비코는 당시대를 앞지른 선행자였다.

'정부 전복
권리'
쟁취한
미국의 독립
전쟁

신대륙 '발견'과 청교도 이주

유럽에서는 자유의 특권을 권력이 부여해왔다. 미국은 권력의 특권
을 자유가 부여하는 본보기를 세웠고, 프랑스가 그것을 본받았다.
이 세계 관례상의 혁명은 세계의 역사에서 가장 영광스러운 시대를
열었고 인류의 행복을 위해 가장 다행스러운 조짐을 보여주었다고
찬양해도 좋을 것이다. —제임스 매디슨, 1792년

크리스토퍼 콜럼버스(1451~1506)는 이탈리아 제노바 출신으로 우
수한 기술을 가진 항해사였다. 그는 대서양을 향해 서쪽으로 가면 끝
내는 아시아로 가는 항로를 발견하고 인도에 도달하리라고 믿었다.

그는 여러 해 동안 스페인·포르트갈·프랑스·영국의 왕들을 방문
하여 서쪽 항로를 통해 동양에 가려는 계획을 설명했으나 아무도 귀
기울이지 않았다. 그러던 중 1492년 1월 스페인의 국왕 페르디난트

와 여왕 이사벨라가 콜럼버스의 계획을 받아주게 되었다. 콜럼버스는 1492년 배 20척, 선원 1500명으로 구성된 선단을 이끌고 8월 3일 스페인을 출발하여 아프리카 서해안 앞바다 카나리아 제도에 기항하고, 9월 6일 이 섬을 출발하여 서쪽으로 항해를 계속, 그해 10월 12일 아메리카 대륙에 도착했다. 그는 1506년 사망할 때까지 이 대륙이 신대륙, 즉 아메리카라는 사실을 몰랐다.

콜럼버스가 신대륙에 도착할 때 이미 그곳에는 1000만 명이 넘는 원주민들이 살고 있었다. 그리고 그보다 앞서 이 대륙에 들어온 유럽인들도 적지 않았다. 그럼에도 콜럼버스가 신대륙을 '발견'한 것처럼 알려진 것은 유럽의 편의주의이거나 제국주의적 시각 때문이다. 어쨌거나 아메리카의 '발견'은 그 자체로서 인류사 대혁명들 중의 하나였다. 그 이유는 다음과 같다.

- 경제의 중심 지역이 지중해에서 대서양으로 옮겨갔다. 이탈리아의 몰락은 대서양 연안국인 포르투갈, 스페인, 영국 그리고 폴란드의 발흥을 낳았다. 스페인이 선두 주자였으나 나중에 폴란드, 영국과의 경쟁에서 패한다.
- 신대륙의 원주민들은 경악스러운 파국을 맞았다. 그들은 유럽의 독감 바이러스에 대해 면역력이 없었으며 대량 학살과 노예 노동을 견디지 못하고 희생되었다. 멕시코가 발견될 당시에 그곳 주민 수는 약 1500만 명이었으나 약 100년 후에는 300만 명으로 줄어들었다.
- 많은 이들이 노예로 전락하는 비극을 낳았다. 유럽인들은 열대기후와 플랜테이션(plantation: 주로 열대·아열대 지역에서 중앙의 지시에 따라 숙련되지 못하거나 반숙련된 노동력으로 농사를 짓는 농장) 노동을 견딜 수 있는 흑인들

을 아프리카에서 잡아와 노예로 팔았다.

- 1545년에는 볼리비아의 포토시 은광이 개발되기 시작했고 이때 부터 해마다 은을 잔뜩 실은 선박들이 대서양을 건넜다. 귀금속 탐사는 점점 더 많은 정복자들의 환상에 불을 지폈고, 스페인 은(銀) 선박들은 영국 해적들의 수입원이 되었다. 장기적으로 이른바 삼각무역이 자리 잡았다.

- 아메리카의 발견과 인도 및 동아시아의 편입과 더불어 단일한 세계경제 시스템이 생겨났으며 이에 따라 노동이 분화되었다. 중심지역에 각종 산업이 발달하고 임금노동이 생겼으며 주변부(동유럽과 식민지)에는 단일 농업과 플랜테이션 경제 및 인신 소유제도와 노예제도가 생겼다.

- 군사적 우위에 바탕한 전 세계의 유럽화가 진행되었다. 식민지시대가 열린 것이다. 고대 이후 노예제도의 새로운 시대가 시작되었다.[9]

신대륙의 '발견'은 이외에도 많은 변화를 가져왔다. 어쩌면 보다 중요한 것은, 거대한 아메리카 대륙에 청교도주의(Puritanism)가 자리 잡게 되고, 이를 바탕으로 "인민에 의한, 인민을 위한, 인민의 정부" 즉 공화제 정부 수립의 계기가 되었다는 사실일 것이다.

영국에서 칼뱅주의의 흐름을 이어받은 청교도주의는 1559년 엘리자베스 1세의 통일론에 순응하지 않고 칼뱅주의에 투철한 개혁을 주장했다. 영국 국교회 내에 존재하는 가톨릭적인 제도·예식 일체를 배척하고 엄격한 도덕, 일요일의 신성화 엄수, 향락의 금지를 주창했다. 이들은 초기 기독교 교회의 본원적인 순수성과 단순성을 실천하면서 엄격한 도덕적·기독교적 생활에 열중했다. 제임스 1세,

찰스 1세 시대에는 박해를 받고 네덜란드 등 기타 지역으로 피했다. 그중 일부가 메이플라워호를 타고 신대륙으로 건너갔다.

청교도(그들은 스스로 '성자들saints'이라 불렀다)들은 일반인 66명과 함께 108톤의 범선 메이플라워호를 타고 50일 만에 1620년 11월 9일 신대륙에 도착했다. 이들은 선상에서 '시민적 정치단체'(a civil body politic)의 결성을 약속하는 서약서를 썼다. 이 문서에는 41명의 성년 남자 이민자들이 서명했다.

> 신의 이름으로, 아멘. 그 이름들이 아래 쓰여 있는 우리들, 신의 은총에 의하여 대영국과 프랑스와 아일랜드의 경의로운 최고 통치자인 국왕이요 신앙의 옹호자인 제임스의 충성스러운 신하들은 신의 영광과 그리스도교 신앙의 증진 그리고 우리들의 국왕 및 조국의 명예를 위해 버지니아의 북부 지방에서 최초의 식민지를 건설하려고 항해를 시도했던바, 본 증서를 통하여 보다 더 바람직한 질서 수립과 보존, 그리고 전술된 목적들의 촉진을 위해 엄숙하게 상호간의 신과 서로의 면전에서 계약을 체결하고 식민지 정치단체로 결속한다. 그리하여 이에 바탕하여 식민지의 일방적 복지를 위해 가장 적합하고 적절하다고 생각되는 정의롭고 공평한 법률과 법령과 결정 그리고 관직을 수시로 제정하고 구성하고 조직하기로 한다. 그것을 입증하기 위해 최고 통치자 제임스 왕의 잉글랜드와 프랑스와 아일랜드에서의 치세 18년 그리고 스코틀랜드에서의 치세 54년, 기원 1620년 11월 11일 코드 곶에서 우리들의 이름을 여기 명기한다.[10]

이 서약에서 보듯이 초기 신대륙으로 이민한 청교도들은 자기들의 조국과 왕에 대한 충성을 다짐하면서 식민지 건설을 목표로 했다. 다만 자유로운 신앙과 정의롭고 공평한 법, 관직을 만들 것을 약속했다.

영국의 가혹한 조세에 저항

유럽 각국 정부는 신대륙을 식민 기업자의 손에 맡기고 난민을 가장 유리한 방법으로 신대륙에 보냈다. 흑인 노예는 1619년부터 이주되기 시작하여 1690년 이후 그 수가 급증했으며 이들 노동력은 식민지 아메리카농업의 근간이 되었다.

신대륙은 구대륙인 유럽 사회의 봉건적 압박을 피하여 신천지를 찾아서 이주한 사람들이 중심이 되면서, 인종·문화·종교 등이 혼합되고 세습적인 신분계급 또는 낡은 전통을 무시하며 성장하는 나라가 되었다. 처음 이 땅에 이주한 사람들은 풍요한 자연을 개간하고 서부개척에 나서면서 광대한 새 대륙에 새 삶의 터전을 일구었다. 이런 과정에서 수많은 원주민들이 학살되고 출신국이 다른 이민자들 사이에 분쟁이 따랐다. 신대륙 개척의 주류 세력이 간직했던 청교도적인 정신은 미국의 독립정신과 전통을 형성하는 데에 큰 영향을 미쳤다. 즉 이것은 변경(邊境)이라 불리는 개척의 최전선 지대 사회에서 찾아볼 수 있는 독립정신으로, 그들이 형성하는 소박하고 평등한 민주공동체가 신생 독립국가의 정신적·사상적 기저가 되었다. 청교도사상은 개인 존엄성의 존중과 개인의 사회에 대한 책임관념을 높였는데, 이것은 합의정치의 원리로 발전하고 민주정치 이념의 근저를 이루었다.

영국 정부는 신대륙을 자신들의 새로운 식민지로 통치했다. 1764년 영국 왕은 '선언령'을 내려 13개의 식민지와 주변의 광대한 서부의 영토 사이에 선을 그어 식민지인의 서부 진출을 저지했고, 서부를 영국이 독점하는 '퀘벡법(Quebec Act)'을 제정했다. 식민지 주민들을 분노하게 한 조처였다. 또한 영국 국내법을 적용하여 각종 세금을 부과하기 시작했다. 특히 1763년 프렌치 인디언 전쟁(French and Indian War)에 승리하여 프랑스 세력을 몰아내자 방위비의 일부를 식민지에 부담시키기 위해 1765년 인지세법을 제정했다. 신문을 비롯하여 모든 서류에 인지를 첨부하도록 한 이 법률이 영국의회에서 통과되었다는 소식이 전해지자 식민지인들은 맹렬한 반대운동을 전개했다.

인지 판매인 습격을 비롯하여 영국인에 대한 테러가 발생하는 등 식민지인들의 분노는 갈수록 증폭되었다. 영국의 식민지배를 배척하는 독립의지의 발로였다. 식민지인들은 매사추세츠 식민지의 동의에 따라, 9개 식민지 28명의 대표가 뉴욕에 모여 인지세에 반대하는 결의문을 통과시켰다. 결의문은 주민의 동의가 없으면 세금을 부여할 수 없다는 내용이 담겼다. 그리고 인지세 거부 투쟁을 전개하여 마침내 1766년 인지세법을 폐지시켰다.

영국은 인지세를 폐지한 뒤 1767년 새로 타운센드법(Townshend Acts)을 제정하여 식민지의 무역을 규제하려 들었다. 그러나 이 법 또한 거센 저항에 밀려 폐기하고 대신 식민지에 대한 과세권의 상징으로서 차(茶)에 대한 세법만을 남겨 놓았다. 당시 영국의 동인도회사는 막대한 양의 차를 보유하고 있었다. 영국 정부는 차에 대한 세법을 근거로 동인도회사에 독점 판매권을 주었다. 이것이 화근이 되었다.

1773년 12월 16일 보스턴에서는 인디언을 가장한 '자유의 아들회' 회원들이 항구에 정박 중인 동인도회사의 선박을 습격하여 그

배에 적재한 차를 모두 바다에 던져버렸다. 이른바 '보스턴 차 폭동 사건'이다. 이 사건과 관련해 영국 정부가 보스턴과 매사추세츠에 '불관용의 법률'을 제정하여 탄압하자 식민지 단체들은 영국 상품에 대한 불매운동을 벌이며 저항했고, 식민지 각 주에서는 식민지 회의를 소집하여 영국에 조직적으로 대항하기로 했다. 13개 식민지 주 가운데 1개 주를 제외한 12개 주 55명의 대표가 이 해 9월 필라델피아에 모였다. '제1회 대륙회의'는 10월 14일 10개항의 결의를 선언했다. 1, 2, 9 조항은 다음과 같다.

1. 식민지의 주민은 생명·자유·재산을 향유할 권리가 있으며, 이들은 어떠한 주권적 권력에게도 그들의 동의 없이 상기 권리의 어느 하나든 양도할 일이 전혀 없다.
2. 식민지에 이주한 우리들의 조상은 모국으로부터 이주할 때 영국 영역 내에서 태어난 자유로운 신민이 갖는 모든 권리·자유·특권을 누릴 자격을 갖고 있다.
9. 평화 시에 군대를 식민지에 주둔시키는 일은 해당 식민지의 동의를 받지 않으면 법률에 위배된다.

"자유 아니면 죽음을 달라"

1773년을 전후하여 영국과 식민지 주민들 사이에는 점차 긴장이 고조되었다. 1774년 식민지 통상위원회가 소집되어 영국과 통상 단절 동맹을 조직하고, 1775년 4월 19일 렉싱턴과 콩코드에서 식민지 의용군과 영국군 사이에 충돌이 일어났다. 드디어 독립혁명전쟁이 발발했다. 보스턴 영국군 사령관이 콩코드의 병기창고를 점령하고 분견대를 파견한 데서 싸움은 비롯되었다. 영국은 즉각 '반란'으로 규정하고 구대륙의 용병을 파견하는 등 진압에 나섰다.

버지니아 주 하원의원 패트릭 헨리가 "나에게 자유를 달라. 그렇지 않으면 죽음을 달라"는 선동적인 연설(1775년 3월 20일)을 하면서, 식민지 지도자들의 항전이 계속되고 식민지 연합의회가 조지 워싱턴을 갓 결성된 의용군 총사령관으로 임명(6월 15일)하면서 독립전쟁이 본격화되었다.

아메리카의 봉기는 독립전쟁인 동시에 혁명이었다. 영국에 대항한 자유의 외침은 식민지 내에서도 반향을 일으켰다. '독립선언서'는 대영제국으로부터 분리를 선언하는 이상의 것이었고, 기존 권위에 대한 반란의 정당화였다.[11]

전쟁이 한창 진행 중이던 1776년 6월 12일 버지니아주 의회는 조지 메이슨이 초안하고 패트릭 헨리가 신앙의 자유에 관한 조항을 추가한 '버지니아 권리장전'을 통과시켰다. 현대적 의미의 민주주의 사상과 인권의 장전으로 일컫는 '장전'의 16개 조항 가운데 앞의 4개 조항은 다음과 같다.

1. 모든 인간은 날 때부터 동등하게 자유롭고 독립적이며 생득적 여러 권리를 가진다. 이 중에서 재산을 획득하고 소유하며 행복·안전을 추구하고 자유를 향유할 여러 권리는 비록 인간이 사회조직 속에 놓인다 해도 어떤 계약으로도 빼앗기거나 박탈당하지 아니한다.

2. 모든 권력은 인민에게 귀속되며 따라서 국민으로부터 나온다. 그러므로 관리는 국민의 위탁자요 봉사자이며, 항상 국민에게 순종해야 한다.

3. 정부는 국민·국가 또는 공동체의 공동이익과 보호·안전을 위해 존재하며, 또 마땅히 그래야 한다. 또 정부의 여러 유형과 형태 중에서 최대의 행복과 안전을 제공하고 악정의 위험에 가장 효과적으로 대응할 수 있는 정부가 최선의 정부이다. 그리고 국민은 과반수의 찬성과 공공이익의 달성에 최선이라고 판단되는 방법에 따라 그 정부를 개혁·변경 또는 폐지할 권리를 가지며, 이 권리는 의심의 여지 없이 확실하고 결코 빼앗길 수 없으며, 또 파기될 수도 없다.

4. 어떤 개인이나 특정 집단은 공공봉사의 이유에서가 아니면 특례적이고 개별적인 이득이나 특권을 누릴 수 없다. 이 이득과 특권은 대를 물릴 수 없으며, 행정관리·입법관·재판관의 관직도 세습될 수 없다.

이 권리장전의 역사적 의의는 다음과 같이 요약된다.

1. 당시의 식민지 중에서 가장 강력했던 버지니아가 최초로 권리장전을 채택함으로써 여타 식민지들로 하여금 영국에 대한 지금까지의 소극적 저항을 벗어던지게 하는 데 지도적 역할을 하는 계기가 되었고,

2. 사상적으로 존 로크의 영향을 받은 것이 분명한 이 권리장전은 국민을 모든 권력의 원천으로 보고, 여기에 입각하여 자유시민의 제 권리를 주장함으로써, 이로부터 약 3주 뒤에 대륙회의가 채택하게 되는 독립선언서의 문구상의 유사성이 말해주듯이 미국 독립혁명의 이념적 바탕을 제공하는 데 기여했고, 같은 맥락에서 뒷날 프랑스혁명에도 이념적 차원에서 큰 영향을 미쳤던 것이다.[12]

'정부 전복 권리' 쟁취 선언

1776년 6월 7일 버지니아 식민지의 대표 리처드 헨리 리는 대륙회의에서 독립을 선언할 것을 동의하고, 이에 따라 6월 10일 독립선언을 준비할 5인 위원회가 조직되었다. 위원의 한 사람인 토머스 제퍼슨이 초안한 독립선언서(United States Declaration of Independence)는 프랭클린과 애덤스가 보충하고 대륙회의에서 심의과정을 거쳐 7월 4일 채택되었다. 다음은 서두 부분이다.

> 인류의 역사에서 한 민족이 다른 한 민족과의 정치적 결합을 해체하고 세계의 여러 나라 사이에서 자연법과 자연의 신의 법이 부여한 독립·평등의 지위를 차지하는 것이 필요하게 되었을 때, 인류의 신념에 대한 엄정한 고려는 우리로 하여금 독립을 요청하는 여러 원인을 선언하지 않을 수 없게 한다.
> 우리들은 다음과 같은 것을 자명한 진리라고 생각한다. 즉 모든 사람은 평등하게 태어났으며, 창조주는 몇 개의 양도할 수 없는 권리를 부여했으며 그 권리 중에는 생명과 자유와 행복의 추구가 있다. 이 권리를 확보하기 위해 인류는 정부를 조직했으며, 이 정부의 정당한 권력은 인민의 동의로부터 유래하고 있는 것이다. 또 어떠한 형태의 정부이든 이러한 목적을 파괴할 때에는 언제든지 정부를 변혁 내지 폐지하여 인민의 안전과 행복을 가장 효과적으로 가져올 수 있는 새로운 정부를 조직하는 것은 인민의 권리인 것이다.

미국의 독립선언서는 인류 역사상 처음으로 인민의 '양도할 수 없는' 권리, 즉 정부 권력의 '인민 동의'와 인민의 '정부 전복 권리'를 천명한 것이다. '독립전쟁인 동시에 혁명'인 미국의 독립선언은 영국으로부터의 해방과 더불어 군주제에서 공화제로 전환한 '민주적 정치혁명'이라는 사회혁명 또는 시민혁명적인 요소가 있다. 이는 프랑스혁명, 산업혁명 등과 함께 사상적·이념적인 진보를 불러와 프랑스와 아메리카에 새로운 공화제 정부체제를 수립했다. 또한 전 세계적으로 정치적 기구 및 경제·사회·문화적 대변혁을 불러왔다.

그러나 미국의 독립이 긍정적인 요인만 있었던 것은 아니다. 남부에서는 1850년까지 주민의 3분의 1이 노예일 정도로 아프리카 등지에서 흑인들이 노예로 끌려 왔고, 수많은 원주민 인디언들을 학살했다. 아메리카는 거대 국가로 발전하면서 하나의 '제국'이자 패권 국가가 되었다. 건국이념이었던 청교도주의는 사라지고 지금은 군산복합체의 군사대국을 유지하고 있다.

미국 독립전쟁에 결정적인 기여를 하고 미합중국 건국 대통령에 취임한 조지 워싱턴은 3선에 대한 권유, 황제 등극에 대한 주변의 유혹을 물리치고 두 번의 임기를 마친 뒤 고향 마운트 버넌으로 은퇴하여 여생을 마쳤다. 미국 민주주의의 전통을 세운 것이다.

"이 위대한 사람을 기립니다. 전쟁에서도 최고, 평화에서도 최고, 이 나라 국민 속에서도 최고입니다."[13] 장군과 정치가로 조지 워싱턴을 도운 헨리 리는 1799년 워싱턴에 대한 짧지만 너무나 함축적인 추도사를 남겼다.

미국 독립에는 의용군만 참여한 게 아니었다. 토머스 페인이 제작한 팸플릿 〈상식〉이 몇 주 만에 15만 부가 팔려나갈 만큼 민간인들의 독립운동이 치열했다. 페인은 "여태까지 살았던 모든 왕관을 쓴 불한당보다 정직한 한 사람이 사회에 더 가치 있고, 신이 보기에도 그러하다"[14]라고 써서 시민들의 독립정신에 불을 붙였다.

'새 인간'
탄생의
계기 된
프랑스혁명

전형적인 혁명의 모델이 되다

프랑스혁명은 현대 세계의 운명에 헤아릴 수 없는 많은 영향을 끼쳤
다. 모든 분야에서 혁명은 낡은 세계를 바꾸었고 계속되는 승리 뒤
에, 마침내 유럽이 인정하게끔 되었다. 혁명은 앙시앙 레짐이 빚은
귀족계급의 통치에 마침표를 찍고, 부르주아지의 지배를 완성했다.
그와 동시에, 그 일은 또한 18세기의 합리주의 철학의 업적에다 승
리의 영광을 안기게 했다.[15]

인류의 역사상 수많은 혁명, 쿠데타, 반란, 변혁, 반정, 정변이 있
었지만 가장 크고 많은 변화를 이룩한 것은 1789년 프랑스혁명이
다. 이 혁명을 두고 '대혁명'이라고 부르는 것은 이 같은 의미에서
다. 현재 미국·서유럽 중심의 민주주의 진영은 자유, 러시아·중국
등 사회주의 진영은 평등, 북유럽은 복지(박애)에 중점을 두고 있지

만 이는 모두 대혁명의 3대 목표였다. 당시의 가치가 현재진행형인 것이다. 인류는 가능한 미래 역시 자유·평등·복지의 가치에서 크게 벗어나기 어려울 터이다.

국제적인 프랑스혁명사 연구가 미셸 보벨 파리대학 교수는 프랑스혁명의 가장 큰 가치로 "새로운 인간성의 탄생"을 꼽았다.

> 프랑스 혁명이 오늘의 인간에게 의미하는 바는, 정치제도만이 아니라 사회의 전반적인 구조를 변혁시키려는 의지적 시도였다는 것입니다. 그 점에서 혁명은 진실로 위대한 최초의 실험이었습니다. 이런 뜻에서 그것은 대혁명 이전의 혁명들과 다르고 자발적이거나 비조직적인 민중운동과도 다릅니다.[16]

흔히 프랑스혁명은 반봉건적이고 반귀족적인 부르주아혁명으로 평가된다.

> 대부분의 혁명사가들은 그가 자유주의자든, 공화주의자든 또는 사회주의자든 마르크스주의자든, 프랑스혁명이 유럽의 근대사회 형성 과정에서 발생한 여러 혁명 가운데 가장 전형적인 '부르주아혁명'이었다는 데 의견의 일치를 보고 있으며, 따라서 이 견해를 프랑스혁명의 기본적인 성격에 관한 '정통적인 해석'이라고 해도 무방할 것이다.[17]

프랑스혁명을 또한 '전형적인 혁명'이라고 부른다. 이유는 유사한 종류의 혁명 즉 영국혁명(1640~1660), 미국 독립혁명(1775~1783), 독일혁명(1848) 등에 비해서 프랑스혁명이 '혁명투쟁의 수행 방식'에 있어서 가장 철저했기 때문이었다. 또한 정치 형태나 지배자(세력)를 바꾸는 데 만족하지 않았고 제도를 바꾸고 재산의 위치를 바꾸었으며, 무엇보다 사람들의 의식 즉, 지배와 피지배의 주종관계를 파괴하는 의식의 변화가 있었다. 프랑스혁명이 인류 역사 안에서 '제1급의 자리'를 차지하게 된 이유를 프랑스혁명사 연구가 알베르 소부울의 분석을 통해 알아본다.

> 프랑스혁명은 자유를 위한 혁명이다. 프랑스혁명은 그 사업에 보편적인 성격을 부여할 수가 있었다. 프랑스혁명은 공화국을 선포하는 것에 만족하지 않고, 보통선거제를 시작했다. 이 혁명은 백인을 해방시키는 것으로 만족하지 않고, 노예제도를 폐지했다. 이 혁명은 또한 신교의 자유로 만족하지 않고 사상의 자유를 찬양했다.
> 프랑스혁명은 평등을 위한 혁명이었다. 부르주아지는 귀족의 저항 때문에, 평등을 전면에 내세우지 않을 수 없었다. 이렇게 해서 부르주아지는 인민을 제 편으로 삼고, 승리할 수가 있었던 것이다. 참다운 혁명가들에게는 자유와 평등은 빼놓을 수 없는 주장이었다. 왜냐하면 평등이 없으면 자유는 소수 사람들의 특권에 지나지 않기 때문이다. 프랑스혁명은 경제적 자유를 선언하고, 농지제도를 폐지하고, 토지를 해방함으로써 자본주의에 이르는 길을 열었고, 인간에 의한 인간의 새로운 착취제도의 창설을 도왔다.[18]

역사상의 모든 혁명이 그러하듯이 프랑스혁명 역시 여러 가지 원인과 역전의 과정이 있었다. 프랑스에서는 절대왕정과 봉건체제에 맞서 사회구조를 개혁하려는 일군의 이성적인 계몽주의 지식인들과 근세 상공업의 발전으로 경제력을 갖춘 도시민과 농민들이 있었다. 이들은 진보적 평민 계층으로 성장했지만, 정치적으로는 여전히 귀족·성직자 등 기득세력으로부터 차별대우를 받고, 조세와 부역의 대상일 뿐이었다.

제3신분 계층, 정치 주역으로 등장

이들에겐 국가나 귀족·교회로부터 과중한 세금이 부과되어 생활이 나아지지 않았다. 당시 프랑스에서는 성직자는 1신분, 귀족은 2신분이라 했는데, 이들은 파리와 지방에 할거하면서 관직을 독차지하고 온갖 특권을 행사했다. 그 재원은 고스란히 제3신분인 농민과 도시의 상공업자에게 떠넘겨졌다.

프랑스의 제3계급은 유럽 어느 나라의 국민보다 문화·교양 수준이 높았다. 따라서 지극히 진보적이었다. 볼테르·루소·디드로 등 진보적인 지식인들의 저서를 읽고, 도시마다 생겨난 살롱에 출입하면서 철학과 사상에 관한 담론을 즐겼다. 이 같은 풍토는 도시 상공업자들과 농민들에게도 전파되었다.

계몽주의자들은 앙시앙 레짐(구체제)을 타파하고 새로운 사회를 건설하려는 열정에 불탔다. 이들 중에는 변호사·문필가로 진출하여 사회정의 구현의 기수 역할을 한 사람이 많았다. 하급 성직자들은 농촌으로 들어가 농민들을 계몽했다. 절대왕정과 부패한 기득층에 반발하는, 진보적인 평민계층이 맹렬하게 성장하면서 앙시앙 레짐에 대한 거부 운동이 나타났다.

프랑스혁명이 발발하게 된 원인 중 하나는 미국 독립전쟁에 들인 막대한 전비였다. 3년치 국가 예산에 해당하는 (그렇지 않아도 프랑스는 궁중의 낭비, 무계획한 경제 정책, 수차에 걸친 대외 전쟁으로 국력이 크게 피폐해진 상태였다) 20억 리브르는 정부의 재정 부담을 크게 가중시켰다. 루이 16세 정부는 재정 문제를 해결하기 위해 면세 특권을 누리는 귀족과 성직자들에게 과세를 하고자 했다.

오랫동안 특권과 특혜를 누려온 귀족과 성직자들은 제3신분회의 소집을 요구하고 나섰다. 제3신분을 자기들의 편으로 끌어들이기 위해서였다. 프랑스혁명을 부르주아혁명이라 한 것은 귀족 계층이 왕정에 반발하면서 혁명이 시작되었기 때문이다. 국왕 측도 제3신분을 끌어들이기 위해 이에 동의하면서 그동안 수탈의 대상에 불과했던 제3신분이 갑자기 정치의 주역으로 바뀌게 되었다. 1789년 5월 5일 개최된 제3신분회는 175년 만에 열렸다. 프랑스에서는 중세기부터 승려부·귀족부·평민부의 삼부회가 조직되었으나 지배세력은 그동안 한 번도 제3신분회를 열지 않았다. 이들의 권리행사를 차단시키면서 자신들의 권익을 유지하려는 이유에서였다. 그 사이 경제적·의식적으로 크게 성장한 제3신분회는 옛날의 피지배계층이 아니었다.

당시 삼부회의원은 제1신분 294명, 제2신분 270명, 제3신분 578명이었으나 제3신분의 투표권을 크게 제약하려고 했다. 이에 제3신분은 신분과 관계없이 1표씩의 권리 행사를 주장하고, 제2신분의 면세특권 철폐, 명문헌법 제정, 정당한 재판, 생명권 보호 등 사회개혁을 요구했다.

국왕 측은 귀족과 성직자들로부터 세금을 걷기 위해, 제2신분 측은 국왕을 견제하고자 이들을 활용하려 했지만, 결과적으로 제3신분은 이를 지배구조를 뒤엎는 혁명의 기회로 활용했다. 이로써 앙시앙 레짐을 타도하고 모든 계층이 참여하는 정치조직과 평등사회를 일구고자 하는 공화주의사상이 싹트게 되었다.

평민부의원들은 자신의 주장이 관철될 가망이 없어 보이자 따로 모여, 자신들이 도시민과 농민을 대표하는 진정한 국민의 대표라 주장하고, 7월 9일 그들만의 의회 즉 제헌 국민의회를 조직했다. 그리고 국왕과 제2신분 측에 대항했다. 진보성향의 귀족·성직자들도 참여했다. 루이 16세가 국민의회의 즉각 해산을 명했으나 국민의회는 이를 거부하고 헌법을 제정할 때까지는 해산하지 않을 것임을 천명했다. 국민의회가 국왕의 명령을 거부하고 활동을 계속해도 처벌을 못하면서 국왕이나 정부, 제2신분의 권위는 크게 상실되고, 그 결과 사회질서가 문란해졌다.

국민의회가 프랑스에 헌법이 제정될 때까지 해산하지 않을 것을 선언하면서 내세운 결의사항은 다음과 같다.

1. 정부와 국민회의 간에는 어떠한 거부권도 없다.
2. 국민의회를 부정하는 행정권력은 없다.
3. 국민의회가 승인하지 않은 조세 징수는 불법이다.
4. 어떠한 신세(新稅)라도 국민의회가 승인하지 않는 것은 불법이다. 단 현재의 조세는 불법이지만 국민의회가 해산될 때까지 일시적 합법성을 갖는다.
5. 국민의회는 왕과 협력하여 왕국의 재생 원칙을 정하고 공채의 점검과 장기공채의 차환(借換)에 종사하고 이후 국가의 채권자에 명예를 부여하고 프랑스 국민의 신의로써 그들을 보호할 것이다.[19]

혁명의 주체는 제3신분이었다. 시어스 신부는 당시 〈제3신분이란 무엇인가?〉라는 팸플릿을 발간하여 시민혁명에 불을 붙였다.

제3계급은 모든 국민이다.

제3계급이 없이는 어떠한 진보도 있을 수 없다.

제3계급은 모든 것이다.

제3계급은 속박당하고 억압당한 모든 것이다.

제3계급은 무엇인가? 모든 것이다. 그러나 자유롭고 번영하는 모든 것이다.[20]

바스티유 함락, 혁명은 민중의 손으로

사태의 심각성을 깨달은 국왕이 파리에 군대를 동원하자, 7월 14일 파리의 민중은 전제정치의 상징인 바스티유 감옥으로 몰려가 수비하던 군인들을 죽이고 성을 함락했다. 민중이 바스티유를 첫 공격의 대상으로 삼은 것은, 이 성안에 억울한 정치범이 수감된 것으로 알려지고, 이곳에 무기와 탄약이 있다는 정보 때문이었다. 바스티유의 함락은 거대한 프랑스혁명의 불길이 되었다. 의회를 중심으로 부르주아들이 주도하던 이제까지의 흐름과는 달리 민중들이 정치에 참여하면서 혁명이 새로운 양상을 띠게 되었다. 혁명은 위로부터 시작되었으나 아래로부터의 압력으로 확산되었다. 바스티유가 함락된 다음날에도 루이 16세는 이 사건을 '폭동' 정도로 인식했다. 리앙쿠르 공작이 "폐하, 이것은 폭동이 아니라 혁명입니다"라고 정정해준 얘기는 유명하다.

바스티유 감옥을 함락한 시민들은 의회의 승인 아래 파리 자치정부를 수립하고 국민군을 편성하기에 이르렀다. 파리의 소식은 즉각 농촌으로 전파되어 농민혁명으로 확산되었다. 지방도시 시민들도 자치제를 실시하면서 거듭된 흉작과, 무거운 조세 부담으로부터의

해방을 부르짖으며 영주들을 습격하여 봉건 문서를 불태웠다. 혁명은 점차 부르주아지에서 도시 하층민·지방민·농민 등 다양한 계층으로 확산되어 국민혁명의 성격을 갖게 되고 차츰 급진성을 띠게 되었다.

국민의회는 8월 26일 "인간의 권리에 대한 무지, 망각 또는 멸시를 공공의 불행과 정부 부패의 유일한 원인으로 간주하고 인간의 자연적이고 양도할 수 없는 신성한 여러 권리를 엄숙히 선언할 것"을 결의하면서 '인간과 시민의 권리선언'을 발표했다.

이 권리선언은 제정의 목적과 이유를 밝히는 전문과 17개조의 본문으로 구성되었다. 2년 뒤에 제정된 헌법의 일부가 된, 그리고 근대 민주정치와 사회 형태에 관한 중요한 명제를 정한 본문의 몇 조항은 다음과 같다.

제1조: 인간은 권리에 있어 자유롭고 평등하게 태어나 생존한다. 사회적인 차별은 공동의 이익을 위해서만 가능하다.

제2조: 모든 정치적 결사의 목적은 인간의 자연적이고 시효로 소멸되지 않는 권리를 보전함에 있다. 그 권리란 자유·재산·안전 그리고 압제에 대한 저항이다.

제3조: 모든 주권의 연원은 본래 국민에게 있다. 어떤 단체나 어떤 개인도 명시적으로 국민에게서 유래하지 않는 권력을 행사할 수 없다.

제4조: 자유란 타인을 해하지 않는 모든 것을 할 수 있는 것이다. 따라서 각자의 자연권의 행사는 사회의 다른 구성원에게 같은 권리의 향유를 확보하는 것 이외에는 한계를 가지지 않는다. 이 한계는 법률로써만 정할 수 있다.

제5조: 법률은 사회에 유해한 행위만 금지시킬 수 있다. 법률에 의

해 금지되지 않은 것은 어떤 것이라도 방해받지 않으며 또 누구도 법률이 명하지 않는 것을 하도록 강제될 수 없다.

제7조: 법률이 정하는 경우와 형식에 의하지 아니하고는 소추·체포·구금되지 않는 것의 보장, 자의적인 명령을 강요하거나 집행하거나 또는 집행시키는 것의 금지, 법률이 정하는 절차에 의한 소환·체포에 복종해야 할 의무.

제10조: 종교를 포함하여 의사 표명의 자유 보장.

제11조: 사상과 의사 전달의 자유, 언론·출판의 자유 보장.

제14조: 모든 시민은 스스로 또는 그 대표를 통하여 공공의 조세 필요성을 확인하여 그것을 자유롭게 승인하며 그 사용처를 추적하고 또 그 액수·기준·징수와 기간을 정할 권리를 갖는다.

제17조: 재산권은 불가침이고 신성한 권리이기 때문에 어느 누구도 적법하게 확인된 공공의 필요가 명백하게 요구되고 또 정당한 사전 보상이라고 하는 조건하에서가 아니면 그 권리는 박탈당하지 않는다.[21]

권리선언이 채택되고 국민 대다수가 지지를 보냈으나 루이 16세는 한동안 수락을 거부했다. 하지만 파리 시민들이 베르사유 궁전으로 몰려가 왕을 파리로 데려오자 마지못해 이를 수락했다. 이로써 국왕은 파리 시민들의 감시하에 놓이게 되었다.

국왕과 왕비 처형, 극단으로 치달은 혁명

프랑스혁명은 급속도로 진행되었다. 국왕이 시민들의 수중에 들어오면서 파리시 자치위원회는 파리시의 공식 통치기구로 인정되고 국왕도 이를 인정했다. 4만 8000명의 민병대를 조직하여, 사령관에는 미국 독립전쟁에 참전했던 라파예트 장군이 임명되었다. 국민의회는 파리시를 상징하는 적색과 청색에, 부르봉 왕가를 상징하는 백색이 더해진 삼색의 혁명기를 만들고, 시민들은 이 삼색기를 휘날리며 혁명 대열에 참가했다.

삼부회의가 소집된 지 3개월여 만에 국가의 권력이 국왕으로부터 시민의 손으로 넘어왔다. 국민의회는 헌법제정을 서두르는 한편, 권리선언에 나타난 여러 가지 개혁에 착수했다. 혁명이 진행되면서 프랑스에는 전국적으로 4만 4000개의 코뮌과 각종 클럽이 설립되었다. 제헌동지회, 자유와 평등의 벗 협회, 대중협회, 촌락협회, 여성협회, 청소년협회 등이 결성되어 자치를 유지했다.

헌법 제정 과정은 순탄하지 않았다. 국민의회 내부에는 국왕을 지지하는 왕당파로부터 로베스피에르의 극단적인 과격파에 이르기까지 다양한 정치적 세력이 부딪히고 분파 활동이 심화되었다. 우여곡절 끝에 1791년 권력 분립에 입각한 입헌군주제를 규정하는 헌법이 제정되었지만, 일정한 재산을 가진 시민들에게만 참정권이 부여되었다. 도시의 영세민과 저소득 농민들은 혁명의 과정에서도 주권자의 신분을 얻지 못했다.

루이 16세는 새 헌법이 명시한 입헌군주제를 받아들이려 하지 않았다. 그리고 외국의 왕정들과 비밀 서신을 주고받았다. 1891년 7월 20일 국왕이 외국으로 탈출하다가 발각되어 파리로 끌려왔다. 이 사건으로 시민들의 분노는 걷잡을 수 없이 커지고 혁명은 점차 과격해졌다.

1792년 국민의회 의원 선거에서 지롱드당과 자코뱅당이 다수를 차지했다. 지롱드당은 농민세력에 기반을 두고 자코뱅당은 파리의 무산대중의 지지를 받았다. 자코뱅당은 과격한 노선을 택하고, 1793년 1월 21일 단두대에서 루이 16세와 마리 앙트와네트 왕비를 처형했다. 국왕의 처형은 유럽 여러 나라 군주들에게 충격과 공포를 주었다. 언제 자기 나라에 혁명의 불길이 번질지 모른다는 불안감에 군주들은 전쟁을 준비했다. 이런 상황에서 1792년 4월 20일 프랑스가 오스트리아·프로이센 동맹군에 선전포고를 하면서 유럽은 전란에 휩싸였다.

혁명은 제3신분회 소집으로부터 나폴레옹의 쿠데타로 끝나는 10년 동안에 전제군주제-입헌군주제-온건 공화제-민중 공화제-온건 공화제로 이어졌다. 1793년 12월 혁명정부를 조직한 로베스피에르는 비상 독재체제를 선포하고 공포정치를 실시했다. 지롱드파에 속한 사람들이 무자비하게 숙청되었다.

프랑스혁명은 어느새 '혁명성'을 상실한 채 권력투쟁과 보복으로 피의 살육전이 전개되었으며 대외 전쟁으로 비화되었다. 그리고 전쟁의 영웅 보나파르트 나폴레옹이 1799년 황제에 등극하면서 혁명은 물거품이 되었다. 그러나 나폴레옹의 왕정은 혁명의 성과를 제도화하고 그 이념을 전 유럽에 전파하여 근대 시민사회의 등장에 기여했다는 평가를 받는다.

프랑스혁명은 '테르미도르 반동'을 거치기도 하면서 인권선언에서 밝힌 자유·평등·박애정신을 전 세계에 파급시키고, 봉건적 경제질서를 일소하여 자유로운 경제적 환경과 제도를 마련하여 자본주의의 발전을 가능케 했다. 정경 분리를 추구하는 한편, 교회 중심에서 국가 중심의 공교육으로 제도를 바꾸고 수백 년간 사용하던 그레고리력(曆)을 폐지하고 공화력(혁명력)으로 바꾸었다. 도량형을 전국적으로 통일하고 10진법을 창안하여 미터·리터·그램법을 채

용했다.

현대의 모든 제도, 사상 등은 프랑스혁명 시대를 모태로 하여 출발
했다고 보아야 한다. 즉 법률·행정·사법·교육·군제를 비롯하여 민
주주의·민족주의·아나키즘·문화주의·국가주의·제국주의 등은
프랑스혁명 시대에 발아되었다고 보아야 한다. 이러한 의미에서 프
랑스혁명의 인류사적 의의는 높이 평가할 수 있으며, 또한 가장 전
형적 시민혁명의 성격을 띠고 있었다는 데에, 그리고 오늘의 민주사
회 건설에 원초적 역할을 했다는 데에 의미를 부여할 수 있다.[22]

프랑스혁명은 혁명·반동·개혁·쿠데타라는 역전의 과정을 거치
면서도 앙시앙 레짐을 무너뜨리고 안전이 보장되는 공화주의 정치
체제를 가져오는 계기가 되었다. 더불어 '새 인간' 탄생의 시대를 열
었다.

중세시대
중국의
반전제사상

카를 비트포겔이 1957년 『동양적 전제주의, 전체주의 권력에 대한 비교 연구』라는 책을 쓰면서 내건 '동양적 전제'는 동양 사회의 봉건과 압제를 상징하는 말처럼 되었다.

동양사회가 19세기 말까지 봉건 전제체제에서 시달린 것은 사실이다. 서양처럼 자유·민권사상이 발전하지 못한 것 또한 사실이다. 하지만 이것은 일면의 진실일 뿐이다.

서양에서 중세의 암흑기에 소수의 선각자들이 진보와 저항의 횃불을 들었듯이, 동양에서도 다르지 않았다. 오히려 서양보다 더 두터웠던 봉건체제에 도전하면서 자유와 평등의 '천부인권'을 주장했다.

이 장에서는 중국 송나라, 명나라, 원나라 시대의 대표적인 진보 지식인들의 반전제·반봉건 저항사상을 살펴보자.

등목(鄧牧)의 반전제사상

송나라 말기 원나라 초기의 대표적 진보사상가로 등목(鄧牧, 1247~1306)을 들 수 있다. 절강성 출신으로 어려서부터 영특하여 중국 고전을 읽고 문법을 깨우쳤으며, 어른이 되어서는 곳곳을 두루 여행하고 명산을 유람했다. 여행을 하는 중에 경관이 좋은 곳에 이르면 하루 한 끼만 먹고 여러 날을 두문분출하고 머물렀다.

등목은 스스로 '삼교외인(三敎外人)'이라 칭하며 어떤 종파에도 가입하지 않았음을 자부할 만큼 유·불·선에서 벗어나 자유로운 사유와 사상을 갖고 활동했다. 그가 태어나 성장할 무렵 남송은 부정부패가 만연하고 관기가 무너져 사회 혼란이 극에 이르렀다. 정치적 포부를 펼 시대 상황이 아니었다.

그가 32세 때에 남송은 멸망하고 원(元)나라가 들어섰다. 원 왕조에서 관리 노릇을 하지 않는다는 신념으로 몇 사람 학인들과 명산대천을 유람하며 심신을 연마하고 학문에 매진했다. 그의 역량이 널리 알려지면서 1305년 당시 현교(玄敎)의 대사 오금절(吳金節)이 원나라 조정의 명을 받들어 그에게 관직을 내리려 했으나 단연코 거절했다.

등목은 많은 저술을 남겼으나 반군주·반전제사상의 이유로 대부분 사라지고 『백아금(伯牙金)』만 전한다. 이 책에는 등목의 반원(反元)사상, 나아가 군주전제 정치를 비판하는 진보사상이 자유분방하게 전개된다.

하늘이 백성을 내고 군주를 세운 것은 군주를 위해서 그런 것이 아닌데 어찌 사해의 넓은 곳을 군주 한 사람의 사사로움을 위해 사용할 수 있으랴. 그러므로 음식의 사치와 의복의 낭비, 장식의 화려함을 요순께서는 경계한 것이다. (…) 후세에는 인민을 해치는 것으로써 인민을 다스린다고 했는데 이것은 혼란만을 두려워하여 부득불 방어하기에만 급급했기 때문이다. 금지하는 제도가 지나치게 많으며, 세상에 관리들이 널려 있으면서 백성을 착취하는 사례가 빈번하고 백성을 해침이 더욱 심해지고 있다. 재능 있고 현명한 사람은 정치 일선에 나서기를 좋아하지 않으니 정치는 더욱 혼탁해질 뿐이다. 오늘날 관리 한 사람이 크게는 그 식읍(食邑)이 수만에 달하고, 작게는 비록 녹봉은 없더라도 농사를 대신하는 농부를 수십 명 거느리고 자신은 아무것도 하지 않는다. 이런 사람들 가운데는 어리석으며 놀고먹는 자들이 왕왕 그 사이에 들어 있다. 호랑이와 이리를 거느리고 양과 돼지를 기르며 번식하기를 기대하니 어찌 가능하겠는가.

하늘이 백성을 내시어 제각기 하는 일이 같지 않으니, 모두 능력대로 일해 살아가기 때문이다. 오늘날 백성은 스스로 일해 먹고살 수 없어 날이면 날마다 화식(貨殖)으로 절취당하고 유혹당해 그것을 착취당하니 또한 도적의 심보가 아니겠는가. 도적들이 일어나 민가를 해치며 백성을 종처럼 부려도 그 피해가 극심한 데까지 이르지 않는 것은 피할 수 있기 때문이다. 그런데 관리로 인한 피해는 피할 수가 없어 대낮에 횡행하고 천하 백성이 원망은 할지라도 감히 말을 못 하고 성을 내어도 감히 처벌을 못 한다. 어찌 하늘이 어질지 못하여 바탕을 숭상하고 간교함을 좋다고 하며 호랑이, 이리, 뱀, 버러지 같은 놈들과 더불어 똑같이 백성을 해할 수 있으리오.[23]

등목의 봉건 전제 비판은 신랄하다. 당시 '아시아적 전제'가 강고하게 굳어진 체제에서 이 같은 비판을 할 수 있었던 것은, 그만큼 진보적 신념을 갖고 있었기에 가능했다. 그는 특히 관리들의 횡포를 비판하는 데 주저하지 않았다. "권력이 백성을 핍박하면 백성은 군주를 이반한다(官逼民反)"라면서, 폭정에서 백성의 민심이반을 당연한 현상으로 보았다.

> 천하의 백성이 아주 어리석지 않은 이상 어찌 잘 다스려지는 것을 싫어하고 혼란을 좋아하며, 편안함을 싫어하고 위해를 즐거워하겠는가. (…) 관리들이 백성의 식량을 강탈하면 반드시 백성은 노하게 되어 힘을 다해 반드시 원망하고 저항하게 된다.[24]

등목은 지배자들이 생각하는 것처럼 천하의 인민은 그처럼 어리석거나 무지하지 않으며 난세보다도 치세를 바란다고 인식했다. 그의 반전제사상은 비록 계급적·시대적 한계로 당시에는 '외로운 북소리'에 그치고 말았지만, 후대 진보적 지식인들에게 희망의 불꽃이 되었다.

그는 『백아금자서』에서 "오늘날 사상의 무지한 소리에 나 홀로 북 두드리기를 그치지 않노라"라고 말할 만큼 외롭고 힘든 선구자의 길을 걸었다. 하지만 100년이 지난 뒤 마침내 명말청초의 이지(李贄)와 황종희(黃宗羲)에 이르러 반전제 진보 저항사상은 찬연한 빛을 발하게 되었다.

10족을 건 방효유의 자유정신

방효유(方孝孺: 1357~1402)는 명나라 시대의 대표적 사가이며 지식인이다. 황종희가 그를 유자들의 가장 윗자리에 세울 만큼 학문 자세가 주자에 비교되어 명나라 학조(學祖)로 평가된다. 정학(正學)의 원조이며 폭군에 저항하다 처참하게 죽임을 당한 진리의 순교자다.

원나라 순제 지정(至正) 17년에 태어나 어려서부터 포부가 대단하여 주위를 놀라게 했다. 가학을 이어받아 지식을 쌓으면서 이윤과 주공이 될 것을 스스로 기약하고, 관중·소하·이하를 우습게 볼 만큼 학식과 뜻이 출중했다. 혜제가 즉위해 한림시강에 임명하고, 국사에 의문이 들 때마다 그를 불러 자문할 정도로 신임을 받았다.

얼마 뒤 연왕(燕王)이 쿠데타를 일으켜 왕위를 찬탈하고 방효유에게 쿠데타를 합리화하는 글(詔)을 짓도록 했다. 『태조실록』을 비롯하여 『송사요언(宋史要言)』 등 적지 않은 사서를 편찬하고 쓰기도 했던 사가로서, 사실(史實)을 직시하려는 사가 정신의 실천자로서, 그런 글을 쓸 수는 없었다. 권력을 찬탈한 연왕의 거듭되는 독촉에 방효유는 단호한 모습을 보였다.

"목이 잘리고 귀가 잘려도 쓸 수 없다(死卽死耳 詔不可草)." 많은 사람을 죽이고 권력을 쥔 연왕은 쉽게 물러설 인물이 아니었다. 삼족을 멸하겠다는 협박이 나왔다. "삼족이 아니라 10족을 말해봐라, 내 정학(正學)을 한 사람으로서 어찌 당신의 역적질을 합리화하는 글을 쓰겠는가." 그리고는 붓을 들어 '연적찬위(燕賊簒位)' 넉 자를 썼다. "연적이 왕위를 찬탈했다"는 준엄한 고발이었다.

연왕은 방효유를 처참하게 학살한 것은 물론 일가친척, 사돈에 팔촌까지 잡아 죽였다. '10족'이 누구인가를 따져 결국 어릴 적 방효유와 동문수학한 학인들까지 찾아내 모조리 처형했다. 이 사건으로 방씨 일족은 물론 그와 교류가 있었던 선비·관리 등 수백 명이 끔찍한 죽임을 당했다.

이후 영락제(永樂帝)가 된 연왕은 방효유의 모든 저술을 금서로 처분하는 한편 그의 책이나 글을 보관하거나 읽은 사람도 찾아내 가혹하게 처벌했다. 저술 중에 용케『손지재집(遜志齋集)』이 남아서, 오늘날까지 그의 사상과 사가의 혼을 알려준다.

방효유가 절대권력에 저항하면서, '10족'의 희생을 담보로 지키고자 했던 사가 정신, 또는 직필정론의 학자적 양심의 바탕이 되는 글이 다소라도 남아 있는 것은 '진리의 승리'에 속한다. 더욱이 현존하는 글이 '동양적 전제'에 저항하는 내용이라는 것은 특별한 가치가 있다.

> 하늘이 군주를 세운 것은 인민을 위한 것이며, 인민으로 하여금 군주를 떠받들게 하려는 것이 아니었다. 인민은 곡식과 옷감을 군주에게 바치지 않을 수 없다. 옳고 그른 것을 고르게 하고, 홀아비와 고아를 돌보고, 빈곤한 자를 구제하고, 무능한 자를 가르치고 먹여 살리기 때문이다. 그러나 존경과 공손의 예를 다하지 않을 수 없는 것은 인민의 감정이 그런 것이다.[25]

동서양을 막론하고 '왕권신수설'이 진리처럼 통용되던 시대였다. 따라서 인민은 군주의 소유물에 불과했다. 방효유는 이에 도전하여 '인민주권설'을 내세운 것이다.

> 하늘이 군주를 세우는 것은 무엇 때문인가? 인민이 스스로 그 삶을 편안히 하지 못하고 본성을 알지 못하기 때문에 군주로 하여금 다스리게 하는 것이다.
> 인민이 군주를 받드는 것은 무엇 때문인가? 스스로 다스리고 밝히지 못하기 때문에 군주에 의존하는 것이다. 군주를 세우는 것이 인

민에게 무익하다면 군주에게 무엇을 취하겠는가? 공경대부로부터
여러 집사에 이르기까지 모두가 직분을 가진다. 직분을 지키지 못하
면 작게는 삭탈하고 크게는 주살한다.

군주의 직분은 공경대부나 여러 집사보다도 훨씬 무겁다. 태만하면
침범당하여 난망에 이르고 말 것이다. 주살하거나 삭탈하는 벌은 가
해지지 않는다고 하더라도 어찌 하늘을 두려워하지 않을 수가 있겠
는가?

하늘로부터 명을 받은 자는 군주이다. 군주로부터 명을 받은 자는
신하이다. 신하가 직분을 지키지 못하면 군주는 신하로 삼지 않는
다. 군주가 직분을 닦지 못하면 하늘이 뭐라고 하겠는가?[26]

매섭다. 그 시대에 군주와 신하의 직분에 대해 이토록 준엄하게
지적한 사람은 없었다. 반역이고 대역무도에 속하는 발언이다. 방
효유는 나라가 사관(史官)을 세운 목적과 이들의 상벌에 대한 연원을
천자의 자율성에서 찾았다. 사관과 천자의 상벌관계를 논한다.

사관은 천자를 상벌하여 세상에 천하의 대공(大公)을 세운다. 따라서
상을 베풀어 함부로 하여도 천하가 문책하지 못함으로 사관은 넘친
바를 빼앗음을 허락받았고, 천자가 벌을 내림에 인색하여도 천하가
감히 말하지 못함으로 사관은 부족한 바를 부여함을 허락받았다.[27]

공정성을 잃은 군주(천자)의 상벌을 보완하는 역할로서 사관의 존
재를 중시하고, 사관의 상벌은 천자의 상벌보다 우위에 있으며, 그
의 직무는 천하의 공법(公法)을 세우는 것이라는 지적이다.

이탁오의 반봉건 자유사상

이지(李贄, 1527~1602)의 본명은 재지(載贄)이며, 호는 탁오(卓吾) 또는 온릉거사(溫陵居士)라고도 했다. 하지만 자신은 주로 이탁오라고 쓰고 세상에서도 그렇게 불렀다. 지금의 복건성 진강현에서 태어났다.

명나라 말기의 반전제 자유사상가로서, 중국뿐만 아니라 한국에서도 반유학의 이단자로 낙인되어, 오랫동안 그의 책과 글을 읽는 것조차 금지되었던 이탁오는 16세기 동양 최고의 자유사상가다.

그의 선조는 해외무역에 종사했으며, 부친은 교육자였다. 그는 20여 년간 말단 관직에 머물러 있었고 3년 동안 운남요안지부(雲南姚安知府)로 있었으며, 만년에는 전적으로 강학에 힘쓰면서 당시 도학가들의 도덕적 타락을 폭로하고 비판했다.

옛날이나 지금이나 반체제 비판자가 온전할 리는 없다. 심한 탄압이 가해졌다. 1602년 명나라 조정은 "성인의 가르침을 어기고 도(道)로써 대중을 미혹에 빠뜨린다(左道惑衆)"는 어사 장문달의 탄핵을 받아들여 76세의 이탁오를 감옥에 집어넣었다. '좌도혹중'의 혐의에는 그가 지은 『분서(焚書)』와 『장서(藏書)』라는 책도 포함되었다. 옥중에서 이탁오는 살아 나오기 어려울 것으로 판단하고 자살했다.

서양에서 브루노(1548~1600)가 이단으로 몰려 화형을 당한 시점과 비슷한 시기에 동양에서는 이탁오가 자유사상을 제기하며 분방하게 살다가 옥중에서 자살로 삶을 접었다. 이를 우연이라 할 것인가?

이탁오의 저항적 자유사상은 중국 사상사에 커다란 영향을 주고, 시대를 초월하여 중국의 정치사와 문화사에 공헌했다. 중국의 문예비평가 주양(周揚)은 이탁오를 "일대 학파의 최고 스승(一代宗師)"이라 하고, 그가 죽은 지 396년 후 중국의 한 역사 교과서는 이탁오를 "유교 경전과 공자의 시비를 비판한, 반봉건 사상의 선구자이며 자본주의 맹아의 사상과 민주성의 색채를 지닌 진보적 사상가"[28]라고 찬양했다.

독설과 해학으로 가득 찬 이탁오의 비판정신은 중국 사회에서 '만세사표(萬世師表)'였던 공자나 다른 성인의 가르침을 예외로 하지 않았다. 기존 질서와 체제의 이데올로기를 거침없이 비판하면서 이단자로 낙인찍히고 제거의 음모가 따랐다. 기득권을 누려온 세력이 이탁오를 혹세무민, 좌도혹중으로 몰아 책을 불사르고 투옥했지만, 그는 자신의 신념과 철학을 굽히지 않았다.

> 나는 어릴 적부터 성인의 가르침이 담긴 책을 읽었지만 성인의 가르침이 무엇인지 몰랐고, 공자를 존중했지만 공자에게 무슨 존중할 만한 것이 있는지 몰랐다. 속담에 이른바 난쟁이가 키 큰 사람들 틈에 끼어 굿거리를 구경하는 것과 같이 남들이 좋다고 소리치면 그저 따라서 좋다고 소리치는 격이었다.
> 나이 오십 전까지는 나는 정말 한 마리 개와 같았다. 앞의 개가 그림자를 보고 짖어대자 나도 따라 짖어댄 것일 뿐, 왜 그렇게 짖어댔는지 까닭을 묻는다면, 그저 벙어리처럼 아무 말 없이 웃을 뿐이다.[29]

이탁오 정치사상의 핵심인 반전제사상은 동심설(童心說)과, 성인과 일반 사람들의 심성이 같다고 하는 철학에서 기인한다. 먼저 '동심설'이다.

> 동심이란 진심을 말한다. (…) 동심이란 거짓 없이 순수하고 진실한 것이며 가장 최초의 본심이다. 만일 동심을 잃으면 진심을 잃게 되

고 진심을 잃으면 진실한 사람을 잃는다.[30]

이탁오는 개인의 자각적 의식의 요소를 포함한 동심설은 결코 허위적이거나 공상적인 것이 아닌 진실한 본래의 마음을 가리킨다고 보았다. 어떤 다른 부적당한 요인에 의해 침해당하지 않고 순박한 상태의 심리를 보존한 것을 말하며 모든 인간 개개인이 갖고 있는 어린아이와 같은 천진한 마음을 일컫는다고 했다. 그는 바로 이러한 동심설을 무기로 삼고 개인의 자각과 능동성을 추창하고 봉건전제의 억압을 비판했다.

다음은 성인과 일반 사람들의 심성이 같다는 '성속심성 동일체론'이다.

> 이익을 추구하고 해악을 피하고자 하는 것은 인간 누구나 다 같은 마음이다.[31] (…) 비록 위대한 성인이라 할지라도 이익을 추구하는 마음을 조금도 갖고 있지 않다고는 볼 수 없다. 즉 이익을 추구하는 마음은 인간 모두에게 부여된 자연스런 모습이다.[32]

이탁오는 인간은 누구나 어진 마음(良知)을 갖고 있으며, 누구나 이익을 추구하는 마음이 같다고 하는 사상을 이론적 무기로 반봉건, 반전제의 자유사상을 전개했다.

이탁오의 파격적인 철학과 행동 그리고 혁명적인 의식은 당시 유학자들에게는 이단을 넘어 대역 또는 반역에 해당할 정도로 위협적이었다. 그는 진나라 말기 "왕후장상에 어찌 종자가 따로 있겠느냐"면서 만민평등의 기치 아래 중국 최초의 반란을 기도한 진승(陳勝)을 높이 평가하고, 무위도식하는 도학자들을 신랄하게 비판했다. "지금의 주자학자들은 죽일 놈들이다. 그들은 하나같이 도덕을 입에 담고 있으나 마음은 고관, 또는 거부(巨富)에 있다. 겉으로는 도학을 한다 하나 속으로는 부귀를 일삼으며 행동은 개, 돼지와 같다"고 비난을 퍼부었다.

이탁오가 '이단'의 길을 걷게 된 데는 가정사의 연고도 작용했을 것이다. 그의 집안은 대대로 회교와 가까웠으며 부인 황씨도 회교도 출신인 것으로 전한다. 전통적인 유교 사회에서 회교를 숭배하고 회교도와 결혼한 그의 집안 내력은 특이한 경우에 속한다. 그가 태어나 활동한 시기는 명나라의 강력한 전제정치가 다소 느슨해지고, 이탈리아 선교사 마테오 리치(1552~1610)가 북경에 최초로 가톨릭교회를 세우면서 동·서양 문화의 접촉이 차츰 활발해지고 있을 무렵이었다.

그는 25년 동안 관리 생활을 했지만 얼마나 청빈했던지 둘째, 셋째 딸은 굶어서 죽고, 세 명의 아들도 굶어 죽거나 병들어 죽었다. 뇌물과 부패에 철저하게 벽을 쌓고 공과 사를 엄격히 구분한 결과였다.

나는 천성이 '높은 것(高)'을 좋아한다. 높은 것을 좋아하면 거만하여 낮추지를 못한다. 그러나 내가 낮추지 못한다는 것은 권세와 부귀만을 믿는 저 사람들에게 낮추지 못한다는 것일 뿐이다. 조금이라도 훌륭한 점이나 선함이 있다면, 비록 노예나 하인일지라도 절하지 않는 경우가 없다.

나는 천성이 '깨끗함'을 좋아한다. 깨끗함을 좋아하면 편협하고 포용하지 못한다. 그러나 내가 포용하지 못한다는 것은 빌붙고 부귀에 아첨하는 저 사람들을 포용하지 못한다는 것뿐이다. 조금이라도 어울리지 않는 경우가 없다.

남에게 자신을 낮출 수 있기 때문에 그 마음이 '허(虛)'하고, 그 마음이 '허'하기 때문에 취하는 범위가 넓고, 그 취하는 범위가 넓기 때문에 그 사람은 더욱 높아진다. 그러므로 천하에서 남에게 자신을 잘 낮춘 다는 사람이란 본래 천하에서 가장 높은 것을 좋아하는 사람을 말하는 것이다. 내가 높은 것을 좋아하는 것 또한 당연하지 않은가.[33]

이탁오가 전개한 반봉건과 인간의 개성 해방과 자유사상의 주요 내용을 몇 대목 소개한다.

- 하늘이 한 인간을 세상에 낸 것은 스스로 그 사람의 쓰임이 있기 때문이므로 공자에게 교육을 받지 않더라도 족하다. 만일 반드시 공자의 가르침을 받아야 한다면 공자가 태어나기 이전 사람들은 어찌 되었겠는가.
- 옳고 그르고의 논쟁은 마치 시간의 흐름이나 낮과 밤의 교체와 같이 한결같지가 않다. 어제 옳았던 것이 오늘에 와서 그른 것이 되며 오늘 그른 것이 다음날 옳은 것이 될 수도 있다. 비록 공자가 오늘날 다시 태어난다 할지라도 또한 옳고 그름의 문제는 어찌할 수 없는 것이다.
- 하나의 이치를 다한다고 함은 서인(庶人)이 천대받지 않고 왕후의 지위를 지나치게 고상하게 여기지 않으며, 서인의 존재를 존귀하다 말할 수 있는 한편 왕후의 존재를 적(賊)이라고 말할 수 있는데 있다.[34]

이탁오는 몇 권의 책을 지었다. 그의 저술에는 가슴 저리는 몇 가지 에피소드가 있다. 자기의 책이 출간되면 권력에 의해 불태워질 것이라 하여 책 이름을 『분서』라 짓고, 또 책을 쓰더라도 결코 햇빛을 보지 못한 채 매장될 것이라 하여 『장서』라 했다. 실제로 이 책들은 '분서'가 되고 '장서'가 되었다. 조정은 유교 통치체제를 근본에서부터 뒤흔드는 그의 저서가 나오는 속속 불태우거나 땅에 파묻어 사람들이 읽는 것을 금지했다.

하지만 진리는 불태우고 매장한다고 하여 없어지는 것이 아니다. 조선시대 허균은 중국을 방문했을 때 그의 저서를 접하고, 자유분방한 사상에 일정한 영향을 받게 되었다.

이탁오는 뛰어난 남녀평등, 여성해방론자이기도 했다. "여자가 남성보다 열등한 것은 그들이 여자를 교육시키지 않았기 때문"이라고 했다. "이 세상에 남녀가 있다고 하면 옳지만 견식에 있어서 남녀의 차이가 있다고 하면 어찌 옳겠는가? 또 견식에 있어서 풍부하고 부족한 사람이 있다고 하면 옳지만, 남자의 견식은 모두 풍부하나 여자의 견식은 모두 부족하다고 하면 이 어찌 옳겠는가?"[35] 라고 반문했다.

이탁오는 76세 되던 해 그를 죽음으로 몰고 간 탄핵을 받았다. 다음은 이에 대한 황제의 칙지이다.

이탁오는 감히 도의 혼란을 주장하여 세상을 현혹시키고, 백성을 기만하고 있다. 즉시 창위오성에 명령하여 엄중하게 처벌토록 하라. 이미 간행한 것이나 아직 간행하지 않은 것을 불문하고 각지 해당 관청에서 그의 책을 모두 수거하여 불태우고 하나도 남겨두지 마라. 만약 도중에 법을 어기고 몰래 숨겨두는 경우가 있으면 엄벌하라.[36]

중국
명말청초의
진보사상

눈뜨기 시작한 농민들, 조세저항

명나라 시대(15세기 중엽) 복건성 연평부에서 농민들의 거센 조세저항 운동이 전개되었다. 농민들은 지주들이 현물 소작료 외에 각종 명목을 더해 부조(副租)를 요구하자 반지주·반관료·반왕조체제의 민중운동을 일으켰다.

16·17세기 이후 복건·호광·양강 등 평야지대는 부재지주에 의한 기생적 토지 소유가 일반적이었다. 이에 따라 관료계급 등 착취하는 기관이 많아지면서 농민들은 이중삼중의 고통에 시달렸다. 이에 소작미의 양을 재는 되 크기의 시정과 흉년 시 소작료 인하, 경작권의 확보 등 다양한 요구를 내건 농민들의 항조운동(抗租運動)이 빈번하게 발생했다.

소작인들은 지역적으로 결속하여 세금 감면을 요구하고, 맹약을 깨뜨린 뒤 발을 빼는 농민을 마을에서 소외시키는 등 조직적이고 계급적인 형태의 저항운동을 전개했다.

농민들은『수호전』의 양산박을 찬양하는 노래를 공공연히 부르면서 조세저항에 나섰다. 농민들의 권리의식이 깨어나기 시작한 것이다.

팔방(八方) 지역을 함께 나누고
이성(異性)도 한집에 같이 산다
하늘과 땅은 성진(星辰)의 정(精)을 나타내어
풍진 세상의 인걸이 모여드나니
천릿길을 멀다 않고
조석으로 서로 만나서
생사를 함께 하는도다

그 얼굴, 그 사투리에
동서남북의 구별은 있으나
한마음 한뜻
맺은 간담 굳은 충성
신과 의에 다름 있으랴
모두들 보라 그 사람을
그는 왕손이요 나는 신손이며
부호도 있고 장리(將吏)도 있어
삼교구류(三教九流)
사냥꾼 고기잡이
돼지백정 참전형리(斬前刑吏)가
호형호제하여

빈부귀천은 아예 없다
동기가 있고 부부가 있고
숙질이 있고 장인과 사위
주인과 하인이 있다

미워하던 자
원수도 친구도
주석을 같이하여 즐기니
누가 더 친하며 누가 덜 친하랴

혹은 날쌔고
혹은 굼뜨고
더러는 우둔하며
더러는 멋을 안다
너와 나를 가르는 벽이 무엇인가
마음의 문을 열어 오가는 정
허물없이 한지붕 밑에 사네

가증하다 원수의 관리
이미 백의수사(白衣秀士)를 죽이고
관리인 체 뽐내는 자를 제거하다
그들의 세력권은 사오백 리
영웅호걸은
백팔 명[37]

유기(劉基)의 '인민주권설'

흔히 중국사에서 진보개혁 사상가라면 명말청초(明末淸初)의 고염무(顧炎武, 1613~1682), 황종희(黃宗羲, 1610~1695), 왕부지(王夫之, 1619~1692)를 든다. 이들은 위대한 사상가이면서 다작의 저술가로도 유명하다.

이들 외에 유기(劉基, 1311~1375)와 당견(唐甄, 1630~1704)을 추가할 수 있다. 앞의 3인이 워낙 유명한 관계로 유기나 당견은 비교적 덜 알려졌다. 하지만 이들 역시 전제시대에 치열하게 저항하면서 반전제, 진보 저항사상을 견지했던 인물이다. 차례로 살펴보자.

유기의 자는 백온(伯溫), 원나라 무종 지대(至大) 4년에 태어났다. 원말에 진사가 되어 고요(高要)의 현승(縣丞)을 맡았다. 하급관리 노릇을 하다가 상관과 뜻이 맞지 않아 사임했다. 뒤에 재등용되어 도적을 토벌하는 공을 세웠지만 조정에서 공을 인정하지 않자 다시 물러나 산으로 들어갔다. 뒤에 주원장의 추천으로 조정에 나아가 천하평정을 보좌하고 홍문관의 학사에 임명되었다.

유기는 행로가 순탄치 못하고 불우했으나 '하늘'을 권력의 최후 근거로 인식하면서 반군주, 반전제사상을 논파했다. 『욱리자(郁離子)』라는 저서에서 "하늘이 인민을 낳았으나, 인민은 스스로 다스릴 수가 없었다. 그래서 하늘은 군주를 세우고, 그에게 생살의 권력을 부여했다. 난폭하고 완악한 자를 토벌하고 연약하고 선량한 자들을 돕게 한 것이다"[38]라고 주장했다.

유기는 '하늘'을 인간존재 또는 지배의 근거로 인식하면서도, 동중서 이래의 천인학설(天人學說)과는 달리 해석했다.

농부가 하늘에서 밭을 갈다가 벼락을 맞아 죽었다. 누가 말하기를 "두렵도다! 그것은 하늘에 죄를 지었기 때문에 하늘이 죽인 것이다"라고 했다. 유자(劉子)가 말하기를 "어리석도다! 어찌 하늘을 그렇게 좁게 보는가? 한 농부가 죄지었다고 하늘이 죽이겠는가? 하늘은 인민을 낳고, 그들을 위해 사목(司牧)을 세워 생살의 권능을 부여했다. 그래 놓고 또 벼락으로 인민을 죽인다면, 사목은 어디에 쓸 것인가?[39]

이것은 천공인대(天工人代: 하늘의 일을 사람이 대신한다)설의 필연적 귀결이고, 천권설(天權說)의 이론적 발전으로 인식되었다.

유기는 유언을 통해 논과 밭·산림·어장이 지배자들의 것이 아니라 하늘이 내린 인민의 소유라고 주장했다. 인민주권설을 편 것이다.

초나라에 원숭이를 길러 생활하는 자가 있었는데, 초인들은 그를 저공(狙公)이라 불렀다. 아침마다 원숭이들을 불러 모아 나누고는 늙은 원숭이에게 산중에 거느리고 가서 초목의 열매를 구해오게 하고, 10분의 1을 자기가 먹었다. 혹 어기면 매질했다. 원숭이는 아픈 것을 두려워하여 감히 어기지 못했다. 하루는 작은 원숭이가 다른 원숭이에게 말하기를 "산의 열매는 저공이 심은 것인가?"라고 물었다. 답하기를 "아니다. 하늘이 낳은 것이다"고 했다. 말하기를 "저공이 아니면 얻을 수 없는 것인가?"라고 했다. 답하기를 "아니다. 모두가 얻을 수 있다"고 했다. 말하기를 "그러면 왜 그에게 얽매여 사역당하는가?"라고 했다. 말이 끝나기도 전에 원숭이들은 모두 깨달았다. 그날 저녁에 저공이 잠들기를 엿보아 울타리를 부수고 쌓인 것

을 가지고 산중에 들어가고는 다시 돌아오지 않았다. 저공은 굶어
죽고 말았다.

욱리자는 말하기를 "세상에서 술수로만 인민을 사역하고, 정도가
없는 자는 저공과 같지 않겠는가? 생각건대 인민은 어두워 깨닫지
못할 뿐이다. 인민이 깨닫게 되면 그 술수는 하루아침에 궁해질 것
이다"고 했다.[40]

지배자가 인민의 뜻을 어기고 가혹하게 학대하면 결국에는 인민
의 혁명이 일어나게 되고, 지배세력은 몰락하게 된다는 것이다. 또
인민은 결코 어리석지 않아서 언제까지나 속일 수 없다는 주장이다.

고염무의 반전제·반군주사상

고염무의 이름은 강(絳), 자는 영인(寧人)이다. 1645년 청나라의 군
사를 남경에서 쳐부수고 명조 회복운동에 나서 이름을 염무(炎武)라
고 고쳤다가 다시 적을 파하기 위해 성과 이름을 장산용(張山傭)이라
고 했다. 강소 곤살 정림진 출신이다.

청년 시절 명조가 망한 뒤 소주와 곤산에서 반청운동에 참가했으
나 실패하고, 45세 때에는 북방 지역의 방랑 여행길에 올라 산동·
서산에서 개간 사업을 하기도 하고, 끝임없이 여행을 하여 금석문
(金石文)을 채집, 그것을 마차 두 대분의 참고서와 대조하여, 지세민
생(地勢民生)을 역사적, 실증적으로 탐구했다. 그 산물이 바로 『천하
군국리병서(天下郡國利病書)』120권이다. 만년에는 섬서성에서 기거하
며 학문에 전념했다.

그는 명말의 관념론 철학이 수신제가를 주장하는 것을 배척하고

실증과 사적 고찰을 중시하여 『일지록(日知錄)』32권, 『음학오서(音學五書)』38권 등 불후의 명저를 남겼다.

고염무는 대지주 집안 출신이면서도 정치적으로 귀족들의 능멸을 받고 일찍부터 정치적 학술단체 복사(復社)에 참가하여 정치를 논하고 환관·귀족의 횡포를 비판했다. 그의 많은 저서 가운데 『일지록』은 "학문을 밝혀 인심을 바르게 하고 난세를 구제함으로써 태평성세를 이룬다"는 정치 신념을 보여준다.

그는 봉건군주 1인의 전권으로 폐악이 극에 이르렀다고 신랄하게 비판했다. 봉건군주제를 고염무만큼 심하게 비판한 학자도 흔치 않다.

> 후세의 군주들이 정치를 제대로 시행치 못하는 까닭은 천하의 모든 권력을 자신의 손안에 넣었기 때문이다. 정치란 모든 사람과 더불어 논의하고 시행할 일이지, 한 사람에 의해 좌우되는 것은 아니다.

> 반작(班爵)이란 천자와 공후백자남(公候伯子男)이 한결같다는 뜻으로써 특별히 귀한 존재가 없다는 말이다. (…) 그런 까닭에 천자라는 지위의 의미를 알게 되면 인민 위에서 감히 스스로를 존귀하다고 하지 못할 것이며, 인민이 밭을 경작함으로써 자신의 녹을 받는다는 사실을 알게 되면 감히 인민을 착취하지 못할 것이다.

> 모든 병사에 관한 문서와 재화의 근원 그리고 국토방위에 대한 것은 모두 군주가 해야 할 일이다. 큰 이익을 얻고자 하면 큰 해를 받지 말아야 한다. 불필요한 인력은 폐지하고 법을 사용하며, 불필요한 관직은 폐지하고 정직한 관리를 등용해야 한다.

오늘날 군주는 사해(四海)의 모든 곳을 자신의 군현으로 삼고도 부족해서 사람들을 의심하고 사사건건 그들을 제지하고 하루에도 여러 번 법조문을 만들어 시행한다. 또한 감사를 임명하고 총독과 순무를 두어도 수령이 인민을 해치는 것을 구제하지 못한다. 공직자가 당당하게 잘못을 구제함에 미치지 못함을 알지 못하고 우연히 얻은 것을 다행이라 여기며 백성이 날로 이로워지는 것을 기꺼워하지 않는다면 백성이 어찌 이익을 얻어서 곤궁을 벗어날 수 있으며, 어찌 이익을 얻어서 빈약을 면할 수 있겠는가.⁴¹

고염무는 군주 개인의 독재를 격렬하게 반대하는 한편 반전제사상의 구체적인 방법론을 제시했다. 그중에서도 분권(分權) 중치(衆治)의 사상을 들 수 있다. 주요 내용을 발췌한다.

이른바 천자라고 함은 천하의 대권을 잡은 사람이다. 그 대권을 잡았다고 하는 것은 무엇을 말하는가. 천하의 권력은 천하의 인민을 맡았다는 것이며, 이러한 권력이 천자에게 돌아갔다는 것을 말한다. 공경대부로부터 사방 백리의 재상과 말단 관리에 이르기까지 한번 명한 관리는 천자의 권력을 나누어지지 않음이 없으며, 이들이 각기 맡은 바의 일을 잘 처리함으로써 천자의 권력은 더욱 존귀해진다.

천하의 군주가 혼자서 정치한다는 것은 불가능한 일이다. 만일 혼자서 정치를 하고자 한다면 형벌이 번잡해지지만 여러 사람이 함께 정치를 하게 되면 형벌이 복잡하지 않더라도 정치는 제대로 시행된다.

관리를 부르고 정치를 시행하며 재정을 관리하고 군사(軍事)를 처리함은 군현의 네 가지 권한이다. 그러나 오늘날 이 모든 것이 그러하지 못하다. (…) 이 때문에 일을 당해도 그 일을 처리할 권한이 군현에 없으며, 이익을 도모하고자 해도 그 일을 처리할 권한이 군현에 있지 않고 군사를 다스리는 데에도 그 군사권이 군현에 있지 않으니, 어찌 국가를 부강하게 하고 백성을 편안케 할 수 있겠는가.

천하를 보존하는 것은 필부(匹夫)의 낮은 지위에 있는 사람과 더불어 함께할 책임이 있을 따름이다.[42]

황종희의 '민주군객론(民主君客論)'

황종희의 자는 태충(太沖), 호는 남뢰(南雷) 또는 이주(梨洲)이며 절강성 여요에서 독림당(獨林黨)의 이름난 선비 황존소의 아들로 태어났다. 그가 19세 때 명나라 관리를 지낸 부친이 환관 위충현의 탄핵을 받아 옥사했다. 이때 황종희가 부친의 억울한 죽음을 호소하기 위해 상소문과 송곳을 가슴에 품고 북경으로 올라와 위충현 일당에 가담했던 주요 인물들의 단죄를 요청하면서 원수 허현순을 송곳으로 찌르고, 최응원의 수염을 뽑아 부친의 위패 앞에 바친 일화는 널리 알려졌다.

양명학의 대가 유종주를 스승으로 모시고 실천을 중시하는 학문을 연마하는 한편 제자들의 교육사업에 노력했다. 청년 시절 통치계급 내부의 부패 세력을 반대하는 투쟁에 참여하고, 명조 멸망 뒤에는 군병을 일으켜 청 왕조에 저항했으나 결국 실패하고 말았다.

그의 청년 시절은 중국 한족에게 "하늘이 무너지고 땅이 꺼진다" (天崩地壞)로 일컬어지는 명청 교체기였다. 사람들이 야만인으로 폄

하하던 만주족의 청나라에 '대문명국' 명나라가 짓밟히고 망해가는 것을 지켜보면서 황종희는 군사를 일으켜 반청 항전을 벌였다. 1645년 의병을 모아 명나라 회복의 독립운동을 일으켰으나 대세를 돌이키기는 어려웠다.

가세가 날로 빈궁해지자 생업의 일환으로 과거시험을 보았지만 낙방하고, 이후로도 세 차례 응시했으나 번번이 낙방했다. 불우함 속에서도 학문 연구에 열중하여 많은 경서와 사서를 읽고 글을 지었다. 『명이대방록(明夷待訪錄)』을 비롯하여, 송·원·명의 유학 사상사를 정리한 『송원학안(宋元學案)』과 『명유학안(明儒學案)』 등을 저술했다.

『명이대방록』의 명이(明夷)는 "밝은 태양이 땅속에 들어간 상태"이며, "밝고 지혜로운 사람이 상처를 입고 때를 기다린다"는 의미다. 즉 '천붕지괴'의 상황에서, "새로운 시대를 갈망하며 기다린다"는 뜻의 '대망록'이다. 황종희는 자신의 군국이 오랑캐에게 멸망하는 것을 지켜보면서 항전에 나섰으나 뜻을 이루지 못하고, 은거하여 학문과 후진 교육을 하면서 불후의 명저를 남겼다.

뒷날 양계초(梁啓超)와 같은 학자는 황종희의 사상을 군주 중심의 지배체제를 비판하고 민리민복(民利民福)을 추구했다는 점에서 "중국의 루소", "유교의 루소"라 부르기도 했다. 실제로 그의 사상과 철학은 루소의 사회계약론에 뒤지지 않는다. 황종희는 맹자 이후 계승된 민본(民本)의 정치 행태를 더욱 극명하게 전개하여 '민주군객(民主君客)'이란 용어로 표현했다. 백성이 주인이고 군주는 지나가는 길손에 불과하다는 뜻이다.

명말청초의 황종희가 지은 『명이대방록』은 절대군주제에 대한 전통적 관념에 대해서 신랄한 비판을 가하고 또 일종의 민주주의적 관념을 제창하고 있다는 점에서 동서의 많은 학자들의 주목을 끌었다. 더구나 그 저자가 멸망한 명조의 복구를 위해서 실제로 적극적인 참여활동을 했다는 점은 일반적으로 비행동적인 유자들과 크게 달랐다는 점에서 더욱 명성을 얻게 된 것이다.[43]

황종희는 군주를 백성이 "원수처럼 여기고 독부(獨夫)"라고 부름으로써 민·군의 관계가 원수처럼 변하게 된 것은 군주의 횡포 때문이라고 지적했다. 여기서 '독부'란 잔학무도하고 민심이 이반한 군주를 가리키는 말이다. 원래 『상서』의 태서(泰誓)에서는 은나라 주왕(紂王)을 지칭하는 말로 쓰였는데, 송대 채침(蔡沈)의 주석에 따르면 '독부'란 천명도 끊어지고 민심도 떠나가 '혼자 남은 사람'이라는 의미이다.[44]

황종희는 군주전제의 해악이 '천하'와 '군주'의 관계를 전도시켰고, 이를 통해 사회재부를 지극히 불합리하게 귀속시켰음을 폭로했다. 또 군주전제가 인간 본연의 개성과 권리를 심각한 수준으로 말살했음을 분명히 지적했다.[45]

황종희가 지적한 '군위해론(君爲害論)'의 주요 내용을 살펴보자.

아아! 하늘이 백성을 내시었을 때 교화와 양육을 군주에게 맡기었다. 그러나 수전(授田)의 법이 폐지되고 백성이 토지를 사서 스스로 자기를 기르고 있는데, 여전히 조세를 부과하며 그들을 어지럽힌다. 향교의 법이 폐지되고 백성이 어리석어 교화를 못 하고 있는데도 여전히 권력과 금력으로 이들을 꿘다. 이것 또한 어질지 못하기 때문이다. 또한 헛소리로 군주를 추켜세워 '군부군부'(君父君父)라 한다면 누가 백성을 기만하는 것이겠는가.

옛날에는 천하의 인민이 주인이라면 군주는 손님과 같아서 무릇 군주가 일생 동안 경영한 것은 천하를 위해서였다. 그러나 오늘날은 군주가 주인이고 천하의 인민이 손님과 같아서 무릇 천하가 어느 곳에서도 안녕을 얻지 못하는 것은 군주 때문이다. 그리하여 군주가 아직 천하 인민의 뜻을 얻지 못했을 때에도 천하 인민의 간이나 뇌를 죽이고 독 들게 하고 천하 인민의 자녀를 이산시켜 자기 한 사람의 재산을 늘리면서 일찍이 미안한 생각을 가진 적이 없다. 또한 말하기를 "나는 진실로 인민을 위해 창업한다"라고 한다. 군주가 이미 천하를 얻은 뒤에는 천하 인민의 골수를 두들겨 쪼개고 천하의 자녀를 이산시켜서 자기 한 사람의 쾌락에 바치고 그것을 당연한 것으로 여기며 "이것은 내 재산에서 나온 이자"라고 한다. 그런 즉 천하의 인민에게 큰 해를 끼치는 것은 군주뿐이다.[46]

황종희의 『명이대방록』은 현실 정치에 지극히 비판적이고 개혁적인 내용으로 하여 청조 건륭년간(1736~1795)에는 금서 처분을 받기도 했지만, 일반인들에게 은밀히 읽혔으며, 청말에는 새 시대·신사회를 갈망하는 지식인들의 필독서가 되었다.

조덕본은 송·원·명·청대 반전제사상의 특징을 세 가지로 분석했다. 첫째, 1000년 가까이 이어온 봉건전제의 벽을 깨고자 하는 노력이었다. 이 시기의 반전제사상은 당시의 진보사상가들에 의해서 제기되었으며, 그들은 전통적인 봉건적 권위를 반대하고 장기적으로 지속된 봉건전제의 억압 국면에 대한 불만을 갖고 사상의 자유를 금지하는 봉건 통치를 강력히 타파해야 한다고 주장했다.

둘째, 민주적 요소를 지니면서 근대 민주사상의 계몽 작용을 했다. 이 시기의 반전제사상은 민주적 요소를 농후하게 풍기면서 근대적 자산 계급의 개량운동과 민주혁명 운동의 형성에 중대한 영향을 주었다. 근대적 자산계급의 민주주의자들은 자유를 쟁취하기 위해 민주적 투쟁을 하는 과정 속에서 이 시기 반전제사상의 영향을 상당 부분 받았으며, 봉건전제 말기의 암흑기를 마감하는 채찍이 되었다. 나아가 민권, 민주의 쟁취 그리고 평등과 사회개혁을 요구하는 중국 근대사상의 빛나는 한 장을 마련하는 역할을 담당했다.

셋째, 유심주의 색채를 지니고 있으면서 유학의 틀을 완전히 탈피하지 못하고 있었다. 이탁오의 '동심설'은 물론 황종희의 '심즉기'(心卽氣), 고염무의 "인심을 바르게 한다"(正人心)는 등의 사상은 모두 유심주의 심학(心學)의 영향을 받고 있는 것들이다. 그들은 봉건 지주 계급의 사상가들로서, 새로운 세계관을 가지고 이론적 토대를 삼으며 봉건전제와 싸우기는 불가능했다. 단지 현실에 유용한 사상 체계였을 뿐 계급과 시대적 한계를 뛰어넘기를 기대할 수는 없는 것이었다.[47]

4

민주주의의 시대 : 꺼지지 않는 진보의 불꽃

러시아
인텔리겐치아의
저항과 수난

전제·농노제 저항의 인텔리겐치아

인텔리겐치아라는 말은 『대소비에트사전』에 따르면 1860년대 P. D. 보보리킨의 저술에 처음으로 사용되었다고 한다. 그 이전부터 부분적으로 쓰였다는 주장도 있다. 알렉산더 겔라에 의하면 이 용어는 라틴어 'intelligentia'에서 유래했다고 한다.

러시아의 인텔리겐치아는 정부기관에서 일하지 않는 근대의 지적 엘리트 그룹을 일컬었다. 처음에는 좁은 의미의 지식인, 작가 및 문학예술의 비평가를 말했다. 그러나 근대적인 직업군 즉 교육·법조·의학·과학·기술 분야가 상당한 규모로 발전하게 되면서 그 뜻도 넓어졌다. 서구에서 '자유 직업군'으로 알려진 범위로까지 확대되었다.

러시아의 인텔리겐치아는 서구의 '지식인'(intellectuals)과는 차이가 있다. 이는 지적 노동에 종사하는 사람들 또는 지적인 창조에 종사하는 사람들, 즉 학자·작가·예술가·교수·교사 등을 일컫는다. 러시아의 인텔리겐치아는 아무런 지적 과업에도 종사하고 있지 않은 사람들이 속해 있었다.

> 인텔리겐치아는 항상 어떤 관념 특히 사회사상에 열중하고 있었으며 거기에 투신하고 헌신했다. 러시아 특유의 정치적 조건에 의해서 인텔리겐치아는 실제적인 사회활동에서 소외되고 있음을 알고 있었으며, 따라서 그들은 쉽사리 사회적인 백일몽에 치닫게 되고 말았다.
> 독재군주제와 농노제의 러시아에서는 극히 과격한 사회주의와 무정부주의가 발달했다. 정치활동이 불가능했기 때문에 정치가 사상과 문학으로 옮겨지는 사태가 발생했다. 사회적·정치적 사상의 지도자는 문예비평가였다. 인텔리겐치아는 모든 러시아인에게 있어서 극히 자연스러운 분리파적 성격을 띠고 있었다. 그들은 그들이 당면하고 있는 현실의 환경을 악이라고 인정했으며, 거기서 떨어져서 살았고, 또한 그들 집단 안에서는 광신적인 분리파적 윤리가 훌륭하게 마무리되었다.[1]

1721년 제정러시아가 수립되고 유능한 표트르대제가 정력적인 개혁 정책을 펴면서 한때 러시아는 부강국으로 발돋움했다. 표트르대제의 개혁 정책으로 유럽의 문화·예술·과학·사상 등 각 분야에서 새로운 사조가 물밀듯이 들어와 러시아의 르네상스시대를 열었다. 그러나 1725년 표트르가 53세로 죽으면서 예카테리나가 쿠데타를 일으켜 집권하고, 다시 기득세력이 권력을 차지하면서 극심한 부패와 빈부격차, 사치가 만연하여 러시아는 혼란에 빠져들었다.

이 무렵에 인텔리겐치아들이 등장하여 사회개혁의 촛불을 들었다.

러시아에서는 착취당하는 농노와 농민 그리고 자치권을 빼앗긴 카자크족이 농민 반란을 일으키면서 전제정치와 귀족 지배에 저항했다. 반란은 2년 동안 러시아의 동남부 지역을 휩쓸고 기세를 올렸지만 농민군 지도자 푸가초프가 붙잡혀 처형되면서 진압되었다. 1812년 프랑스 나폴레옹군의 침략과 격퇴, 1825년 데카브리스트의 반란 등 러시아는 전쟁과 전제정치, 자유를 요구하는 진보세력의 격렬한 투쟁에 휩싸였다.

나폴레옹 전쟁 때에 유럽에 진출하여 자유의 분위기를 맛보게 된 젊은 장교들은 입헌정치와 농노제의 폐지를 내걸고 데카브리스트 (12월당원) 운동을 일으켰다. 근위대 장교들의 비밀결사도 조직되어 합세했다. 그러나 전제왕정의 벽은 여전히 견고했고, 저항세력은 의지는 높았지만 비조직적이었다. 결국 600여 명이 체포되고 지도자 다섯 명이 교수형에 처해졌으며 많은 사람이 유배되었다. 그러나 '패배한 반란'은 아니었다. 데카브리스트 운동은 러시아 최초의 혁명운동의 밑거름이 되었다.

시민과 농민들은 지도자들의 처형과 유배에 큰 충격을 받았다. 전제정치는 러시아 사회에서 하나의 시대정신으로 자리 잡게 되었다. 그러나 이후 전제정치 타도를 외치는 인텔리겐치아와 혁명가들, 진보적 지식인들이 등장하는 계기가 되었다.

역사는 직선으로 발전하지 않는다. 걸림돌이 있으면 우회하면서 때로는 나선형으로 진행되기도 한다. 기득세력은 어떻게든 역사의 진보를 막고자 방패를 동원하고 반동정책으로 역사를 역류시키기도 한다.

러시아의 니콜라이 2세도 반동정책으로 진보세력에 맞섰다. 인텔리겐치아·농민·농노들을 처형·유배·투옥하면서 권력을 강화해나갔다.

　　1833년 반동적인 학자 우바로프가 문교장관이 되면서 교육은 더 후퇴했다. 그는 자신의 말대로 "러시아의 발전을 50년간 유보"하고 서유럽에서 밀려오는 혁명의 홍수에 대비해 댐을 쌓았다. 댐의 중심 지주는 정교·전제정치·국민정신이었다. 러시아 정교의 권위에 순종하고, 황제와 그의 경찰 통제에 순종하며, 서유럽에 맞서 러시아 고유의 애국심과 민족성을 길러야 한다는 것이었다.
　　1835년에는 대학이 자치권을 잃고 정부의 통제하에 들어갔다. 교수의 임명까지도 장관의 재가를 받아야 했다. 신학과 교회사가 필수과목이 되는 대신, 위험하다고 여겨진 철학·헌법·세계사 강좌가 폐강되기도 했다. 대학 교육의 강조점도 관료체제의 요구를 충족시키는 방향으로 바뀌었다.
　　대외정책 면에서도 니콜라이의 첫째 목표는 '유럽의 헌병'으로서 유럽의 혁명운동을 진압하고 그 여파가 러시아에 미치지 않도록 하는 것이었다.[2]

　　당시 유럽에서는 1830년 프랑스의 7월 혁명에 이어 1848년 2월 혁명이 일어나는 등 자유와 평등, 반전제와 농노해방의 물결이 흘러넘쳤는데 러시아의 기득세력은 완강한 반동정책으로 시대의 흐름을 역행했다.
　　억압과 차별, 반동이 심하면 심할수록 저항도 강해지는 것이 역사의 법칙이다. 러시아인들은 이미 표트르대제 시대에 짧은 기간이지만 자유의 공기를 한껏 호흡했고, 이 과정에서 적지 않은 자유주의 문인·철학가·예술가들이 태어나고 있었다.

> 러시아의 인텔리겐치아들은 선진 서구제국의 사회적 움직임을 주
> 의 깊게 관찰했다. 그래서 그들은 러시아 농노제적 전제권력의 합리
> 성과 영속성을 불신함과 동시에 서구 부르주아적 사회질서의 합리
> 성과 영속성 또한 불신했다. 그들은 18세기 후반부터 1세기 반에 걸
> 쳐 사회변동에 대한 불안한 예감과 사회의 급속한 개혁에 대한 기대
> 속에 살았다. 이러한 기분을 반영한 문학은 다분히 예언자적 성격을
> 지니고 있었다.[3]

러시아 인텔리겐치아들은 생활 속에서 공동체보다도 높고 권력
보다도 강한 '무엇인가'를 갖고 있었다. 그것은 수세기에 걸친 국민
의 역사적 발전 과정에서 내외의 적과 어려운 투쟁을 하는 동안 단
련되고 성장된 힘이었다. 박해와 부정에 대한 저항심이었다.

이들은 러시아 사회의 광범위한 개혁을 주장했는데 러시아 해방
운동의 선구적 사회사상, 진보적 문화예술의 행위는 1870년대에
'인민 속으로!'라는 브나로드운동으로 나타났다. 전통적으로 러시
아 지식인들은 순례자가 되어 전국의 사원을 찾았다. 이들은 지상
의 권위를 인정하지 않았으며 자신의 이익에 연연하지 않고 주위의
농민·농노들을 위해 신에게 기도했다. 따라서 농민·농노들은 이들
을 자신들의 대리자로 인식하게 되었다.

라디셰프, 저항의 횃불 들어

이와 같은 전통 속에서 가장 먼저 저항의 횃불을 든 사람은 알렉

산드르 라디셰프(1749~1802)였다. 그는 이반 4세 때에 기독교로 개종한 타타르 출신 귀족의 후예로 태어났다. 두뇌가 우수하여 관비유학생으로 뽑혀 독일에 유학, 1766년부터 1771까지 라이프치히 대학에서 법학을 전공했다. 독일에 머무는 동안 프랑스의 자유주의 철학에 심취하게 되었다.

귀국 뒤에는 공직에 근무하기도 했지만 자신의 집에 인쇄소를 차려놓고 군주제와 농노제도를 비롯한 러시아의 사회체제를 격렬하게 비난하는 『페테르부르크에서 모스크바까지의 여행』이라는 책을 펴냈다. 장래가 보장된 기득권을 버리고 저항의 길을 택한 것이다.

라디셰프의 저서는 프랑스혁명(1789)으로 인해 불안감을 느끼던 예카테리나 여제의 분노를 샀다. 그는 체포되어 사형선고를 받았다가 10년 유배형으로 감형되었다. 여러 해 동안 시베리아에 유배 생활을 하다가 여제가 사망하자 풀려나 모스크바로 돌아왔지만, 여제의 아들이 집권하면서 반동정치는 달라지지 않았다.

꾸준히 반전제 투쟁을 벌여온 라디셰프는 54세 되던 1802년 음독자살로 생을 접었다. 육신은 죽었지만 그의 사상은 죽지 않았다. 러시아에서 그는 진보적 인텔리겐치아 최초의 순교자가 되었다. 그를 죽음으로 몰고 간 이 책의 '자이츠보' 편에는 한 재판관의 얘기가 담겨 있는데 당시 러시아의 절대군주제와 농노제도의 폐해를 신랄하게 공격한 내용이다.

어느 마을에 공직에서 은퇴한 귀족이 살고 있었다. 그는 천성적으로 탐욕스럽고 인색하며 잔인한 지주로서 자신의 농노들을 가혹하게 착취했다. 그런데 그 마을의 한 아름다운 농노처녀와 총각이 결혼을 하게 되었다. 마침 그 처녀는 지주의 아들이 홀딱 빠져 있던 아가씨였다. 지주의 아들은 결혼식 전에 그녀를 유인해 강제로 겁탈하려 했고, 이것을 발견한 총각은 지주의 아들을 구타했다.

지주 앞에 끌려간 총각은 지주의 아들을 때린 죄로 혹독한 체벌을 당했다. 그 와중에 지주의 아들은 또다시 처녀를 농락하러 들었고, 이에 분노한 농노들이 총각을 도우러 몰려들었다. 그때 지주가 농노 한 명을 사정없이 몽둥이로 후려쳐 쓰러뜨렸다. 이것이 계기가 되어 분노한 마을 사람들은 주인과 그의 세 아들을 현장에서 때려죽이게 된다. 농노들은 전원 살인죄로 체포되었다. 그러나 이 사건을 맡은 선량한 재판관은 농노들에게서 혐의점을 찾을 수 없었다.

이 사건의 원인 제공자는 지주였기 때문이다. 선량한 재판관은 시민법에 우위인 자연법상 농노들의 행위는 정당방위로 인정되어야 한다고 생각했다. 그러나 이 같은 그의 '위험천만한' 생각은 러시아의 법제도상 인정되지 않았다. 오히려 그는 동료들로부터 살인의 교사자, 살인자의 한패거리라는 비난을 받았다.

이에 재판관은 사표를 내고 낙향하게 된다. 어쩔 수 없는 운명 때문에 범죄에 휩쓸리게 된 가엾은 범법자들을 구할 수 없는 한 그들을 파멸시키는 데 일조하는 죄인까지 될 수는 없었기 때문이다.[4]

라디셰프는 대단히 진보적인 사상의 소유자였다. 프랑스의 루소나 몽테스키외에 못지않은 자유주의 사상가였다. 그는 자연법이 시민법과 충돌하는 경우 시민법을 상위의 법으로 생각하고 있었다. 앞에서 소개한 『페테르부르크에서 모스크바까지의 여행』의 한 대목이다.

모든 인간은 평등하게 태어난다. 모든 인간은 똑같은 육신을 가졌으며 모두는 이성과 의지를 가지고 있다. 때문에 사회관계는 차치하더라도 인간은 행동하는 데 있어서 그 누구에게도 의지하지 않는 존재이다. 그러나 인간은 자신의 행동의 자유를 규율하며 모든 문제에 있어서 스스로의 의지를 따르려 하지 않을뿐더러 스스로를 자기와 동등한 사람의 통제에 맡기려 한다. 한마디로 말하면, 인간은 시민이기를 바란다.[5]

국민문학 창시자 푸시킨의 저항

러시아 국민문학의 창시자로 불리는 알렉산드르 푸시킨(1799~1837)은 러시아의 근대문학을 연 시인, 극작가, 산문 작가이면서 저항 문인이다. 600년 전통을 자랑하는 명문가의 아버지와 한니발 장군의 손녀딸인 어머니 사이에서 태어나 귀족 학습원에서 교육을 받았다. 한때 외무부에 발령을 받았으나 한직이어서 오히려 문학 서클에 동참하여 작품 활동에 열중할 수 있었다.

뒷날 데카브리스트(12월당원)가 되는 인텔리겐치아 청년들과 교류하면서 자유주의 문학 활동을 전개했다. 데카브리스트들의 모임에서 푸시킨은 「자유」, 「마을」, 「차다예프에게」 등 자유사상이 담긴 시를 발표했다. 다음은 1817년 18세 때에 지은 시 「자유」다.

전제의 자리에 있는 나쁜 자여, 그대를
그대의 제위를 나는 증오한다
사무치는 즐거움으로
나는 그대가 망해가는 꼴을
그대의 죽음과 시체를 지켜보리라[6]

독재자들은 자신을 비판하는 사람을 싫어한다. 젊은 시인의 격문과도 같은 시가 독재자의 귀에 들어가고, 요시찰 인물로 지목되어 먼 한촌으로 추방당했다. 그러나 독재자는 인텔리겐치아의 육신은 유폐시켜도 영혼까지 묶을 수는 없었다. 푸시킨은 유배 생활을 오히려 좋은 작품을 쓸 수 있는 기회로 삼았다.

세계의 명작 중에 상당수가 망명지나 감옥에서 태어났듯이 푸시킨도 유배지에서 많은 명작을 썼다. 여러 해가 지난 뒤에 정세가 바뀌어 니콜라이 1세가 집권하면서 그는 유배에서 풀려났다. 새로운 황제는 문학적 영향력이 큰 푸시킨을 포섭하고자 자신이 후견인이 되겠노라고 천명했지만, 진보적 문인 푸시킨은 어용문인이 되는 것을 단호히 거절했다. 당연히 권력과 갈등이 일게 되고, 음흉한 권력의 작용이 그를 나락으로 몰아갔다.

푸시킨은 1831년 13세 연하인 나탈리아 곤차로바와 결혼했다. 미모의 이 여성은 허영과 사치를 좋아하여 남편을 물질적·정신적 궁지로 몰아갔다. 푸시킨은 나탈리아의 정부로 알려진 단테스와 결투를 하게 되었는데, 명예와 자존심 때문에 결투를 거부할 수 없었던 그는 치명상을 입고 쓰러졌다.

푸시킨의 문명(文名)에 질투심을 느낀 일군의 문인들이 결투를 부추겼고, 당국은 방관하며 '불온한 문인'이 파멸하기를 바랐다. 그들의 의도대로 푸시킨은 사망했고, 당국은 여론의 비난을 염려하여 장례식도 비밀리에 고향에서 거행토록 했다.

다음은 우리에게도 잘 알려진 「삶이 그대를 속일지라도」이다.

삶이 그대를 속일지라도
슬퍼하거나 노여워하지 마라!

슬픔의 날도 참고 견디어라
즐거운 날이 오리라는 걸 믿어라

마음은 미래에 사는 것
현재가 슬프다 해도
모든 것은 빛과 같이 순간적으로, 모두 지나가게 되리라
그리고 지나간 것은 뒷날 그리워지리라'

　푸시킨의 업적에 관해서는 후대 작가와 평론가들의 평가에서 잘 드러난다.

"그는 예언자였다. 우리가 가는 어두운 밤길에 환한 등불이었다."
　　　—도스토옙스키
"푸시킨을 통해 수많은 사람들에게 문학적 교양이 쌓였다. 그는 러시아에서 문학을 국민적인 사업으로 끌어올린 시인이다."
　　　—체르니셰프스키
"다른 나라에서는 1세기 이상의 시간을 두고 이루어진 두 가지 일(문장어 확립과 국민문학의 창조)이 푸시킨 한 사람에 의해 동시에 성취되었다."
　　　—투르게네프

　푸시킨은 1817년 전제정권 타도의 저항시로 인식되는 「자유송시」를 지어 농민의 의식을 일깨우고 저항에 불을 지폈다.

신음도 외면하고 눈물도 무시하고
자유로운 인간에겐 독, 거만도 한이 없네

여기 야수 같은 지주들, 무법으로 감정도 없이
채찍을 휘둘러 빼앗는다
농민의 노고, 시간, 그리고 알량한 소출마저
낯선 쟁기를 쥐어주고, 채찍으로 위협하며
여기 저주스런 농노제가 가로지른다
무자비한 지주들의 들판을[8]

관료 부패 고발한 고골리

니콜라이 고골리(1809~1852)는 푸시킨의 직접적인 후계자다. 스스로 "나는 푸시킨의 조언이 없었다면 무엇 하나 고찰해낼 수 없었고 쓸 수도 없었을 것이다"라고 말할 정도였다. 대표작인 『검찰관』과 『죽은 혼』의 주제도 푸시킨에게서 얻은 것이다.

고골리는 푸시킨보다 10세 연하로서 젊어서는 한때 관청에서 근무를 했고 역사 교사를 하기도 했다. 푸시킨의 영향으로 문학을 전공하여 사회의 온갖 부조리와 전제정치를 비판적 리얼리즘과 해학과 풍자로써 묘사했다.

고골리의 대표작이라 할 『검찰관』은 소도시의 탐관오리가 낯선 손님이 도시에 머물고 있다는 소문을 듣고 그를 검찰관이라고 오해하는 데서 시작하는 시대 풍자 희곡이다. 부패한 관리들에 대한 도덕적 풍자, 봉건적 전제질서와 사회조직에 대한 비판을 내용으로 한다. 고골리는 이 희곡에 대해 "내가 알고 있는 러시아의 모든 죄악상을 한데 묶어서 자아내게 할 결심이었다"고 말했다.

"여기에 묘사된 것은 한 지방 도시의 추악함뿐만 아니라 농노제 러시아의 관료기구 전체에 대한 부패상인 것이다. 작자는 이를 반

국민적인 권력상으로 보여주고 있다."⁹ 한 평론가의 말이다.

'한밤중의 총성' 차다예프

표트르 차다예프(1794~1856)는 푸시킨의 친구이며 청년 시절에 데
카브리스트 운동에 참여한 진보적 사상가다. 촉망받던 장교직을 버
리고 종교 작가로서 활동하고 유럽 여행을 하면서 러시아의 전제정
치에 환멸을 갖게 되었다.

차다예프는 러시아와 유럽의 문화적인 차이를 인정하면서도, 그
차이는 황실이 주장하듯 러시아가 우수해서가 아니라 낙후했기 때
문에 생긴 현상이란 것을 알게 되었다. 유럽에 체재하면서 많은 작
품을 쓰고, 귀국해서는 불어로 된 총 8편의 『철학서한』을 발표했다.

이 서한에서 그는 "다른 민족의 역사는 해방의 역사이나 러시아
의 역사는 농노제와 전제체제 발전의 역사"라고 비판, 니콜라이 1
세 체제를 뿌리째 부정했다. 다음은 『철학서한』1편에서 인용한 절
망적인 표현이다.

우리 러시아인들은 글을 깨우치지 못한 어린이들처럼 전통도 없이,
우리 이전에 지구상에 살던 사람들과 아무런 관련도 없이 이 세상에
나왔다. 그렇기 때문에 우리는 우리가 존재하기 전에 있었던 교훈들
을 하나도 간직하지 못하고 있다. (…) 우리에게는 내적 발전도 자연
적인 진보도 없다. 새로운 사상은 옛 사상에서 나오는 것이 아니라
신만이 아는 곳에서 나오기 때문에, 사상의 발전적인 움직임이 우리
의 마음속에 새겨주는, 그리고 사상에 강력한 힘을 주는 지울 수 없
는 흔적들이 우리의 지성을 일구어줄 수는 없다. 우리는 성장하지만

어른이 되지는 못한다. 우리는 전진하지만 그것은 목표에 이르지 못
하는 비스듬한 방향을 향하고 있다.[10]

차다예프의 이 서한은 발표와 동시에 폭발적인 반향을 일으켰다.
'러시아 사회주의의 아버지'라 불리는 게르첸은 뒷날 "차다예프의
서한은 한밤중의 총성이었다. 그것은 러시아의 모든 사색하는 사람
들을 동요시켰다"고 평가했다.

차다예프는 초기에는 대단히 낙관주의적인 시를 썼다. 유럽 여행
중 자신의 조국과 자유분방한 유럽 사회를 비교하면서 반전제주의
작가로 변신하게 되었다. 푸시킨이 쓴 「차다예프에게」란 시는 러시
아뿐만 아니라 유럽 전역에 널리 전파되었다.

친구여! 믿을지니, 환희의 별이
찬란한 현현(現顯)으로 우리들 눈에 비치는 것을
러시아가 오랜 수면을 털고 일어서는 것을
그리고 전제군주제가 조각나 잠자는 곳에
우리들 이름이 깊게 새겨지는 것을[11]

'러시아 사회주의 아버지' 게르첸

알렉산드르 게르첸(1812~1870)은 귀족의 서자로 태어나 모스크바
대학을 다닌 엘리트였다. 자연과학을 전공했지만 탁월한 철학 저서
들을 발표하여 주목을 받았다. 어려서부터 집안의 농노제 질서를
비판했다. 대학 시절에 서클을 만들어 프랑스혁명을 선전하고, 당
시 러시아에 전파되기 시작한 생시몽과 푸리에의 공상적 사회주의

를 연구했다. 헤겔의 변증법에 통달하고 프랑스혁명 사상에 심취하여 러시아의 전제정치를 비판하는 운동을 벌였다. 신념과 용기를 갖춘 인텔리겐치아의 저항운동은 러시아 사회의 뜨거운 불꽃이 되었으며 이를 따르는 사람이 많았다.

권력의 박해가 시작되어 22세 때에 동료들과 반정부 음모 혐의로 체포되어 유배되었다가 5년 뒤에 모스크바로 돌아왔다. 게르첸은 다시 비판 활동을 개시하여 농노제를 격렬하게 공격하고 자본주의 사회의 해악에 대해서도 비판했다. 이로 인해 정부의 탄압이 가해지자 더 이상 견디지 못하고 영국으로 망명했다.

1848년 프랑스 2월 혁명의 영향으로 러시아에서는 더욱 급진적인 사회개혁의 목소리가 터져나오고, 반전제·반농노투쟁이 가열차게 전개되었다. 게르첸은 영국에서 '자유러시아 출판사'를 차려 유럽의 혁명 사상과 러시아의 저급한 정치·사회문제를 비판하고 특히 니콜라이 체제의 결함을 가차없이 파헤치는 논문을 배포했다. 조국 러시아에도 비밀 라인을 통해 보내졌다. 또 정기 논문집『북극성』과 정치 잡지〈종Kolokol〉을 발행하여 전제정치를 신랄하게 비판, 러시아혁명 운동의 불쏘시개 역할을 했다.

끊임없는 노력과 투쟁, 오랜 망명 생활로 인한 피로와 생활고는 때로 그를 좌절과 절망감에 빠뜨렸다. 한때는 자살까지도 생각하게 되었다. 죽음을 앞두고 쓴 일기는 암담했던 당시의 기록이다.

앞에는 커튼이 쳐져 있고, 모든 것은 암흑이다. 우리가 이루지 못한 일에 대해 자신을 기만하거나 억지로 이해하고 싶지도 않다. 우리는 파괴자들이었다. 우리의 임무는 잡초를 뽑아내고, 짓이기고, 거부하고, 조롱하는 것이었다. 우리는 이것을 해냈다.

그러나 15~20차례 강풍이 몰아치고 지나간 지금, 우리는 우리가 아무것도 창조하지 못했으며 어느 누구도 교육시키지 못했다는 사실을 잘 알고 있다.[12]

러시아 인텔리겐치아들은 혹독한 전제정치와 농노제의 쇠사슬을 뚫고 자유와 진보의 햇볕을 추구했다. 그 과정에서 고통을 당하고 좌절을 겪었지만, 역사의 수레바퀴를 전향시키는 데 크게 기여했다.

에밀 졸라의
진실을 향한
험난한 싸움

간첩죄로 몰린 드레퓌스 대령

"결정적 증거 앞에서도 오류를 인정하지 않으려고 고집하는 날, 바로 그날 진정한 과오가 시작된다." 에밀 졸라의 말이다.

독재자나 여기에 부역하는 공권력은 진실을 밝히기보다 거짓을 말하거나 필요하면 범인을 조작한다. 진실이 드러나도 과오를 인정하지 않고, 새로운 조작을 시도한다. 그리고 진실을 영원히 땅속에 묻으려 한다.

예나 이제나 독재권력과 맞서 진실을 밝히는 작업은 쉽지 않다. 자기희생이 요구되고, 조작된 가짜 증언, 권력과 유착된 언론의 진실 은폐가 사람들을 현혹시키기 때문이다. 인류사에서 얼마나 많은 진실이 묻히고 거짓이 행세했는지, 얼마나 많은 사람이 억울한 죄를 뒤집어쓰고 형장에 서거나 옥살이를 했는지, 역사는 침묵하는 경우가 적지 않았다. 예외가 없는 것은 아니다. 용기 있는 지식인과 진실을 밝히려는 언론이 있었기에 가능했던 일이다. 진실의 맥은 이렇게 하여 지켜지고, 정의는 여전히 인류의 소중한 보편적 가치로 존중받는다.

유태인 출신 프랑스 장교 알프레드 드레퓌스(1850-1935)는 독일 측에 기밀문서를 넘겨주었다는 혐의로 체포되어 군사재판에 회부되었다. 군부의 가짜 서류, 증언이 이어지고 불공정한 재판에서 그는 유죄판결을 받고 1895년 1월 기니 소재의 '악마의 섬'으로 유형되었다.

드레퓌스의 형 마티브가 동생의 억울함을 호소하는 진정서를 보내고, 해당 문건의 필적이 다른 장교의 것으로 드러났다. 에밀졸라와 조레스 등 양심적 지식인들이 재심을 요구하는 등 진실 규명에 나서면서, 프랑스에서는 양심적인 드레퓌스주의자들과 진실을 묻으려는 반드레퓌스주의자들의 대결이 전개되었다. 이 싸움은 진보세력과 보수반동 세력 간의 대결이었다. 먼저 이 사건의 개요를 옮겨본다.

1894년 9월의 어느 날 프랑스의 참모본부는 파리 주재 독일대사관으로부터 훔쳐낸 한 통의 편지를 입수한다. 편지의 수취인은 독일대사관 무관 슈바르츠코펜이었고, 그 편지 속에는 익명의 발신인이 슈바르츠코펜에게 보낸 프랑스 육군 기밀문서의 명세가 적혀 있었다. 프랑스 육군 장교 가운데 군의 기밀을 적에게 파는 매국노가 있음이 분명했다. 참모본부의 간부들은 이 명세서의 필적이 참모본부의 수습참모인 유태인 포병 대위 알프레드 드레퓌스의 것과 유사하다는 이유로 우선 그를 체포한다. 그러나 드레퓌스가 혐의 사실을 극구 부인할 뿐 아니라 유일한 증거라 할 수 있는 명세서의 필적역시 그의 것이라고 단정할 만한 근거가 없어 참모본부는 곤경에 빠진다. 그러나 격렬한 반유태주의 신문인 〈라 리브르 파롤〉 지가 드레퓌스의 체포 사실을 터뜨리면서 참모본부가 마치 '매국노'를 비호하기 위해 기소를 주저하고 있다는 식으로 몰아붙인다. 다른 보수적 신문들도 이에 동조하자 궁지에 몰린 참모본부는 명세서와 필적이 유사하다는 것을 유일한 증거로 드레퓌스를 반역죄로 기소한다. 그리고 비공개 군법회의를 열어 유죄로 판결, 종신 금고형을 선고한다.

이 판결에 따라 드레퓌스는 치욕적인 불명예 제대 후 프랑스령 기니의 '악마의 섬'으로 유배되어 참혹한 유배 생활을 하게 된다.

그러나 그로부터 1년쯤 뒤인 1896년, 참모본부 제2국장 피카르 중령은 우연한 기회에 프랑스군의 대대장급 장교인 에스테라지 소령이 독일대사관 무관과 은밀히 연락하고 있으며 문제의 명세서 필적이 그의 것과 정확하게 일치한다는 놀라운 사실을 발견하게 된다. 피카르는 이 사실을 곧 상관들에게 보고하고 에스테라지가 독일의 첩자이며 드레퓌스는 무죄라고 주장하나, 그것이 군이 범한 오류를 스스로 인정하는 결과를 초래한다는 이유로 가차없이 묵살당하고, 오히려 변방으로 쫓겨난다. 그러나 피카르는 이에 굴하지 않는다.

에밀 졸라, 불의에 도전하다

그는 이 사실을 변호사 레블와르를 통해 상원 부의장인 케스트너에게 알리고 그에 의하여 진실이 발설되면서부터 일은 크게 확대된다. 드레퓌스 가족들은 에스테라지를 고발하지만 참모본부는 스스로의 과오를 끝내 인정하지 않는다. 에스테라지는 형식상 군법회의에 회부되나 오히려 군중의 환호 속에 무죄판결을 받는다. 광기 어린 여론은 무조건 군부의 편을 들어, 드레퓌스의 재심을 요구하는 사람들을 군의 명예에 먹칠을 하고 국가안보를 해치는 자들로 몰아붙였다.

이에 프랑스 지식인들은 진리·정의·인권을 위해 나선다. 당시 세계적 문명을 얻고 있던 에밀 졸라가 1898년 1월 31일자 〈로로르〉 지에 '나는 고발한다'라는 제목으로 대통령에게 보내는 공개장을 발표하여 드레퓌스 사건의 진상, 군부의 음모 등을 만천하에 폭로하자 프랑스 전국은 이 사건을 둘러싸고 격렬한 논쟁의 소용돌이에 말려든다.

국민 전체가 재심 요구파와 재심 반대파로 양분되고, 재심 요구파에는 에밀 졸라, 클레망소, 케스트너, 베르나르 라자르, 아나톨 프랑스, 장 조레스 등 자유주의적·개인주의적·진보적 지식인들이 앞장서고, 재심반대파에는 왕당파·국수주의자·가톨릭교도·반유태주의자들이 한편이 되어 격렬한 싸움을 벌인다.

재심 반대파의 필사적인 음모에도 불구하고 시간의 흐름에 따라 드레퓌스 사건은 그 허위의 껍질이 한겹 한겹 벗겨지고, 사건의 진상을 알게 된 세계와 프랑스 국민의 압력에 의해 마침내 드레퓌스는 1899년 렌느에서 재심을 받게 된다. 이때는 이미 사건의 진상, 즉 드레퓌스가 죄가 없다는 사실이 천하에 밝혀졌음에도, 군부의 교활하고도 집요한 음모와 압력으로 다시 유죄선고가 내려진다.

이를 본 프랑스 국민과 온 세계가 격분하자 군부는 타협책으로 '특별사면'이라는 형식으로 드레퓌스를 석방한다. 드레퓌스는 끈질긴 투쟁 끝에 1906년에 무죄판결을 받고, 10여 년 동안이나 프랑스를 파란의 소용돌이 속에 몰아넣었던 정치적 열병은 마침내 진실을 수호하기 위해 신명을 바쳤던 위대한 프랑스인들의 승리로 막을 내리게 된다.[13]

한 개인이 거대한 국가 폭력에 맞서 싸우기는 힘겹다. '국가 폭력' 에는 국가기관뿐만 아니라 시시비비를 가려줄 사법과 언론이 합세 한다. 이들이 일방에 치우치면 진실은 은폐되고 개인은 망가진다. 드레퓌스는 구속된 지 12년 만에 완전히 복권을 하게 되었지만 이 미 망가질 대로 망가진 뒤였다.

'진범'이 드러났는데도 군부와 보수 신문, 국가주의자들은 군과 국가의 명예를 위한다는 명분으로 진실을 덮으려 하고, 희생양을 땅속에 묻으려 했다. 이 사건의 진행 과정에서 군부의 파시스트적 행위도 문제가 많았지만, 보수 신문의 행태는 파멸적이었다.

이 사건은 보수 신문의 이 같은 '폭력'이 한 인간의 삶을 어떻게 만 들었는가를 보여준다. 드레퓌스의 유배 생활상을 들어보자.

내가 쓰도록 지정된 집은 돌로 지어져 있었고 넓이는 약 17평방야드 쯤 되었다. 창문은 쇠창살로 막혀 있었고 문도 역시 쇠로 되어 있었 다. 문으로 들어가면 6평방피트쯤 되는 조그만 대기실이 있었고, 대 기실 안쪽 벽에 단단한 나무문이 나 있었다. 이 대기실에 경비병 한 사람이 항상 배치되어 있었다. 경비병은 두 시간마다 교대되었다. 경비병은 밤낮 구별 없이 나에게서 시선을 떼지 않았다. 나를 경비 하도록 배치된 경비병은 모두 다섯 명이었다. 밤이 되면 쇠창살 문에는 안팎으로 자물쇠가 채워졌다. 두 시간마다 경비병이 교대될 때면 열쇠로 문을 따는 소리, 쇠창살과 쇠빗장이 덜그럭거리는 소리에 매우 시끄러워진다.[14]

9월 6일부터 밤이면 내게 이중 버클이 채워졌다. (…) 두 발을 족쇄에 채우고 나면 나는 돌아다닐 수가 없었다. 침대에서 돌아눕는 것조차 불가능했다. 찌는 듯한 더위 속에서, 거의 참을 수 없는 고문이었다. 얼마쯤 지나면 족쇄가 발목을 파고들었다.[15]

나는 고발한다

드레퓌스 사건은 우연히 발생한 단발적인 사건이 아니었다. 1789년 대혁명으로 프랑스는 자유·평등·박애의 이념과 정의가 보편화되고 있었지만, 보수세력은 기회만 있으면 이를 뒤엎고자 시도했다.

드레퓌스는 점점 쇠약해져갔다. 오랫동안 써왔던 일기조차 중단해야 했다. 다음은 아내를 통해 전달하려고 쓴 대통령에게 보내는 편지의 일부다.

> 대통령 각하, 한 인간에게 가해진 가장 부당한 이 판결에 대해 사람들은 분노하고 경악할 것입니다. 저는 일생 동안 명예에 어긋나는 어떤 일도 저지르지 않았습니다. 저는 누구도 규탄하지 않습니다. 단지 제 결백이 밝혀지고 언제나 단 하나, 진범을 찾기만을 바랄 뿐입니다. (…) 오늘까지 제가 살아 있는 것은 제 아내와 아이들에 대한 성스러운 의무를 충실히 인식하고 있기 때문입니다. 그들의 이름과 제 명예를 걸고 저는 정의를 요구합니다.[16]

드레퓌스를 간첩으로 몰아 유배지로 보내고 극렬한 반유대주의와 반공화주의가 판칠 수 있었던 것을 프랑스 군부와 보수 저널리즘 그리고 왕당파에 속한 몇몇 사악한 심성을 가진 자들 탓만으로 돌릴 수 없다.

어느 나라 어느 사회든 보수세력은 자신들의 기득권을 놓치지 않으려 희생양을 만들고, 마녀사냥을 서슴지 않는다. 개인이나 계층, 특정 지역이 희생되기 일쑤다. 프랑스의 보수세력은 점차 제고되고 있는 진보세력의 자유·평등·박애 정신을 차단하기 위해 드레퓌스를 간첩으로 조작하여 희생시켰다. 여기에 몇 개의 선동적 신문이 앞장서서 여론을 조작하고, 민중들은 "단두대로!", "화형대로!"라고 외쳤다. 선동지들은 또 이것을 대서특필했다.

드레퓌스가 수감된 지 3년이 지났다. 진실을 언제까지 묻어둘 수는 없었다.

다음은 진보적인 산문 〈로로르〉에 실린 에밀 졸라의 '나는 고발한다'라는 글의 일부다.

> 저는 진실을 말할 것입니다. 법적인 권한을 부여받은 사법부가 완전 무결한 진실을 말하지 않는다면 제가 말할 것을 명세했습니다. 이것은 제 의무이기도 합니다. 공범이 되고 싶지 않기 때문입니다. 그러지 않으면 세상을 잃어버린 먼 곳에서 결코 저지르지 않은 범죄의 대가로 고통을 겪고 있는 저 불행한 자의 망령이 밤마다 저를 찾아올 것입니다. 대통령 각하, 각하를 위해 저는 이 진실을 온 세계로 외칠 것입니다.
>
> 온 힘을 다해 정직한 한 인간의 외침을 세계로 전할 것입니다. 각하의 명예를 생각해볼 때 저는 각하가 사실을 알지 못한다고 확신합니다. 그러나 누구 앞에서 제가 범인의 악행을 규탄할 수 있겠습니까? 이 땅에서 최고의 권위를 가지고 있는 각하 앞이 아니라면?"

졸라는 군부가 주관한 재판에서 벌어진 위법과 오류, 근거로 채택할 수 없는 자료에 의거해 내려진 판결에 문제를 제기했다.

그들은 쉬지 않고 거짓을 말합니다. 자신의 죄가 공표될 수 있다는 것을 두려워하지도 않습니다. 그들은 프랑스 국민을 부추기고, 조국을 걱정하는 것처럼 가장한 채 여론을 몰아가며 혼란시키고 사상을 왜곡시킵니다. 저는 인류 역사에서 이보다 더 큰 범죄는 보지 못했습니다.

조국의 운명이 어떤 사람들의 손에 맡겨져 있는지를 아는 사람들은 전쟁이 일어날지도 모른다는 공포에 떨고 있습니다. 제가 알고 있는 사람만도 얼마나 많은지 모릅니다.[18]

졸라의 공개장은 논리적이면서도 예리했다. 조국애를 증오의 표출로 오용하여 비관용과 반유태주의라는 저급한 본능을 자극하면서 여론을 중독시킨다고 비판했다.

대통령 각하, 우리는 수치스러운 연극의 증인들입니다. 뿌리 깊은 범죄와 악행에 빠진 사람(에스테라지 소령)이 공개적으로 결백하다고 밝혀졌습니다. 반면 신사(조르주 피카르)는 범죄자로 낙인찍혔습니다. 이 사회가 이렇게 심각하게 타락한다면 파멸은 시간문제입니다.

저는 파티 중령을 고발합니다. 그는 금세기 가장 부당한 사건의 공범으로 활동했습니다. 저는 비오 장군을 고발합니다. 그는 드레퓌스 대위가 무고하다는 증거를 가지고 있었지만 참모본부의 체면을 위해 그것을 은폐했습니다.

저는 부아데프르 장군과 공스 장군을 고발합니다. 그들은 인류에 대한 범죄의 공범입니다. 전자는 가톨릭교회의 열광주의 때문에, 후자는 군부의 핵심을 대역으로 선포하려는 저 오만한 신분주의 때문에 그런 일을 저질렀습니다.

저는 펠리외 장군과 라비리 소령을 고발합니다. 그들은 에스테라지 사건의 심문을 담당했던 자들로, 편파적이고 뻔뻔스러운 심문을 자행했습니다.

저는 세 명의 필적 전문가를 고발합니다. 의학위원회가 그들의 눈과 정신에 문제가 있음을 증명해주지 않는다면 그들은 거짓 감정을 행했다는 죄에서 벗어날 수 없습니다.

마지막으로 저는 첫 번째 군법회의를 고발합니다. 비공개 문서를 근거로 피고에게 유죄판결을 내림으로써 심각한 위법행위를 저질렀기 때문입니다. 저는 두 번째 군법회의 역시 고발합니다. 여기서는 명령에 의해 불법행위를 은폐하고 피고(에스테라지)에게 죄가 있음을 잘 알고 있었음에도 불구하고 그를 무죄방면했습니다.[19]

에밀 졸라는 거짓과 위선을 날려버리는 격정적인 글로써 세기적인 공개장을 마무리한다.

제가 가진 유일한 열정은 계몽을 향한 열정입니다. 그토록 많은 고통을 받아 왔지만 앞으로는 행복한 삶을 살 권리가 있는 인류의 이름을 걸겠습니다. 저의 불타는 저항은 영혼의 외침일 뿐입니다. 사람들이 저를 배심 재판소로 끌고 가서 백일하에 심문을 개시하기를 원하는 마음입니다. 저는 기다리겠습니다.[20]

졸라의 "불타는 저항은 영혼의 외침"은 자신의 희생을 전제로 한다. 불의의 시대에 온몸으로 저항한 졸라는 재판소에 끌려가 심문을 받을 각오로 공개장을 썼다. 그리고 클레망소는 신문사 문을 닫을 각오를 하고, 이 글을 실어서 진위(眞僞)의 물굽이를 바꿨다.

폭압·보수에 맞선 자유·평등의 진보

에밀 졸라만의 힘으로 수천 년 이어진 보수의 철벽을 뚫은 것은 아니었다. 장 조레스(1859~1914) 같은 투철한 진보 정치인이 있어서 측면 지원이 있었기에 가능했다. 조레스는 1898년 1월 22일 하원 토의에서 군부의 오만과 독선을 사정없이 비판하면서 '금단의 성벽'을 공격했다. 그는 이 일에 관여하면서 낙선되었지만 굴하지 않았다.

> 그는 군의 수뇌들이 마치 모든 비판을 초월하는 위치에 있고 무오류인 것처럼, 군의 선고에 대한 논의가 금지된다면 그것은 반동이라고 주장했다. 진실 대 권위, 개인 대 사회가 드레퓌스주의자들과 반드레퓌스주의자들 간의 주된 대립적 명분이었으나 군의 국방력에 대한 견해가 실은 양편의 대립의 주요한 초점이었다.
> 반드레퓌스주의자들은 군의 명예를 침범하여 군의 이미지를 훼손시키는 것은 적을 이롭게 하는 행위라고 주장했고 반면 드레퓌스주의자들은 거짓을 인정하는, 진정하게 명예로운 군을 만드는 것이 국방력을 올바르게 강화한다는 논리를 폈다.[21]

조레스는 정치적으로 보수세력의 총체적인 비난과 박해에도 굽히지 않고, 군부의 병폐를 시정하는 노력을 중단하지 않았다. 무엇보다 법은 군부의 상위에 있으며, 드레퓌스 사건에서 지키려고 하는 공화국이란 다름 아니라 군과 같이, 이성과 양심의 통제를 벗어나 있는 사회세력들을 법으로 통제하려는 데 있다고 했다.

법이 원하고 공정성과 양식이 원하는 바는 피고가 그를 내리누르는 혐의와 그의 혐의를 입증하는 물증들에 관해 알아야 한다는 것이다. 피고가 이 혐의와 물증에 대해 토론하는 것이 허용되지 않고 피고가 이에 답변할 수 없고 심지어는 그것들을 알지도 못한다면 재판이라고 하는 것과 물리적인 폭력 사이에 무슨 차이가 있는가? 이 문제는 재판 절차의 세부 사항에 관한 것이 아니라 법의 근본적 보장에 관한 것이다. 폭력과 과오에 대한 방비가 필요하다.[22]

독재세력은 비판자들의 입을 막고 비판을 봉쇄하기 위해 수단 방법을 가리지 않는다. 의회 다수석을 지배한 보수세력은 에밀 졸라를 국가(군부)의 명예를 훼손했다는 혐의로 기소해 재판에 회부되었다. 졸라의 법정 최후진술은 정의에 대한 신념과 비감에 넘쳤다.

그들 모두가 나에게 반대하는 것 같습니다. 상원과 하원, 민간 권력, 군부, 대규모 부수를 자랑하는 신문들, 이 신문에 중독된 여론 등 모두가. 그러나 나는 진실과 정의라는 이념만을 가지고 있습니다. 지금 여기서 나를 처벌할 수는 있겠지요. 하지만 언젠가 프랑스는 내게 고마워할 것입니다. 프랑스의 명예를 구하는 데 기여한 사람이라고 감사하게 될 것입니다.[23]

독재세력의 잔혹성은 한 지식인의 신념 따위는 안중에도 없었다. 그들은 자신들의 기득권 성벽을 뚫고자 하는 졸라에게 무서운 형벌을 예고했다. 졸라의 친구들은 우선 그의 생명을 지키는 것이 시급하다고 조언했다. 졸라는 한밤중에 증기선을 타고 도버해협을 건너 영국으로 망명했다.

프랑스에서는 드레퓌스의 재심을 요구하는 사람과 졸라의 귀국을 바라는 사람이 늘어났다. 언제까지나 손바닥으로 하늘을 가릴 수는 없었다.

마침내 고등법원은 1899년 6월 3일 드레퓌스에 대한 판결을 취소했다. 7월 4일 11개월 동안의 망명에서 귀국한 졸라는 〈로로르〉 신문에 "내 도움으로 무덤에서 나올 수 있었던 남자의 귀환에 대한 생각, 드레퓌스의 손을 잡고 싶다는 생각은 나를 기쁨의 황홀경 속으로 몰아넣는다. 이 순간은 내 모든 고통을 보상하기에 충분하다"[24]라고 썼다.

졸라는 1902년 군대에 복귀하여 소령으로 근무하다 일산화탄소 중독으로 숨졌다. 보수세력의 음모였다는 설이 있었지만 사고 경위는 밝혀지지 않았다. 아나톨 프랑스의 조사(弔辭)가 양심적 프랑스인들을 울렸다.

저 범죄의 시대에 위대한 국민은 조국과 조국의 도덕성에 의심을 품었습니다. 정의·명예·이성, 이 모든 것을 상실한 것처럼 보였습니다. 하지만 아닙니다. 우리는 모든 것을 얻은 것입니다! 졸라가 공개적으로 탄핵한 것은 사법적 오류만이 아닙니다. 그는 사상의 자유를 질식시키려 했던 독재적인 권력의 결탁 역시 고발했습니다. 그의 말이 프랑스를 일깨웠습니다.

졸라가 한 행동의 결과는 간과할 수 없는 것입니다. 그 영향은 오늘날까지도 지대하며 미래에도 그럴 것입니다. 그의 행동은 부단한 사회적 정의를 살아나게 하였고, 그 정의로부터 새로운 사물의 질서가 생겨났습니다. 새로운 질서는 모든 인권을 더욱 깊이 인식시키고 더 높은 정의를 발견하는 토대가 될 것입니다. 우리는 졸라를 부러워합니다. 그는 위대한 작품과 위대한 행동으로 조국을 구했습니다. 우리는 그를 부러워합니다. 그의 결단과 그의 심장은 그에게 가장 위대한 역할을 맡겼습니다. 단 한 순간에 그는 인류의 양심을 구한 것입니다.[25]

드레퓌스 사건은 현상적으로는 진실과 허위의 싸움이지만, 본질적으로는 전제세력과 공화주의세력, 기득세력과 개혁세력, 보수세력과 진보세력, 불의의 집단과 정의의 집단 간의 치열한 싸움이었다. 전자는 한 개인 때문에 군의 위신을 실추시키고 국가의 방위력을 약화시킬지 모르는 위험을 무릅쓸 수 없다는 주장이고, 후자는 프랑스의 토대, 프랑스 국방의 기초는 공화국의 이념을 구현하는 데 있다고 믿었다. 공정한 재판, 정의, 진실, 인권의 존중에 근거하지 않고는 프랑스의 방위가 결코 구축될 수 없다는 것이 이들의 신념이었다.[26]

'지배권력'을
거부한
아나키스트들의
저항

자유를 원하는 인간 본원의 사상

21세기 인류가 추구하는 이데올로기는 무엇일까. 인류가 보편적
으로 지향하는 방향은 어느 지점일까. 서구의 인문학자와 미래 연
구가는 다음 세 가지로 보는 경향이 적지 않다. 정치적으로는 아나
키즘, 사회적으로는 간디주의, 문화적으로는 소로주의다. 지배권
력이 존재하지 않는 무권력주의, 비폭력의 평화주의, 절약과 친환
경의 자연주의가 그것이다.

인류는 그동안 각 시대를 거치면서 일정한 이념과 사상을 추구하
고, 이것은 당대인들의 삶에 크게 영향을 끼쳤다. 어느 시대마다 그
시대를 지배하는 이념이 있었다. 신학·종교·과학·철학·정치 등
다방면에 걸쳐서다. 순전히 학문적으로 탐구하기도 하고, 정치·사
회적 필요에서 '제조'되기도 했다. 인간은 이데올로기를 만들고 이
데올로기는 인간형을 주조하였다. 대부분의 이념과 사상이 '제조'

또는 '조합'된 것이라면, 아나키즘은 "인류 역사와 더불어 도도히 흐른 지하수"라는 지적이 있다.

인간은 누구나 본원적으로 의식 속에 아나키즘이 내재해 있다. 억압과 권위, 폭력을 반대하고 자유를 추구하려는 아나키즘은 동양에서는 노장사상에서, 서양에서는 그리스의 견유철학자와 디오게네스에서부터 연원한다. 동서양을 막론하고 전제정치가 강화되면서 아나키즘은 심한 박해를 받고, 정상적인 성장이 어렵게 되었다. 현실 사회에서 하나의 조류로서 아나키즘이 본모습을 드러낸 것은 프랑스혁명기를 거친 18, 19세기였다. 계몽사상의 묘판에서 싹을 틔운 것이다.

한 연구가는 아나키즘이 대결한 권위를 네 가지로 분류했다.

첫째는 신과 교회이다. 구체적으로 유럽을 지배했던 가톨릭교회다. 아나키즘은 가톨릭교회의 신적 권위를 부인하고 거기에 도전했다. 한때는 종교개혁의 산물인 개신교도 아나키즘과 동맹을 맺기도 했다.

둘째는 국가이다. 국가 중에서도 "짐이 곧 국가"라고 오만을 떤 절대왕정이 아나키즘의 주된 적이었다. 프랑스혁명으로 대표되는 절대왕정에 대한 투쟁에서 아나키즘은 자유주의적 민주주의, 사회주의 이념과 연합했다.

셋째는 자본가를 중심으로 한 부르주아 세력이다. 부르주아 의회와 국가와 언론이 아나키즘의 타도 대상이 되었다. 이때는 사회주의와 아나키즘이 힘을 합쳤다.

넷째는 사회주의와 사회주의 국가이다. 사회주의자들이 당을 만들고 권력을 잡아 사회주의 권력을 세우려고 하자 아나키즘은 사회주의를 경멸했다. 새로운 권위를 세운 사회주의는 아나키즘의 입장에선 또 하나의 타도 대상일 뿐이었다. 실제로 인민해방의 기치를 내걸고 권력을 잡은 사회주의 정권은 강력한 권력과 권위체제를 구축했다.[27]

지배와 권위에 대한 거부, 정부나 통치의 부재(不在)를 뜻하는 아나키즘(anarchism)은 그리스어 'an archos'에서 유래한다. 모든 정치 조직·규율·권위를 거부하고 국가권력의 강제 수단을 철폐하여 자주·자유·평등·정의·형제애를 실현하려는 이데올로기이다. 아나키(anarchy)라는 말은 미하일 바쿠닌(1814~1876)이 처음으로 '조합'한 것으로 알려진다. 그는 "재산은 절도"라는 말로 유명한 프루동의 제자였다. 아나키즘은 '계급구조'를 의미하는 하이어아키(hierarchy)의 반대 개념으로, '무정부'를 뜻하지만, '혼돈'이나 '무질서'의 개념으로도 사용된다.[28]

아나키즘이 아시아에 소개되면서 일본 관학자가 '무정부주의'라고 번역하여 마치 정부의 존재를 부정하는 것처럼 곡해되었다. 하지만 아나키즘의 본질은 강제가 없는 자유사회 '무강권주의'로 번역되어야 한다. 아나키즘의 본질은 자연론적 사회관, 개인의 자주성, 권위에 대한 저항이다.

국가권력의 도덕 및 사회적 정당성에 관한 논의는 정치철학 연구의 초기부터 대두되었다. 고대 그리스 스토아학파의 정치철학자 중 일부는 정치제도의 필요성을 경시하여 선량한 생활의 방법은 정당하게 조직된 국가보다는 선량한 사회적 본능에 따라서 인간이 자유롭게 활동할 수 있는 일정한 사회적 조건하에서만 찾을 수 있다고 했다. 또한 자비롭고 합리적인 인간들이 인간 사회의 열등한 분자로써 구성되는 집정관들의 통치에 복종한다는 것은 불합리하다고 주장했다.

중세의 일부 종교인들은 종교만이 정당하고 질서 있는 주민 생활의 적절한 보루이며, 그리스도교 신앙으로 결합된 사람들은 국가의 여하한 제한에 구애됨 없이 신앙적 통제에서만 생활해야 한다고 주장했다.

근대에도 일부 지식인이나 철학자들은 인격권의 침해자로서 정치적 강제를 비난하고, 인간 본연의 합리성과 사회성이 정당하고 행복한 사회생활을 위한 최선의 기반이라고 주장했다. 그러나 근대 아나키즘의 원천은 자연적 인권으로서의 자유와 평등에 관한 이론과, 18세기 중농주의자들로부터 고전파에 속하는 경제학자들에 이르는 자연적 질서에 관한 경제학적 이론에 있다.

또한 각 개인은 조직화된 사회의 협조를 얻지 않고도 충분히 자기 이익을 충족시킬 수 있는 지혜를 가지고 있다는 경제적 개인주의 이론, 그리고 기존의 정치제도가 노동자 착취를 인정하고 있다는 사회주의적 국가관 등에서도 찾을 수 있다.

그러나 아나키즘의 가장 중요한 사회심리학적 기초는 결국 인간이 이기적이고 경쟁적이라기보다 오히려 사회적이며 협동적이라는 성선설에 입각한 신념이다. 이와 같이 자유주의와 사회주의적 관념의 혼효로서 아나키즘은 개인주의적 아나키즘, 집산주의적(集産主義的) 아나키즘, 공산주의적 아나키즘으로 분류되며, 바쿠닌과 크로포트킨을 경계로 해서 공상적 아나키즘과 과학적 아나키즘으로 분류되기도 한다. 일반적으로 대별해서 철학적 아나키즘과 혁명적 아나키즘으로 나누기도 한다.

초기 아나키스트들의 활동

철학적 아나키즘의 대표적 인물은 영국의 고드윈(1759~1836)과 프랑스의 프루동(1806~1866)이다. 이들은 16세기 전반기의 아나키스트에 속한다. 이들의 이론은 장래 이루어질 궁극의 합리적 사회의 이론으로서 성립된 것이며 여기서 개인은 절대적으로 앙양되고, 재산권은 개인의 수중에 놓이게 된다. 이들은 인간의 본질적 성선을 신뢰하고 개인의 절대적 자유가 무제한하게 인정된 아나키즘 사회를 구상했다.

혁명적 아나키즘은 후기의 아나키스트들이 수집한 사상으로서 바쿠닌(1814~1876)과 크로포트킨(1842~1921)이 대표적인 학자이다. 혁명적 아나키즘은 인간의 본질적 합리성과 사교성에 기초한 이론에 만족하지 않고, 보다 정치적이며 사회적인 방법을 구상했다. 이들은 아나키즘의 실천을 위해 혁명을 제창하고 사회 재조직을 위해 다양한 계획을 세우고 추진했다.

세계 아나키즘의 역사에는 무수한 지성의 성좌들이 포진한다. 계몽주의 시대가 열리는 시기에 활동한 사제 출신의 장 멜리에(1664~1724)는 종교적 권위뿐만 아니라 정치권력의 권위를 거부한 아나키즘의 선구자로 꼽힌다.

"이 땅의 모든 왕족과 귀족을 성직자들의 창자로 묶어 교수형에 처하기를" 주장할 만큼 격렬한 반권력, 반권위의 아나키스트 멜리에는 유고에서 다음과 같은 글을 남겼다.

나는 인간의 거짓, 허영, 광기를 보았고 또 인식했다. 나는 그것들을 증오하고 혐오한다. 나는 평생 동안 감히 그렇게 말하지 않았다. 그러나 적어도 죽으면서 그리고 죽은 뒤에는 그렇게 말할 것이다. 이는 사람들로 하여금 내가 현재에 생각하고 있는 것을 알도록 하기 위해서요, 그저 좋아 보인다는 이유로 그것을 보고 읽는 모든 사람들에게 진리를 말해주기 위해서다.[29]

프랑스혁명기에 활동했던 자크 루(생몰연대 미상)는 시골의 주임 신부로 있을 때(1790) 그의 교구 안에서 농민들이 봉기하고 성을 공격하자, "땅이 모두 동등하게 분배되어야 하고 영주에 대한 납세는 거부되어야 한다"고 설교했다가 구속되었다. 자크 루는 선동죄로 체포되어 유죄판결을 받고 옥중에서 자살했다.

'근대 최초의 아나키스트'로 불린 윌리엄 고드윈(1756~1836)은 영국에서 목사의 아들로 태어나 1778년 목사가 되었다. 1782년 문학에 몰두하기 위해 성직을 포기하고 프랑스혁명에 매료되었다. 자신의 저서『정치적 정의』에서 고드윈은 다음과 같이 피력했다.

인류의 벗인 지식인 전부가 얼마나 기쁘게 정부의 소멸을 대망할 것인가! 인류 악덕의 유일하고 영원한 원인이며, 또한 그 본질과 결부되어 있어 그것을 완전히 근절시키지 않는 한 제거할 수 없는 온갖 해독을 가진 저 야만적 기관의 소멸을 대망할 것인가![30]

고드윈은 "모순이 없고 체계가 선" 정치적 견해를 발표하면서 '자주인적'(自主人的) 인간의 독립을 위한 교육의 중요성을 역설했다. 권력은 자주인의 생활을 파괴하기 때문에 극도의 무질서도 극도의 예속보다는 낫다고 보았다.

아나키는 일시적인 것이지만 전제정치는 영구히 계속하려는 경향을 갖고 있다. 아나키는 가장 좋은 방식으로는 아니라 할지라도 정신을 각성시키고 사회 전체에 활기와 진취의 기상이 퍼지게 한다. (…) 이에 반하여 전제정치에서는 정신이 가장 가증한 종류의 획일성에로 짓밟혀진다. 위대성을 약속하는 모든 것은 의혹과 선망의 손으로 절멸시키게끔 운명지어진다.[31]

'아나키즘의 아버지' 프루동

피에르 조제프 프루동(1809~1865)에게는 몇 가지 형용사가 붙는다. '역설의 명수', '이율배반적인 사고의 열애자', '아나키즘의 아버지', '지적 프로메테우스'가 그것이다. 근대 아나키즘의 역사에서 프루동은 '창시자'의 칭호를 들을 만큼 재능이나 역할이 지대했다.

평민 출신인 프루동의 아버지는 벌목 인부, 포도원 농부, 술통을 만드는 직공을 시작으로 나중에는 양조장을 경영했고 어머니는 요리사였다. 프루동은 이 같은 신분을 오히려 자랑스럽게 여기며 농촌에서 소를 먹이며 지냈던 어린 시절을 그리워했다. 아버지의 실직으로 인쇄소 식자공으로 취업하여 인쇄 교정일을 하면서 각종 책을 읽을 수 있었으며, 독학으로 많은 지식을 쌓았다.

이런 덕분에 라틴어 학자와 신부들과 사귀게 되고, 히브리어를 습득하게 되면서 신학에 정통한 학자가 되었다. 한때 교직에 몸담기도 하고, 29세 때에 대학입학 자격시험을 치러서 합격하고, 브장송 아카데미의 장학금을 받아 파리로 갔다. 파리에서 사회주의자들과 교류하고, 노동자들의 불만을 관찰하며 아나키즘에 심취하여 『재산이란 무엇인가』란 책을 지었다.

사람들은 노상에서 폭력을 써서 도둑질하고 강도를 하며 사기를 행하고 위조하며 소매치기를 한다. 상대방을 신용하지 않으며 도박이나 복권을 노리고 폭리를 탐내며 지대를 받고, 정당한 보수 이상으로 이윤을 추구하며 자기가 만든 것으로 벌기도 하고 일을 하지 않고 많은 봉급을 받기도 한다.[32]

프루동이 사유재산을 전면 부정한 것은 아니었다. 정의의 관념 없이 재산이 불평등하게 분배되는 경우에는 그것을 파괴하지 않으면 안 된다고 했다.

프루동은 1848년 파리혁명이 일어났을 무렵 국회의원에 당선되어 의회에서 활동했다. 그러나 〈민중 le peuple〉 지에 나폴레옹 3세 대통령을 비판하는 글을 썼다가 3년 징역과 3000프랑의 벌금형을 받고 벨기에로 망명했다. 독재와 싸우겠다는 신념으로 귀국하자 정부는 체포하여 투옥시켰다. 3년여의 옥고 끝에 석방되었으나 '민중의 목소리'라는 글을 썼다가 다시 투옥되었다. 옥중에서 자서전 『혁명가의 고백』을 남겼다. 프루동은 망명지 벨기에서 조국 프랑스를 그리는 격정적인 글을 썼다.

오오 나의 나라여, 나의 프랑스여, 영원의 혁명을 노래하는 사람들의 나라여! 너의 속박에도 불구하고 지상의 어디에도 유럽에도 아메리카에도, 너의 땅에서처럼 자유로운 정신, 그것이야말로 완전한 인간인 자유로운 정신은 없다! 자라나는 자식이 어머니에게 품는 저 모든 사무치는 애정을 갖고 부르노니 나의 사랑하는 나라여![33]

프루동은 세계적인 지성이었다. 러시아 출신 아나키스트 에르,

미하일 바쿠닌과 친교를 맺고, 파리에서 망명 생활을 하던 카를 마르크스와도 가깝게 지냈다. 마르크스는 초기에는 프루동을 높이 평가했으나 나중에 비판의 대상으로 삼았다.

프루동의 대표 저서의 하나인 『혁명의 정의와 사회의 정의』에는 그가 인류와 사회에 대해 바랐던 모든 것이 포함되었다.

> 정의는 사회를 지배하는 중심의 별이고, 그 둘레를 정치의 세계가 회전하는 극이고, 그리고 모든 매매의 원리이고 규제하는 자이다. 정의의 이름 아래서가 아니고서는 사람들 사이에 아무것도 일어나지 않고, 정의에 호소함이 없이는 아무것도 존재하지 않는다.[34]

프루동의 정의에 대한 관념은 절대적이었다. "만약에 내가 둘 중에서 선택을 하지 않을 수 없다면, 나는 정의를 위해 나라를 희생시키고 싶다"라고 토로할 만큼 '정의'를 지상의 가치로 인식했다.

"재산은 도적질이다"라는 말은 19세기 정치적 표어의 하나가 될 만큼 프루동의 『재산이란 무엇인가』라는 저서는 프랑스 사회는 물론 유럽 전역에서 아나키즘 이념과 사상을 함축하는 명저가 되었다.

> 만일 내가 "노예제도란 무엇인가"라는 질문에 답하도록 요구되어 한마디로 "살인이다"라고 답한다면, 내가 말하는 의미는 곧 이해될 것이다. 인간에게서 그의 사고, 그의 의지, 그의 인격을 빼앗아가는 권력은 생사여탈의 권력이고, 인간을 노예화하는 것은 그를 죽이는 것이라는 것을 보여주는 데에 그 이상의 논의는 필요치 않을 것이다. 그렇다면 "재산이란 무엇인가"라는 다른 질문에 대하여 왜 나는 "강도질이다"라고 마찬가지로 답해서는 안 되는가.[35]

프루동은 인간의 강권과 지배가 없는 사회를 향하여 끝없이 '혁명'을 추구했다. 현실적으로 자신이 꿈꾸는 '혁명'이 쉽지 않을 것으로 믿으면서도 그 꿈을 버리지 않았다. 논문「혁명의 일반적 이론」에서 혁명은 필연적 현상 즉 사와 생과 성장과 같은 자연의 경로와 마찬가지로 피할 수 없는 발전으로 제시했다.

> 혁명은, 신의 힘이건 인간의 힘이건 여하한 권력도 그것에 이겨내지 못할 것이요, 그것이 부딪치는 저항 자체에 의하여 성장해간다는 것이 그 힘의 성질이다. (…) 제군이 그것을 억누를수록 반발은 커지고 그 행동을 불가항력적인 것으로 만든다. 그런 까닭에 사상의 승리에 대해서는 그것이 박해되고 괴롭혀지고 처음부터 두드려 맞거나, 순조롭게 성장하고 발전해가거나 매일반이다. 아무리 빌어도 협박해도 결단코 안 움직여지던 고대인들의 네메시스(그리스신화의 여신)처럼, 혁명은 어두운 운명의 걸음걸이로, 그 우군에 의하여 뿌려진 꽃을 넘어서, 그 옹호자들의 피를 통하여, 그 적의 시체를 넘어서 전진한다.[36]

'자유' 지키고자 모든 것 바친 바쿠닌

미하일 바쿠닌(1814~1876)은 아나키스트 중에서도 다방면으로 특이한 존재이다.

> 인간적으로 터무니없이 별나고 매력 있는 사람이었다. 그는 모든 면에서 대단한 정력의 소유자였다. 약간 천천히 계속해서 이야기하고, 손에 집히는 대로 난독하며, 브랜디를 와인처럼 마시고, 작센 지

방에 투옥되었던 1개월 동안 1600권의 책을 독파했다고 전해진다. 재산이라든가 물질적 안전에는 의식조차 없었다.

바쿠닌은 학문적으로는 대단히 박학다식했지만 결국 한 사람의 저술가로서는 후세에 남을 만한 정리된 한 권의 저서도 남아 있지 않은 그런 인물이다. 그러나 바쿠닌은 후대에 남긴 이런 단점들에 비해 자신을 내던지는 헌신과 동물적인 통찰력이라는 장점을 가지고 있었다. 바쿠닌은 아나키즘의 초자연적인 면을 확대시켰고, 뿌리에서부터 반역자였다. 이러한 장점은 과거에도 많은 인재를 길러냈지만 오히려 현대에서야말로 요구되는 성격으로 "새로운 바쿠닌이 나타나야 한다"고 강조할 수 있겠다.[37]

바쿠닌은 모스크바 북서쪽 트베리에서 1200명의 농노를 거느린 귀족의 아들로 태어났다. 아버지는 나폴리와 파리에서 외교관을 지낸 개명된 분이었다. 유복한 가정에서 자란 그는 모스크바와 베를린대학에서 철학을 연구하고 헤겔의 변증법 이론, 포이에르바흐의 철학적 휴머니즘, 마르크스주의, 프루동의 아나키즘의 영향을 받았다.

1849년 드레스덴 봉기에 참여하여 작센 정부로부터 사형을 선고받고 파웰 요세의 지하감옥에 수감되었다. 감옥 생활 6년 동안 괴혈병으로 치아를 모두 잃었다. 모스크바로 유배되자 1861년 탈출하여 일본을 거쳐 영국으로 망명했다. 다시 런던에서 이탈리아로 옮겨 '국제 동포단'이란 비밀 조직을 만들어 혁명운동에 나섰다. 단원들을 상대로 혁명의 당위성을 교육했다.

질적 변혁이, 새로운 생활이, 생명을 부여하는 천계(天啓)가, 새로운 하늘과 새로운 땅이, 모든 현재의 불협화음이 조화로운 전체 속에 해소되는 젊고 억센 세계가, 거기에 있을 것이다. (…) 오직 그것이 전 생명의 신비적이고 영원히 창조적인 원천임으로 해서, 파괴하고 절멸시키는 그 영원한 정신을 믿게 하라. 파괴에의 충동은 또한 창조에의 충동이니라.[38]

6년 동안의 감옥살이도 오랜 망명 생활도 그의 신념과 투지를 빼앗지 못하고, 그의 정신을 파괴하지도 못했다.

감옥은 나에게 좋은 것이었다. 그것은 나에게 여가와 숙고의 습관을 길러주었다. 말하자면 나의 정신을 강화해주었다. 감옥은 나의 옛 감정을 하나라도 변경시키는 것은 아니었다. 역으로 그것은 옛날 감정을 이전보다도 열렬하게 절대적으로 만들어왔다. 이후 나의 인생에 남아 있는 모든 것은 한마디로 요약된다. 즉 자유라는 한마디로.[39]

세계적인 바쿠닌 연구가인 역사가 E. H. 카는 다음과 같이 썼다.

바쿠닌은 몽상가요 예언자였다. 그의 관심사는 대중이 아니라 개인이요 제도가 아니라 도덕성이었다. 그의 생애에는 구체적인 결과가 없었다. "그는 평생을 시시포스의 역할을 하면서 보냈다"고 그의 친구 비루보프는 말했다. "그는 끊임없이 정치적, 사회적 혁명을 준비했으나 그것은 또한 항상 그의 어깨에서 무너져 내렸던 것이다." 그러나 아무것도 이루지 못했다 해서 그가 실패했다고 말하는 것은 적절하지 못하다. 왜냐하면 생각 자체가 그의 성격이나 목적과는 성질이 전혀 다른 낯선 것이었기 때문이다.

라이첼은 한번 그에게 그가 계획하는 모든 것이 이루어져서 그가 꿈꾸던 모든 것을 창조한다면 무슨 일을 할 것인가 물은 적이 있었다. "그때가 되면" 하고 바쿠닌은 대답했다. "나는 즉시 내가 만든 모든 것을 다시 허물어뜨리기 시작할 것이오."

그는 반역자이자 혁명가요 이단자이자 낭만적인 무정부주의자요 역사상 자유정신을 가장 완벽하게 구현한 사람이었다.[40]

'무한자유'를 추구한 크로포트킨

표트르 크로포트킨(1842~1921)은 러시아의 지리학자·작가·혁명가로 알려지지만, 몇 가지가 덧붙여진다. 아우구스투스, 루소, 괴테, 안데르센 등 자전적 문학의 걸작과 비교해 조금도 뒤지지 않는다는 『어느 혁명가의 회상』이라는 자서전을 쓴 인물이고, 아나키즘의 이론을 정립한 사상가, 여기에 다윈의 진화론에 맞서는 『상부상조론-진화의 한 요인』의 저자이다.

크로포트킨은 모스크바에서 공작의 아들로 태어나 사관학교를 졸업하고 지리학자가 되었다. 북만주 및 시베리아에 이어 핀란드 및 스웨덴의 빙하층을 탐사했다. 1872년 스위스를 방문하여 국제노동자협회를 알게 되고 아나키즘에 공감하여 귀국 뒤 '차이코프스키단'에 참가하였다. 1874년 체포되어 투옥되었으나 2년 만에 탈옥, 영국으로 망명했다. 그 뒤 스위스로 옮겨가서 '쥐라 연합'에 참가, 기관지 〈반역자〉를 창간하고, 1881년 스위스에서 추방돼 런던을 거쳐 프랑스에서 활동하다가 체포되었다. 3년 동안 옥고를 치르다 1886년 석방되어 런던에 정착, 신문 〈자유〉를 창간하여 반제투쟁과 아나키즘운동에 전력했다.

다음은 크로포트킨이 1882년 광산 폭동 사건에 연루되어 혹독한 옥살이를 하면서 53명의 동료들과 재판을 받으며 진술한 내용이다. 먼저 수형 생활에 관한 내용이다.

재판관 여러분, 감옥살이가 얼마나 끔찍한지 당신들도 안다면 얼마나 좋겠습니까! 모든 희망을 포기해야만 하는 불행한 사람들의 저주를 저만큼만 들었다면 여러분은 이런 징역형을 선고하지는 못했을 것입니다.

제가 있던 감옥에서 죄수 아홉 명은 미치광이가 됐고 11명은 자살했습니다. 저는 중한 병에 걸려 병원으로 옮겨졌습니다. 그곳에서 도망쳐 나와 그때부터 스위스에서 피에르 드 바쇼프라는 가명으로 살았습니다.[41]

다음은 아나키즘에 대한 진술 부분이다.

무정부주의는 무엇이며 무정부주의자란 어떤 사람인지 말하겠습니다. 무정부주의자는 언론과 사상의 자유, 무한한 자유를 외치는 것을 자신의 임무라 여기는 사람들입니다. 그렇습니다. 여러분, 우리 무정부주의자들은 전 세계에 흩어져 있으며, 그 숫자는 수천, 수백만에 이르고 있습니다. 왜냐하면 우리는 대중이 마음속으로 생각하는 것을 단순히 큰 소리로 외치는 일을 할 뿐이기 때문입니다. 우리는 절대적 자유, 오직 자유, 완전한 자유를 요구하는 수백만 노동자입니다.

우리는 자유를 원합니다. 모든 인간이 자신이 하고 싶어하는 것을 모두 할 수 있는 권리와 기회를 달라는 것입니다. 자연의 불가항력과 이웃의 욕구를 존중해야 하는 경우를 제외하고는 어떤 제약도 없이 자신의 욕구를 완전히 충족시킬 수 있어야 합니다.

우리는 자유를 원합니다. 자유는 선택된 것이든 강제된 것이든, 왕정이든 공화정이든, 신법에 나온 것이든 보통 선거권에서 나오는 것이든 그 원천과 형식에 상관없이 모든 형태의 '지배'와 양립할 수 없습니다. 왜냐하면 결국 정부라는 것은 다 거기서 거기고 쓸모가 없다는 것을 역사가 말해주고 있기 때문입니다.

가장 좋은 정부는 사실은 가장 나쁜 정부입니다. 근본적으로 언제나 같으며 하나같이 편협합니다. 외관상 자유를 표방하는 정부라도 결국은 인터내셔널에 적대적인 법들을 그럴싸하게 꾸며 '입법이라는 무기고'의 먼지 더미 속에 교묘히 숨겨놓은 채 자유를 억압하고 있습니다.[42]

아나키즘은 일제강점기 한국 독립운동사의 거대한 줄기 중 하나였다. '삼한갑족'의 재산과 기득권을 버리고 독립운동에 나섰던 이회영, 민족사학자 신채호와 유자명, 일왕을 처단하고자 했던 박렬과 그의 동지들이 대표적이다. 이들은 아나키즘의 이념을 내걸고 조국 독립과 민중해방을 추구했다.

혁명가란 저 강 건너 멀리 아름다운 땅에서, 이 더러운 세상을 향해 불어오는 한줄기 미풍이라 했다. 우리는 이리로 불어와, 희미한 향기만을 남기고, 암흑 속으로 사라져갈 뿐이다.

—영화 〈아나키스트〉의 마지막 내레이션.

자치와
저항과 진보
'파리코뮌'

부르주아 권력에 맞선 시민 봉기

그다음에 간 파리 여행에서는 지식인들이 흥미를 가지는 많은 문화적 유산을 돌아본 것은 물론이고, 나에게는 또 하나의 목적지가 있었어. 내가 공부하면서 오랫동안 관심을 가져온 것이 '파리코뮌'이오. 1871년 3월 공동체 구성원의 평등한 정치·경제·사회체제를 선언하고 시민의 독자적 정권을 수립한 '파리코뮌'의 젊은 용사들이, 지배계급의 중앙 정권과 2개월 동안 벌인 투쟁 끝에 5월 27일, 마침내 그 영웅적 투사들 전원이 전사하고 마지막 몇십 명이 계급통치의 반동적 정부군에 의해 총살당한, 피어린 역사적 장소인 파리 시립공원의 '피에르 라시에즈' 묘지가 그 목적지였어요. 광대한 파리 시립묘지의 일부분인 피에르 라시에즈 묘지를 둘러싼 3미터 높이의 돌담을 방패 삼아서 부르주아계급 정부군에 끝까지 대항하다 사로잡힌 용사들의 목을 매달아 죽인 굵은 쇠갈고리만이 남아 있더군.

인류사에서 처음으로 평등사회를 건설하기 위해, '자유로운 노동', '평등의 정의', '우애의 질서'라는 숭고한 이상을 위해서 궐기했던 수만 명의 노동자와 지식인의 공동투쟁은 이렇게 막을 내린 거지. 나는 파리코뮌의 최후 영웅들이 사살당하고 교수형에 처해진 그 돌담 앞에 기록된 설명문 앞에 서서, 깊은 명상에 잠겨 오랫동안 발을 돌릴 수가 없었어요.[43]

파리코뮌에 대한 고(故) 리영희 선생의 술회다. 프랑스혁명 후 "변할수록 옛 모습을 닮아간다", "고양이 눈동자처럼 정세가 변한다"는 따위의 말이 나돌 만큼 변화가 극심하고, 변혁의 진폭이 커서 복고와 진보가 널뛰는 식이었다. 그런 와중에서도 꾸준하게 성장한 것이 있었으니, 바로 시민들의 진보와 자유의식이었다.

파리코뮌이 프랑스에서 일어나기까지 유럽과 미주에서 많은 변화·변혁이 이루어졌다. 파리코뮌 이전의 모든 저항과 진보의 물결은 파리코뮌으로 흘러들고, 이후의 자치·진보·저항의 물줄기는 파리코뮌의 저수지에서 흘러나왔다고 해도 과언이 아닐 것이다.

"부르주아 권력을 해체시킨 19세기 최대의 시민 봉기로 알려진 1871년 3월부터 2개월 동안 진행된 파리코뮌(la commune de Paris)은 2만 5000여 명의 희생자를 내면서 가열차게 전개되었다. 이 사건은 한국사에서 동학혁명의 집강소 설치와 1980년 광주의 5·18항쟁 당시의 해방구 공동체 운영에 비유되기도 한다. 먼저 파리코뮌의 배경부터 살펴보자.

프랑스혁명의 세례를 받은 파리 시민들은 자유와 평등의식에 충만했지만 거듭된 정변은 쿠데타와 제정 수립에까지 이르렀다. 1870년 7월 프러시아의 침공을 받고, 9월에는 나폴레옹 3세가 적군에게 사로잡히고 말았다. 이 소식을 들은 파리 시민들이 봉기하여 공화정체제에 의한 시민 정부를 수립했다.

이런 사이에도 프러시아군은 파죽지세로 진격을 계속하여 파리를 포위하고, 국방정부의 바젠 장군이 항복하기에 이르렀다. 7월혁명의 주역이었던 티에르가 주도하는 국방정부는 파리 시민의 의향이나 지방 곳곳에서 전개된 저항운동은 무시한 채 자신들의 안위에만 급급하면서 프러시아군과 굴욕적인 화평조약을 서둘렀다.

파리 시민들의 분위기가 고조되자 두려움을 느낀 국방정부는 부랴부랴 본거지를 베르사유로 옮겼다. 정부의 이 같은 배신행위에 분노한 시민들은 마침내 궐기하여 시민 정부를 선포하기에 이르렀다.

파리 시민들은 1871년 3월 18일부터 5월 28일까지 72일 동안 자치적으로 시민 공동체를 구성하고 스스로 통치자가 되어 파리시를 운영해나갔다. 프러시아군의 포위 속에서, 수도 파리를 적의 수중에 팔아넘기려는 부르주아지의 음모에 대항해 봉기한 노동자·아나키스트·사회주의자들의 손으로 이루어진 사상 최초의 '노동자의 정부'였다.

파리 시민대표들은 2월 29일 혁명의 목표와 원칙을 선포했다.

우리는 온갖 가능한 방법으로 부르주아지 특권의 폐지와 그 지배적 카스트의 권력 상실 및 노동자의 정치적 성장, 요컨대 사회적 평등을 요구하고 획득하려고 노력한다. 이제는 고용자 계급도 없고, 프롤레타리아 계급도 없고, 계급이라는 것 자체가 없다. 사회 구성의 유일한 기초는 노동이다. 그리고 그 노동의 성과는 전부 노동자에게 돌아가야 한다.

정치적 영역에서는 공화제를 다수결의 원리에 우선시킨다. 따라서 우리는 다수파가 국민투표라는 직접적 수단에 의해서건 의회라는 간접적 수단에 의해서건, 인민주권의 원칙을 부정하는 권리를 인정하지 않는다. 그러므로 우리는 현 사회 구성의 기초가 정치적 사회적 혁명의 방법으로 깨끗이 변혁될 때까지는 어떠한 제헌의회나 국민의회의 소집도 필요하다면 실력으로 반대할 것이다. 결정적 혁명이 성취될 때까지는 파리시의 혁명 사회주의 집단의 대표들로 구성된 혁명적 코뮌 이외에는 정부로 인정하지 않는다."

수도 파리의 주인이 된 국민방위대의 중앙위원회는 3월 26일 선거를 실시했는데, 정원 90명 중 85명이 당선되었다. 다수가 진보적 혁명파였다. 3월 28일에 '파리코뮌'이 구성되었다. 프랑스혁명을 준거로 하여 만들어진 이 용어는 새로운 시민 정부를 가리킨다. 코뮌의 정치적인 구성은 1793년의 재현을 꿈꾸는 자코뱅파, 민중독재를 지지하는 블랑카파, 지방분권을 원하는 아나키즘의 프루동파, 사회주의적인 개혁을 원하는 제1인터내셔널파 등 다양한 그룹으로 이루어졌다.

4월 19일 만장일치로 채택된 '프랑스 국민에게 보내는 선언'은 시민 정부가 공화국을 수립할 것이며, 공화국은 더 이상 중앙집권적인 조직이 아니라 프랑스의 모든 코뮌들의 연방일 것을 아울러 선포했다.

이 무렵의 파리코뮌을 지배한 것은 프루동주의자들이었다. 코뮌은 교회와 국가의 분리, 상비군 폐지, 의무교육 실시, 야간노동 금지, 당사자의 합의에 의한 결혼, 사생아 인정, 재판의 무료화, 집세의 지불유예, 전당포에 보관되어 있는 물품을 주인에게 돌려주기, 주인이 포기한 작업장의 코뮌화 등 사회정책을 발표했다. 프러시아군과 정부군의 포위 공략을 당하는 상황이었기 때문에 코뮌의 정책에 일관성은 없었지만, 코뮌이 공화정, 도시의 자치, 프러시아에 대한 저항을 원했다는 점은 틀림이 없다.[45]

시민자치의 통치기구 구성

파리코뮌에는 1789년의 대혁명이 추구했던 이상과 가치보다 더 많은 내용이 포함되고 진전되었다. 정부군의 포위 속에서 순전히 시민들의 자발적인 참여와 투표에 의해 이루어진 것들이었다.

3월 28일 정식으로 파리코뮌이 선포되었다. 약 2만 명의 방위대와 수만 명의 시민이 운집한 시청 광장에서 의원으로 선출된 방위대 중앙위원회의 랑비에가 "인민의 이름으로 코뮌을 선언한다"고 외치자 "공화국 만세! 코뮌 만세!"의 함성이 하늘을 찔렀다. 방위대의 행렬이 마르세예즈의 주악에 맞추어 의원들이 있는 사열대 앞을 보무도 당당하게 행진하면 민중의 미친 듯한 갈채가 우레처럼 터져 나왔다.

파리의 신문 〈인민의 외침〉은 '축제'라는 표제의 논설에서 다음과 같이 쓰고 있다.

코뮌이 선언되는 날, 그것은 혁명적이고 애국적인 축제의 날, 평화롭고 상쾌한 축제의 날, 도취와 장엄함 그리고 위대함과 환희가 넘치는 축제의 날이다. 그것은 1792년의 사람들을 우러러본 나날에 필적하는 축제의 하루이며, 제정 20년과 패전과 배반의 여섯 달을 위로해준다. (…) 코뮌이 선언된다.

오늘이야말로 사상과 혁명이 결혼하는 축전이다. 내일은, 시민병제군, 어젯밤 환호로 맞아들여 결혼한 코뮌이 아기를 낳도록, 항상 자랑스럽게 자유를 지키면서 공장과 가게의 일터로 돌아가야 한다.

분명히 파리의 민중은 이제 자신이 자신의 생활과 역사의 주인공이 되었다는 감동과 의욕에 넘쳐서 코뮌 선포의 날을 축제의 날로 지냈다. 민중의 소박하고 약동하는 해방감이 코뮌의 파리를 뒤덮었다.[46]

승리의 시(詩)가 끝나고 노동의 산문이 시작되다

파리의 시민들은 도시의 모든 업무를 스스로 결정하고 운영했다. 직접 선출한 코뮌 의회는 집행·재정·군사·사법·식량·건설·노동(공업·교통)·교육·안보·외교 등 10개 위원회를 구성했다. 코뮌 의회는 생필품 가격과 임금의 정부 통제, 노동자 협동조합 결성, 노동시간 단축, 어린이·청소년의 무상 공립교육 실시, 젊은 노동자들의 전문 직업교육, 주거권의 보장, 동일노동 동일임금 보장, 여성의 권리 옹호, 미혼모에 대한 보조금 지급 및 아동을 위한 주간 탁아 시설 제공을 규정한 법률 제정 등 노동자와 여성, 취약자를 보호하는 정책을 폈다. 가히 혁명적인 변화의 시책이었다.

이와 관련하여 뒷날 프리드리히 엥겔스는 다음과 같이 분석했다.

첫째로, 코뮌은 행정·사법·교육 등의 모든 직위를 모든 사람이 참가하는 보통선거에 의해 임명하고, 동시에 선거권자에게 소유권을 부여했다.

둘째, 직위 고하를 막론하고 모든 공직자들에게 다른 노동자들이 받는 만큼만 급료를 지급했다. 코뮌은 어느 누구에게도 급료를 6000

프랑 이상 지급하지 않았다. 나중에 첨가된 의회 대표자들에 대한 선거구민들의 구속력 있는 요구와 함께 이러한 방법은 직위 쟁탈전과 출세주의를 효과적으로 막아주었다.[47]

파리코뮌은 프랑스혁명에서 이루고자 했던 가치들을 힘차게 추구해나갔다.

> 코뮌은 부르주아 혁명의 표어, 즉 지출의 2대 원천―상비군과 관료제―을 파괴함으로써 값싼 정부를 현실화했다. 코뮌의 존재는, 최소한 유럽에서는 계급지배의 통상적 장애물이었고 그것의 필수불가결한 보호막이었던 군주정치의 종식을 전제로 하고 있다. 코뮌은 공화국에 진정한 민주주의적 기초를 제공했다. 그러나 값싼 정부나 '진정한 공화정'이 코뮌의 완벽한 목표는 아니었다. 이것들은 코뮌의 단순한 부산물들일 뿐이었다.
> 코뮌에 대해 다양하게 그리고 호의적으로 해석해온, 다양한 관심을 가진 사람들은 선행하는 모든 정부 형태들이 명백히 억압적이었던 것에 비해 코뮌은 충분히 포용력 있는 정치 형태라는 것을 보여주고 있다. 바로 이것이 코뮌이 간직한 비밀의 진실이다.[48]

파리 시민들의 협력은 날이 갈수록 적극적이 되었다. 시내의 치안질서는 자율적으로 이루어지고, 마을의 작은 그룹에서도 자율적 코뮌 활동이 전개되었다. 파리코뮌의 소식은 인근 도시는 물론 멀리 지방으로까지 전파되고 프랑스 국민의 관심을 모았다. 이와는 달리 주변 유럽의 봉건군주 국가들은 혁명의 불길이 옮겨올까 전전긍긍이었다.

코뮌의 부정적인 부분도 없지 않았다. 의회가 입법과 함께 각 분야 집행기관 일까지 맡다 보니 행정상의 부담이 과대해졌다. 따라서 의원들은 혁명의 열정에 넘치는 민중들과 함께 일하기가 어렵게 되고, 이와 관련해 불만의 소리가 높아갔다.

또 문제가 되었던 것은 의회의 군사위원회와 국민군 중앙위원회가 자주 대립하여 정부군에 대해 적절한 군사적 저항을 조직하는 데 장애가 되었다는 사실이다. 이것은 혁명의 적에 대해 강경조치를 요구하는 민중에게도 불만의 대상이었는데, 의회의 군사 대표위원이었던 로셀은 쿠데타에 의한 군사독재까지 생각하고 있었다. 또 이러한 혼란을 막기 위해 의회는 공안위원회를 설치했으나, 그 가부를 둘러싸고 다수파와 소수파로 분열되었다. 그리고 소수파는 민중운동 속으로 돌아갈 것을 요구하면서 의원직의 사임을 성명했다. 각 구의 민중은 직접민주제의 의지를 강화시킴으로써 그러한 의회의 혼란을 극복하려 했다.[49]

파죽지세 정부군 공격에 허물어져

파리코뮌이 과감하게 개혁정책을 펴면서 군주제를 폐지하는 등 민중자치의 시대를 열어가고, 그런 와중에 내부의 분열 현상을 노정하고 있을 때 적은 그 기회를 놓치지 않았다.

베르사유를 거점으로 파리코뮌의 섬멸작전을 준비해온 티에르 장군은 정부군 외에도 지방에서 징집한 6만 명과, 프러시아에 포로가 된 프랑스군 40만 명을 귀환시켜 파리 탈환 작전을 준비했다.

1871년 4월 2일 티에르 장군은 파리 서북쪽을 공격했다. 정부군과 오합지졸 시민군과의 싸움은 쉽게 결판이 났다. 정부군이 인해 전술까지 동원하면서 코뮌군의 저항선은 쉽게 무너지고 주요 지휘관을 비롯하여 많은 병사들이 희생되었다. 정부군은 무자비하게 시민군을 사살하고, 포로들까지 현장에서 학살했다.

시민군은 여러 가지 불리한 여건에서도 용감하게 항전하면서 자신들의 신념을 지키고자 했다. 하지만 전력에서 상대가 되지 않았고, 혁명은 언제나 어디서나 그렇듯이, 전세가 불리하면 할수록 지휘부의 대립과 분열이 심화되었다.

코뮌의 분열을 더욱 표면화시킨 것은 4월 말 공안위원회의 설치 문제였다. 4월 28일 자코뱅파 미오의 제안에 따라 로베스피에르의 독재를 모방한 공안위원회 설치 문제를 놓고 3일간 열띤 논쟁이 벌어졌다. 이 안은 결국 5월 1일에 45대 23으로 가결되었다. 이때부터 코뮌 의회는 과격한 다수파와 온건한 소수파로 갈라지기 시작했다.

소수파는 5월 15일에 이른바 '소수파 선언'을 발표하고 코뮌 의회 출석을 보이콧했다. 한편 정부군의 군사적 압박이 날로 심해질수록 과격파는 더욱 극성을 부리게 되었다.[50]

막강한 정부군의 총공세 앞에 코뮌군의 지휘부는 토론과 분열로 밤을 지새웠다. 효율적인 대책보다 말꼬리 잡기 식의 토론과 논쟁이 이어지고, 인신공격과 파당으로 갈려져 서로 싸웠다. 참다못해 군사위원회 의장으로서 유능한 지휘관인 로셀은 다음과 같은 사임서를 남기고 자취를 감추었다.

코뮌 의원 동지들, 모두들 토론은 하나 아무도 따르지 않는 지휘의 책임을 나는 계속하여 질 수 없다고 생각한다. (…) 코뮌은 토론은 하나 아무것도 해결하지 않는다. (…) 중앙위원회는 토론은 하나 행동할 능력이 없다. 이렇게 지체하고 있는 사이에 적은 무모하고 맹렬한 공격으로 요새를 포위하고 있다.

만일 내게 내 마음대로 쓸 수 있는 최소한 군사력이 있다면 나는 적을 징계할 수 있다. (…) 포병 위원회의 엉터리가 포병대 조직을 막았고, 중앙위원회의 머뭇거림이 집행을 지연시키고, 대장들의 사소한 선입견이 군대동원을 마비시키고 있다. (…) 나는 물러간다. 나에게 마자스 감옥에 수감될 영광을 다오.[51]

코뮌의 이론가들이 적전에서 공허한 논리 싸움으로 시간을 낭비하고 우수한 지휘관을 잃을 때에, 정부군은 총공세를 감행하여 5월 21일 밤 2만 명의 돌격대에 이어 7만 군대가 파리 시가지로 물밀듯이 쳐들어왔다. 이미 지칠 대로 지치고, 지휘부가 따로 없는 시민군의 저항은 돌격대의 상대가 되지 못했다. 코뮌의 충실한 전사 중에는 끝까지 적군과 백병전을 벌이며 처절하게 싸우다 숨진 자들도 있었다.

이로부터 28일까지 8일 동안 파리는 피바다, 불바다, 살육의 현장이 되었다. 사가들은 이를 '피의 주간'(la semaine sangiante)이라 불렀다.

전투가 끝난 뒤에도 베르사유군은 남녀노소를 가리지 않고, 철저한 코뮌에 대한 사냥을 자행해 파리 시내는 피와 송장 냄새로 뒤덮였다. 피의 주간에 뒤이은 이 백색테러로 인해, 3만의 시민이 살상되었다고 한다. "아아, 음침한 인육 저장소!"라고 당시의 신문기자였던 젊은 졸라는 외쳤다.

가까스로 이 학살을 모면한 사람들을 기다리고 있는 것은 베르사유군의 군사 법정이었다. 1873년 1월까지 계속된 재판은 270명의 사형자를 포함해 3만 6000명에게 법적인 실형을 선고했다.[52]

좀 더 구체적인 희생자의 수치를 알아보자.

연구들의 평균치에 따르면, 즉결 재판에서 처형된 자의 수는 적게 잡아도 2만 이상이고 많이 잡으면 2만 5000명 이하이다. 그런데 이 즉결 재판에 관해서는 처형자의 명단조차 남기지 않고 있다. 그리고 파리코뮌에 희생된 자는 즉결 재판에 회부되지 않고 전사한 자들과 '피의 주간' 이후에 마구 학살된 자들을 포함시켜야 하기 때문에 그 수효는 엄청나게 더 늘게 마련이다.[53]

"프랑스정신의 선구자들"

유럽 문화의 중심지 파리에서 1주일 동안에 수만 명이 학살당하는 끔찍한 살육이 전개되었다. 프랑스의 보수세력은 오로지 자신들의 기득권을 지키기 위해 프러시아에 항복하고, 이에 저항하며 자치 정부를 수립한 동족들에게 온갖 만행을 서슴지 않았다. 이들 역시 외세에는 비열하고 동족에게는 잔인한 자들이었다.

중세 이래 최초로 파리에서 시작되었던 노동자·사회주의자·아나키스트들이 연합하여 실시한 자치공동체 실험은 무참하게 짓밟히고 말았다.

코뮌은 프랑스 정신사에 있어서도 커다란 사건이었다. 플로베르, 코티에, 공쿠르 등의 몰이해와 반감은 있었을망정, 코뮌을 위해 싸우고, 자신의 피로써 묘사한 루이즈 미셸, 쥘 발레스 등과 함께, 노대가 위고를 비롯하여, 「파리의 향연」을 읊은 젊은 랭보, 베를렌, 리얼리즘 회화의 거장 쿠르베, 코뮌의 전투를 석판에 남긴 마네 등 코뮌에서 느낀 예술가들의 깊은 감명을 잊어서는 안 된다.

"코뮌과 함께, 파리의 노동자들은 사회의 빛나는 선구자로서 영원히 축복받은 것이다"라고, 마르크스는 코뮌 패배의 비보에 접한

다음날에 말했지만, 그것은 또한 엥겔스가 말한 "프랑스의 구사회주의의 묘표"이자, "새로운 인터내셔널적 사회주의 요람"이기도 했던 것이다.[54]

파리코뮌은 짧은 기간의 실험으로 끝났지만 인류의 진보와 저항사상에 큰 발자취를 남기고, 시대사조에 역류하는 반동권력에 무서운 경고의 메시지였다. "파리코뮌은 유럽의 기존 체제 지배자들에게 국제 혁명운동이 가져다줄 공포감과 사회혁명의 절박감을 더 실감시켜주었다."[55]

> (파리)코뮌은 이런 저런 국가권력 형태, 정통파적, 입헌적, 공화주의적 혹은 제정의 형태 등에 반대하는 혁명은 아니었다. 코뮌은 국가 자체에 맞서는, 즉 초자연적인 사회의 유산(abortion)에 반대하는 혁명이며, 인민에 의해 인민을 위한 인민 자신의 사회적 생활을 회복한 것이었다. 코뮌은 지배계급의 한 분파로부터 다른 분파에게로 국가권력을 넘겨주기 위한 것이 아니라 이 추악한 계급지배의 기구 자체를 분쇄하기 위한 혁명이었다.[56]

마르크스는 파리코뮌이 진행 중이던 1871년 5월 23일 '총평의회'에서 행한 연설에서 다음과 같이 말했다.

> 코뮌의 원칙들은 영구불변할 것이며 결코 무너질 수 없는 것들입니다. 그것들은 노동계급이 해방되는 그날까지 끊임없이 자신을 확증하고 확인해나갈 것입니다.[57]

스페인 내전—
이념의 대결장

전쟁 중 가장 참혹한 내전

전쟁 중에서도 내전처럼 고약한 것은 다시없다. 동족끼리 편을
갈라 살육하기 때문이다. 여기에 외세가 끼어들어 증오심을 부채질
하고, 살상 무기를 안겨주며, 이데올로기의 마취제를 투입하면 골
육상쟁의 양상은 더욱 심해진다. 우리는 6·25 내전을 치러봤기 때
문에 그 아픔과 비극성을 뼈저리게 체감한다.

생텍쥐페리는 "내전은 전쟁이 아니라 병이다. 적이 내 안에 있고,
사람들은 거의 자기 자신과 싸운다"고 말했다. 스페인 내전에 직접
참가했던 작가의 생생한 증언이다.

1950년부터 1953년까지의 6·25 한국전쟁과 1936년부터 1939년
까지 3년여 동안 전개된 스페인 내전은 여러 가지로 비슷한 점이 많
다. 내전이면서 국제전이고 동족상잔이면서 이데올로기 싸움이었
다. 6·25는 남한에서는 국군 전사자 14만 7000여 명, 부상 70만

9000여 명, 실종 13만 1000여 명, 북한 인민군은 전사 18만 4000여 명, 부상 71만 5000여 명, 실종 2만 1000여 명, 유엔군은 약 15만 명의 사상자를 냈고, 중공군(중국군)은 90만 명의 희생자가 발생했다. 이밖에 남북한 민간인의 인적 손실은 520만 명 선에 이른다.

스페인 내전은 쌍방 35만 명의 사망자와 그보다 훨씬 많은 부상자, 50만 명의 해외 망명자, 30만 명의 수감자를 낳았다. 내전 후 집권한 프랑코 정권의 정치적 탄압으로 20여만 명이 더 희생되고, 한국에서는 이승만 정권에 의해 수만 명이 부역 등의 혐의로 처형되거나 수형되었다. "내전은 전쟁이 아니라 병"이라고 한 생텍쥐페리의 말이 실감 나는 이유다.

스페인 내전은 역설적이게도 '내전'이면서 국제전의 성격을 강하게 띠게 되면서 각종 이데올로기전의 종합판이 되었다.

1936년 발발한 스페인 내전은 조지 오웰, 어니스트 헤밍웨이, 생텍쥐페리, 파블로 네루다, 시몬 베유 등 국적과 인종을 초월해 수많은 지식인과 젊은이들이 자발적으로 참전한 유례없는 전쟁이었다. 53개국에서 온 3만 5000여 명의 국제여단 병사들이 프랑코 장군의 정예 군대에 맞서 처절하게 싸웠다. 그리하여 스페인 내전은 불굴의 용기, 숭고한 이념, 전 세계 양심의 투쟁으로 기억된다. 그러나 혁명적 이상의 좌절과 환멸, 배신과 분열은 이 전쟁의 또 다른 얼굴이었다.

스페인 내전은 이념과 계급과 종교가 뒤엉킨 전쟁이었다. 사회주의, 공산주의, 아나키즘, 파시즘 등 온갖 정치 이념들이 몰려들어 폭발했다. 3년 동안 스페인을 초토화한 이 내전은 전무후무한 아나키즘의 실험장이기도 했다. 또 자본가·지주계급과 노동자·농민계급이 맞붙은 계급 전쟁이었으며, 스페인 민중과 부패한 가톨릭교회가 격돌한 종교전쟁이었다. 소련과 독일은 이 전쟁에 개입해 자신들의 군사력과 전략을 실험했고, 그 결과는 제2차 세계대전에 그대로 반영되었다.[58]

인류사의 수많은 전쟁(내전) 중에서 스페인 내전만큼 다양한 이념과 복합적인 배경으로 치러진 전란은 일찍이 없었다. 그 때문에 각국의 문학·예술가들이 뛰어들어 총을 들고 싸우면서 이데올로기적 열정에 빠져들었다. 파블로 피카소는 〈게르니카〉라는 대작을 그렸고, 어니스트 헤밍웨이는 『누구를 위해 종을 울리나』를 썼으며, 조지 오웰은 『카탈루냐 찬가』, 앙드레 말로는 『희망』을 써서 고전의 반열에 올랐다. 사르트르, 카뮈, 앙드레 말로 등 프랑스 작가들은 뒷날 반나치 투쟁의 레지스탕스 지도자가 되었다. 세계의 수많은 청년·지식인들이 이 전장에 뛰어들어 공화정부를 지키려다가 시신도 찾지 못하는 무명의 전사로 산화되었다.

독일의 나치, 이탈리아의 파시스트, 일본의 군국주의 등장에 위협을 느낀 유럽의 진보세력은 1930년에 들어서서 민주주의자, 자유주의자, 사회당, 급진세력, 공산주의자들이 연합하는 인민전선파가 선거에서 승리하여 자유주의적 공화파의 연립정부가 수립되었다.

프랑스에서는 1934년 2월 사회당 내각이 구성되고, 스페인에서도 1936년 2월 총선거에서 인민전선파가 승리하여 자유주의적 공화파의 연립정부가 출범했다. 인민전선 정부는 정교분리·농지개혁 등의 정책을 내걸고 중산층·노동자·농민의 지지를 얻었다. 이에 반대하는 가톨릭·대지주·대자본가의 지지를 얻은 군부·왕당파·우익 보수정당 진영은 프랑코 장군의 지휘하에 모로코 주둔군을 선두로 하여 군사반란을 일으켰다.

당시 스페인 군대는 장교가 많아 사병 10만 명에 장교가 1만 200 명을 헤아릴 정도였다. 이로 인한 군비 지출은 막대한 국가 재정 부담을 가져오고, 군부는 10년 동안 43회의 쿠데타를 일으키는 등 거대한 정치세력이 되었다.

군부 독점한 보수세력이 내전 요인돼

당시 스페인은 지배세력 인구의 4퍼센트가 총 농지 면적의 60퍼센트를 차지하고, 농민의 65퍼센트는 농지의 6퍼센트를 소유하는 모순적인 경제구조를 갖고 있었다. 대부분의 빈농들은 기아·걸식·유아 사망 등 처참한 생활을 감내했다. 가톨릭 국가인 스페인에는 1930년대에 2만여 명의 수도승, 6만 명의 수녀, 3만 1000명의 신부가 있었다. 국민 300명에 성직자 한 사람 꼴이었다.

가톨릭교회는 스페인 최대의 지주였으며 은행과 공업시설에 투자하여 국부의 3분의 1을 차지하고 있었다. 그리하여 "교회는 스페인 국민의 혼을 독점했을 뿐 아니라 육신을 지배했다. 당시의 가톨릭교회가 스페인의 교육제도를 운영하는 등의 현실적인 기능도 지녔었지만 유럽의 선진 국가들에 비할 때는 전반적으로 퇴영적인 것이었다."[59]

스페인은 농지의 독점과 장교 중심의 거대한 군대 조직, 막강한 가톨릭 교회 등 사회구조적 모순과 경제위기가 겹쳐지면서 1930년 1월 리베라의 독재체제가 붕괴되자 국왕 알폰소 13세를 지지해온 정치세력 역시 와해되었다. 군부가 국왕의 조처에 불만을 갖게 되고 리베라의 실정을 국왕의 실정으로 연결시키려 했다.

1931년 4월 12일 실시된 지방선거에서 공화파가 압도적 다수로 승리했다. 이 선거는 지방선거였지만 왕제냐 공화제냐의 뜨거운 이슈가 제기된 체제의 명운이 걸린 선거였다. 공화주의 세력이 압승하자 국왕은 프랑스로 망명했다. 국왕의 망명 소식이 전해지자 마드리드 시내의 관공서는 공화국 삼색기를 게양하고, 시민들은 시청에서 공화제를 선포했다. 바르셀로나 시에서도 자치운동 지도자들이 자치정부 수립을 선언하는 성명을 발표했다. 지방선거를 통해 왕제가 폐지되고 공화제가 싹튼 것은 세계사 최초의 사례이다.

6월에 실시된 헌법제정의회 선거에서 우파 공화주의자 28석, 공화행동당 145석, 사회당 116석, 급진사회당이 60석을 차지하여 공화파가 압도적으로 의회에 진출했다. 제헌의회는 독일 바이마르 헌법을 모델로 공화제 헌법을 제정하여, 주권재민·전쟁포기·정교분리·귀족제도 폐지·보통선거권 부여·지방자치 등 민주적인 내용을 담았다.

공화주의 정부는 국정 개혁에 나서 가톨릭교회로부터 교육을 분리하여 수많은 학교를 세워서 아이들에게 민주 교육을 시키고, 농지개혁법에 따라 소수 지주들이 독점해온 농지를 농민들에게 분배한 데 이어 사관학교도 대폭 줄여 장교단을 크게 축소했다.

국정 개혁으로 기득권을 잃게 된 지주·군부·가톨릭교회는 자본을 해외로 도피시키는 한편 보수파 신문을 통해 공화정부를 공격했다. 이런 와중에 왕당파와 불평 장교들이 마드리드에서 쿠데타를 일으켰지만 성공하지 못했다. 시민들이 호응하지 않았기 때문이다.

기득권자들은 반격을 멈추지 않았다. 보수세력은 풍부한 자금과 언론을 통해 공화정부를 공격하고, 빈농 및 도시 노동자들의 급진화는 극우파 정당의 공화정부 타도운동과 연결되어 정치적 위기가 조성되었다. 1933년 9월 내각이 총사직하고, 뒤이어 실시된 총선에서는 우파세력이 211석을 차지하면서 공화제는 심각한 위기에 봉착했다.

스페인 정국은 반전을 거듭하면서 보수우파가 다시 권력을 장악했다. 우파 정권은 교회 소유의 토지를 농민에게서 빼앗아 되돌려주고 언론·출판의 자유를 제한하는 반동정책을 폈다. 짧은 기간이지만 자유·민주·진보의 세례를 받은 마드리드의 노동자들은 우파정권의 파쇼 정책에 반발하여 1934년 4월 22일 20만 명이 반정부 집회를 가졌다. 노동자들의 파업에 우파 정권은 1934년 4월 한때 유화책을 쓰다가 10월에는 계엄령을 선포하여 반정부 노동자들을 체포하는 등 무력으로 대처했다. 마드리드 시내는 6일간 기능이 마비되고, 일부 지방에서도 동조 파업이 결행되면서 광산지역에서는 자치정부를 세워 경찰과 군병영을 습격했다. 스페인 여러 곳에서 10월 항쟁이 전개되었다.

정부는 군대를 파견하여 저항하는 시민·노동자들의 진압에 나섰으나 "동포에게 총부리를 댈 수 없다"는 병사들이 속출하면서 진압작전이 어렵게 되었다. 정부는 외인부대를 동원하여 봉기한 노동자들을 무자비하게 살상했다. 5000명이 사망하고 진압 뒤 약 3만 명의 노동자가 투옥되었다. 공화정부에서 실행되었던 모든 개혁정책은 수포로 돌아가고, 옛날식의 억압이 재현되었다. 하지만 10월 항쟁은 1936년에 형성된 인민전선의 촉진제 역할을 하게 되었다.

스페인에서 독재와 민주화의 격렬한 투쟁이 전개되고 있을 즈음 일본의 만주침략(1931년 9월), 히틀러의 집권(1933년 1월), 일본과 독일의 국제연맹 탈퇴, 이탈리아의 에티오피아 침략(1935년 12월) 등 전체주의 세력이 체제를 강화하면서 침략 전쟁을 감행하기 시작했다.

1936년 2월 실시된 스페인 총선거는 사회당 99석, 좌파공화당 87

석, 공화동맹 39석, 좌익당 36석, 공산당 14석 등 인민전선파가 278석을 얻어 우파 134석, 중간파 55석을 누르고 압승했다. 그동안 보수우파의 독재와 독점, 노동자 학살에 대한 민중의 반발이었다.

공화파세력은 공산당과 사회당을 제외한 온건세력으로 인민전선 내각을 출범하고, 구속된 정치인·노동자들을 석방하면서 노동자 학살에 책임을 물어 프랑코 장군 등을 좌천시켰다. 2년 동안 중단되었던 농지개혁 사업을 재개하는 등 다시 민주화를 추진했다.

독일·이탈리아 등 파쇼 국가의 지원

1936년 6월 극우파는 모라, 프랑코 장군의 주도로 반란을 일으켰다. 노동자들이 이에 맞서 총파업을 단행하고 아사냐 대통령은 지방자치 단체장들에게 노동단체와 협력하여 민병대를 조직하라고 지시했다. 대부분의 장교와 사병이 반란군에 가담하여 반란군은 왕당파의 거점인 북부지방을 점거했다. 프랑코와 보수파는 독일의 히틀러와 이탈리아의 무솔리니에게 지원을 요청하여 협력을 얻어냈다. 파시즘과 나치즘에 반대하는 인민전선이 유럽으로 파급되는 것을 우려했던 히틀러와 무솔리니는 적극 협력을 다짐하고 많은 군대를 파견했다.

소련은 확산되는 파시즘을 저지하기 위해 공화정부를 지원했지만, 영국과 프랑스는 공산주의 세력의 확장을 우려하여 스페인 공화정부의 지원 요청에도 '불간섭 협약'을 주도하면서 외면했다. 하지만 지식인·청년들이 의용군으로 속속 공화파 인민전선에 지원했다.

스페인 내전은 국제전이 되었다. 반란군을 주도한 프랑코는 스스로 국가 주석임을 선언, 자신을 통령(caudillo)이라 부르게 하고 팔랑 헤당의 당수에 취임했다. "스페인 내전은 승자가 아니라 패자가 기술한 설명이 더 설득력 있게 널리 받아들여진 매우 드문 예로 꼽힌다"[60]라는 말이 있듯이, 반파시즘 열정을 지닌 영국·프랑스·미국 등 45개국의 지식인과 독일·이탈리아의 망명 사회주의자들이 스페인에 들어왔다. 이들은 왕당파에 맞서 총을 들고 싸우고 패전 뒤에는 각종 기록을 남겼다.

피카소의 명화 〈게르니카〉로 널리 알려진 독일 비행단의 게르니카 마을 파괴 현장을 지켜본 언론인 노엘 몽크스는 1937년 4월 26일 다음과 같이 현장의 참혹함을 기록했다.

> 게르니카를 통과한 것이 오후 3시 반경이었다. 빌바오 출발이 2시 반이었다는 데 근거를 둔 짐작이다. 장날이었다. 마을을 통과한 뒤 마르키나 가까이로 간다고 안톤이 말하는 길로 접어들었다. 그쪽 전선(戰線)이 있는 것으로 나는 알고 있었다. 가보니 과연 전선은 있었다. 그러나 마르키나는 없었다. 폭력으로 뭉개져 버린 것이었다. 게르니카 동쪽으로 18마일가량 떨어진 지점에서 안톤이 차를 길옆으로 붙이고 브레이크를 꽉 밟은 다음 소리를 지르기 시작했다. 그가 정신없이 가리키는 앞쪽을 바라보고 심장이 입으로 튀어나올 것처럼 놀랐다. 저쪽 산 위로 한 떼의 비행기가 나타난 것이었다. 열두 대가량의 폭격기는 고공으로 날고 있었다. 그러나 훨씬 아래, 나무 위를 스칠 듯이 낮게 날아오는 것은 여섯 대의 하이벨52 전투기였다. 폭격기들은 게르니카 방향으로 계속 날아갔지만 전투기들은 닥치는 대로 표적을 찾다가 우리 차를 발견하고는 집으로 돌아오는 비둘기떼처럼 선회한 다음 길을 따라 우리 차 쪽으로 날아왔다.

안톤과 나는 길에서 20야드가량 떨어진 포탄 구멍에 뛰어들었다. 물이 반쯤 찬 구멍 안에서 우리는 진흙 범벅이 되었다. 반쯤 무릎을 꿇고 반쯤 서서 진흙 벽에 머리를 처박았다. (…) 탄약을 다 썼는지 전투기들이 사라진 뒤 안톤과 나는 차로 달려갔다. 부근에 군용차량 한 대가 맹렬하게 불타고 있었다. 벌집이 된 시체 둘을 길가로 끌어내리는 것밖에는 할 일이 없었다. (…) 그로부터 24시간이 지나지 않아 처참한 사연이 온 세계에 알려졌을 때 프랑코는 이에 충격받고 집을 잃은 사람들을 거짓말쟁이로 몰아붙인다. 몇 주일이 지난 뒤 몰라의 부하들이 폐허 여기저기 뿌려놓은 휘발유 냄새가 사람 살운 냄새를 몰아낸 뒤에, 게르니카를 조사하러 온 영국의 이른바 전문가라는 사람들은 건방지기 짝이 없는 결론을 내린다. "게르니카는 빨갱이들이 일부러 불을 질러 태운 것이오."[61]

스페인 파시즘 세력을 지원하기 위해 파견된 히틀러의 나치 전투기가 평화로운 마을 게르니카를 폭격하여 불바다를 만들고, 이를 조사하러 온 영국의 '전문가'들이 '빨갱이 소행'으로 몰아가는 모습을 역사에 증언한 내용이다. 독재세력은 자신들의 기득권을 지키기 위해서는 거침없이 외세를 끌어들여 동족을 학살한다. 프랑코 집단도 다르지 않았다.

1936년 7월 19일 일요일, 카나리아에서 테투안에 도착한 프랑코가 했던 최초의 일은, 이탈리아에 12기의 폭격기 파견을 요청한 것이었다. 그리고 3일 후에는 독일에 수송기의 공급을 요청했다. 독일의 수송기는 7월 28일, 이탈리아의 폭격기는 30일에 테투안에 도착했다. 8월 초에 프랑코는 탄약 60만 개를 몰라 장군에게 공수해주었고, 단

하루 만에 3000명의 병사를 스페인으로 보냈다. 이것으로 전세가 돌변하게 되고, 8월 11일에는 북부와 남부의 육군이 합류했다.[62]

스페인의 군국주의 세력은 나치 독일과 파시즘 이탈리아 등으로부터 현대식 병기와 군대를 지원받아 인민전선 세력을 학살하면서 권력을 장악하고 기득권을 영구화하고자 했다. 이에 대항하는 공화주의자·진보주의자·자유주의자·아나키스트·사회주의자들이 연합한 인민전선은 정의감과 양심, 자유정신에 충만하여 총을 들었지만, 무장과 병력·전술면에서 너무나 취약했다. 마치 한국 동학농민군과 일본군과의 전력 차이와 같은 수준이었다.

1936년 11월 6일 이탈리아군과 외인부대 등 정예 2만 명의 프랑코군이 마드리드에 총공격을 개시하고, 마드리드 시민들이 결사항전을 벌일 때 프랑스의 종군 작가 로맹 롤랑은 다음과 같이 전 세계 자유인들에게 구원을 호소하는 글을 썼다.

> 까맣게 그은 마드리드의 돌무덤 사이에서 공포의 부르짖음이 들려오고 있다. 유럽 문명의 영광스런 고향 중 하나인 마드리드는 지금 아프리카의 무어인과 외인부대에 의하여 포화와 유혈 속에 파묻혀졌다.
> 인류여! 인류여! 나는 당신 앞에 호소한다. 미국의 시민들이여! 유럽의 시민들이여! 나는 여러분들에게 호소한다. 우리들을 구해줄 것을! 아니 여러분 자신을 구해줄 것을! 왜냐하면 위태로운 것은 여러분들이며 동시에 우리들이기 때문이다.[63]

각국의 의열 지식인 총 들었지만

1937년 6월 북부전선에서 공화파 인민전선은 프랑코군에 참패를 당했다. 바스크를 점령한 반란군은 인민전선을 지지한 가톨릭 신부를 비롯하여 많은 신자들을 학살했다. 파시스트 국가들의 지원을 받은 반란군은 곳곳에서 인민전선 부대를 공격하여 국토의 대부분을 장악했다. 인민전선은 국제여단군이 반격에 나서 한때 사기가 크게 올라갔으나, 독일과 이탈리아에서 제공한 신예 전폭기의 제공권 장악으로 전세를 역전시킬 수는 없었다. 유럽의 자유주의 진보 지식인들은 스페인에서 국제여단을 형성하여 프랑코군과 싸웠다. 여기에는 의사·간호사·엔지니어 등 비전투 요원들도 많았다. 프랑스, 폴란드, 우크라이나, 체코, 스칸디나비아와 발칸반도 양쪽에서 와서 싸웠고, 국제여단에는 약 5000명이 지원했는데 2000여 명이 죽었다. 그 밖에 약 2000여 명의 영국 지원자들과 약 2800명의 미국 지원자들이 몰려들었는데 그들의 피해도 컸다. 일반적으로 스페인에서 약 8만 명이 싸웠다고 생각되고 있다.[64]

내전의 비극은 쌍방에서 비전투원까지 무차별적으로 제거(학살)하는 데 있다. 스페인 국민은 대부분 우익세력의 반군과 지원병·용병들에게 희생되었지만, 공화파 인민전선 측의 보복 살해도 적지 않았다.

공화파는 살해 집단을 시켜 잔학 행위를 저질렀다. 살해 집단은 노조의 투사, 청년대, 정치공작원으로 구성되어 있었다. 그들은 자신을 '공화국의 시라소니' '붉은 사자단' '복수의 여신들' '스파르타쿠스단' '힘과 자유단' 등으로 불렀다. 그들은 반란 세력이 교회의 탑에서 먼저 발포했다고 주장했다. 하지만 바르셀로나의 카예 라우리아에 있던 카르멜 교회의 경우를 제외하면, 그 주장은 사실이 아니다. 사실 교회는 반란에 참여하지 않았다. 일부 성직자들이 민족주의자들에게 도움을 준 것은 이런 잔학 행위의 결과이지 원인이 아니다. 주교 11명, 수사의 12퍼센트, 사제의 13퍼센트가 살해당했다.[65]

이번에는 민족주의자들이라 자칭하는 우익 군부세력의 학살 실태를 살펴보자.

민족주의자들이 후방에서 살해한 사람들도 그 정도였다. 대부분은 군부대 소행이었다. 그들도 레닌의 방식을 따랐다. 좌파 활동가를 몰살하여 좌파의 조직적인 정치 기반을 파괴하고, 좌파 지지자들을 비굴한 공포에 빠뜨리려 했다. 1936년 7월 19일, 몰라 장군은 팜플로나에서 이렇게 말했다. "공포 분위기를 조성할 필요가 있다. 우리가 지배하고 있다는 인상을 심어주어야 한다. (…) 인민전선을 지지하는 자들은 공개적으로나 은밀하게 총살시켜야 한다." 체포는 밤에 이루어졌고, 어둠 속에서 총살이 집행되었다. (…) 민족주의자들이 살해한 인원은 그라나다 주에서 8000명, 나바레에서 7000~8000명, 발레아레스 제도에서 3000명이었다. 전쟁이 일어나고 6개월 동안, 민족주의자들은 장군 일곱 명을 죽이고, 사실상 체포된 모든 인민전선 의원과 주지사, 의사, 교사를 죽였다. 모두 5만 명가량이다. 따라서 양쪽에서 살해된 사람은 엇비슷했고, 양쪽 다 전체주의의 특징을 보여주었다. 말하자면 개인의 죄를 처벌한 것이 아니라 계급이나 신분, 직업을 처벌 대상으로 삼은 것이다.[66]

1938년 11월 23일 인민전선 최후의 수도 바르셀로나가 프랑코군에 함락되었다. 역시 독일·이탈리아 전폭기의 제공권 장악이 결정적인 타격을 주었다. 이에 반해 영국과 프랑스의 '불간섭 정책'과 미국·러시아의 이중 플레이 또는 공화파에 대한 소극적인 지원으로 공화파의 인민전선은 명분과 스페인 국민의 압도적 지지에도 패배할 수밖에 없었다.

외국의 개입은 전쟁 초기부터 중요한 역할을 했다. 외국의 개입이 없었다면, 프랑코의 군사쿠데타는 아마 실패했을 것이다. 6개 도시 가운데 5곳에서 반란이 수포로 돌아갔다. 인민전선 정부는 육지에서 수적으로 상당한 우위를 점하고 있었다.

여기에 민병대 병력까지 가세했다. 해군 병사들은 장교를 사살했다. 해군은 순양함 2척과 구축함 2척으로 아프리카 군대가 해협을 건너오는 것을 막고 있었다. 민족주의자들은 우선 제공권에서 우위를 보였다.[67]

군부 반란세력이 인민전선을 제압하고 스페인의 권력을 장악하고 1939년 봄 프랑스와 영국에 이어 미국이 프랑코 정권을 승인하면서 3년여 만에 엄청난 인명 살상과 국토의 황폐화를 가져온 스페인 내전은 종료되었다. 수많은 제3국 의열청년들의 피를 뿌린 스페인 내전은 인류 역사상 전무후무한 다국적 의용군이 편성되어 싸우다가 희생된 전쟁이었다.

내전 기간 동안에 총 4만 명의 외국인이 공화파를 위해 싸웠다. 그중 3만 5000명이 국제여단에 속해 있었다. 하지만 외국인은 가장 많은 때도 1만 8000명이 넘지 않았다. 이에 더해 1만 명의 의사·간호사·민간 전문가들이 있었다. 프랑스에서 약 1만 명에 달하는 가장 큰 규모의 파견대가 왔다. 그 뒤로 독일인과 오스트리아인 5000명, 폴란드인 5000명, 이탈리아인 3350명, 영국과 미국에서 각각 2500명, 유고슬라비아와 체코슬로바키아에서 각각 1500명, 스칸디나비아 반도, 캐나다, 헝가리에서 각각 1000명 그 외 다른 40개 국가에서 소규모의 파견대가 왔다. 사상자는 매우 많았지만 정확한 수에 대해서는 의견이 분분하다. 어떤 추정치에 따르면, 영국인 공화파 참전자는 2762명이며, 그중 1762명이 부상당하고, 453명이 사망했다고 한다. 미국인도 약 900명이 죽었다고 전해진다.[68]

권력을 장악한 프랑코와 기득세력은 공화파에 속한 사람들을 이 잡듯이 색출하여 약 200만 명을 투옥하고 수만 명을 '반역죄'로 몰아 처형했다. 그리고 40여 년에 걸친 프랑코의 독재정치로 스페인의 '국격'을 추락시키고 인민을 나락으로 빠뜨렸다. 1975년 4월 프랑코의 임종 소식이 전해지자, 참전했던 프랑스의 지성 사르트르는 "프랑코의 죽음조차 그가 한 일을 용서하지 못한다"는 성명을 발표했다.

스페인 내전은 앞에서 살펴본 대로 다양한 이념과 국제 열강의 이해·대립이 불러온 참혹한 전쟁이었다. 앤터니 비버는 스페인 내전연구의 결정판이란 평가를 받는 『스페인 내전』을 쓰면서 부제로 '20세기 모든 이념들의 격전장'이라 명명했다. 그리고 다음과 같이 정리했다.

지금까지 스페인 내전은 자주 좌파와 우파의 충돌로 묘사돼왔다. 그러나 그런 설명은 지나치게 단순하며 자주 오해를 불러일으키곤 한다. 좌우의 충돌 말고도 이 전쟁에서는 두 개의 갈등 축이 더 나타나는데, 하나는 국가의 중앙집권과 지역적 독립 간의 갈등이고, 다른 하나는 권위주의와 개인의 자유 간의 갈등이다. 우파 국민 진영은 소수 예외를 제외하고는 결속력이 강한 세 가지 극단적 경향이 한데 결합했기 때문에 공화 진영에 비해 훨씬 통일성이 있었다. 그들은 모두 우익이었고, 중앙집권적이었으며, 권위주의적이었다. 반면에 공화정부는 공존이 불가능하고, 서로가 서로를 의심하는 사람들이 한데 모여 있는 혼란의 도가니였다.[69]

한국 근현대의 민중 저항과 혁명 사상

홍경래, 서토(西土) 지역차별에 저항하다

19세기는 세계사적으로 민중 각성의 시대였다. 한국사도 크게 다르지 않았다. 19세기에 들어와서 조선왕조는 외척에 의한 세도정치가 행해지면서 국정은 더욱 문란해지고 민심이 이반되었다. 정조에 이어 순조가 11세의 나이로 왕위에 오르자 장인 김조순에 의해 권력이 농단되기에 이르렀다. 이른바 세도정치가 자행된 것이다.

세도(世道)란 원래 "세도인심을 바로잡아 나가는 도의적인 지도력"을 말하는 것으로서 긍정적 의미의 정치 형태를 가르킨다. 조선왕조는 이런 세도정치의 구현을 위해 언관·사관을 두어 여론을 모으고 책임을 묻는 제도를 관제로 장치하고 있었다.

특히 왕권과 신권의 균형, 현직 관료와 재야 사림 간의 균형, 삼사 육조 간의 상호견제 균형 장치를 갖췄다. 그런데 외척의 등장으로 권력의 균형이 파괴되고 여론이 막히는 이른바 세도정치(勢道政治)가 나타나게 된 것이다.

세도정치는 단순한 권력의 집중만이 아니고 사림정치에 대한 근본적인 변혁을 의미했다. 때문에 민심의 이반(離反)은 더욱 가속화될 수밖에 없었다. 여기에다 설상가상으로 흉년이 거듭되고 각종 봉서 사건, 비기(秘記), 참설 등이 난무하여 민심이 흉흉한 데다 중앙정부의 서북인 차별대우까지 겹쳐 지역감정의 불만이 고조되었다.

이런 상황에서 홍경래는 치밀한 거사 계획을 세워 1812년 2월 가산에서 봉기했다. 주력은 광부들이었다. 이들은 봉건적 수탈로 말미암아 농촌에서 축출된 무토불농지민(無土不農之民)이다. 농민이면서도 농토를 잃은 유량민인 것이다. 우군적·김창시 등과 가산군 다북동에서 스스로 평서대원수(平西大元帥)가 된 홍경래는 가산으로 진군, 군수를 죽이고 박천, 정주, 태천, 곽산, 선천, 철산, 용천을 차례로 점령하기에 이르렀다.

봉기군들은 검은 옷을 입고 푸른 모자를 썼으며 창검으로 무장하고, 발표한 격문에서 "조정에서는 서토(西土)를 버림이 분토(糞土)와 다름없다. 심지어 권문의 노비들도 서토의 인사를 보면 평한(平漢, 평안도 놈)이라 일컫는다. 서토에 있는 자 어찌 억울하고 원통치 않은 자 있겠는가." 하고 지역차별의 억울함을 크게 내세웠다.

박천 송림리 전투에서 패한 봉기군은 정주성 농성 끝에 관군의 진압으로 거병 5개월 만에 평정당하고 말았다. 홍경래의 봉기는 근대적 '민중'이 등장한 계기가 되었다. 오래전부터 관료가 되지 못한 지식층, 광산 노동자, 수탈에 신음하던 농민, 신분제를 질곡으로 느끼는 천민층, 중앙으로부터 푸대접당한 서북인의 지역감정 등이 겹쳐 봉건 정부에 반기를 든 민중저항이다. 식량부족, 지휘부의 분란 등으로 홍경래 난은 실패했음에도 불구하고 조선 봉건사회에 끼친 영향은 지대했다. 이 난을 계기로 농민층은 자신들의 역량을 구체적으로 인식하기 시작하여 봉건왕조 해체에 박차를 가하게 되고, 이 난을 경험한(혹은 지켜본) 민중들은 봉건 정부의 횡포에 저항할 수 있는 스스로의 힘을 인식하게 되었다.

삼남을 휩쓴 민중의 난(亂)

진주민란 혹은 임술민란으로도 불리는 1862년의 농민란은 처음에 경상도 진주에서 일어나 삽시간에 삼남지방으로 확대되고 다시 전국적인 규모로 확산되었다.

홍경래 난의 경험 속에서 성장한 민중의식이 조선 봉건사회가 안고 있는 여러 모순을 실력으로 시정하고자 나선 것이 임술민란이다. 자연발생적이고 비조직적인 민란이 1년여 동안에 도합 37회에 걸쳐 전국적으로 일어났다. 경상도에 16곳, 전라도에 9곳, 충청도에 9곳이고, 경기도·황해도·함경도가 각각 1곳이었는데, 삼남지방인 충청도·전라도·경상도에서 집중적으로 일어났다.

진주민란을 지도한 유계촌, 이명윤, 이계열 등은 이·도(里會·都會) 모임을 만들고 통문(通文) 또는 회문(回文) 등 궐기문을 배포, 곳곳에 방을 붙여 민중봉기를 지도했다. 이들은 경상 우병사 백낙신이 백성의 재물을 갈취하고 환곡을 폭리로 거둬들이고 군량미를 멋대로 징수하는 등 6개 조항의 불법 수탈이 극심하여 원성이 들끓자 농민의 집단 저항을 시도한 것이다.

수천 명의 농민군은 머리에 흰 수건을 쓰고 스스로 초군(樵軍)이라 칭했다. 6일간에 걸친 봉기에서 23개 면을 휩쓸고 부패 향리 4인을 죽이고 서리, 양반, 토호의 집과 관가를 습격하여 가옥 파손이 126

호, 식량 탈취 등이 118호에 달했다. 난이 계속되는 동안 관리들은 모두 도망치거나 잠적하여 아무도 막지를 못했다. 진주의 민란은 삽시간에 전국으로 번져 한 달 뒤인 3월에는 전라도 익산에서 불길이 타올랐다. 4월에는 개령과 함평, 5월에는 회덕, 공주, 순천, 장흥, 선산, 상주에 이어 여름 동안에 부안, 금구, 연산, 은진, 함양, 밀양, 성주에서 불길이 치솟고, 8월에는 경기도와 북쪽 지방에서 농민이 일어나고, 9월에는 제주에서 수천 명이 들고 일어나 열흘 동안이나 계속되었다.

조정에서는 박규수를 안찰사로 보내 농민을 선무하고자 했으나 요원의 불길처럼 치솟는 농민의 항거는 가라앉을 줄을 몰랐다.

1년간에 걸쳐 전국적으로 일어난 농민 봉기가 전제적 봉건왕조를 붕괴시키거나 부패한 집권세력을 물리치지 못한 것은 민란 상호 간에 연관이 없이 개별적이었으며, 지도부가 농민층에 뿌리박지 못한 채 부동성이 많았기 때문이고, 운동이 봉건제 자체를 부정하는 목적의식이 뒷받침되지 않았다는 이유로 집약된다.

삼남민란은 다소 우발적, 자연 발생적인 경향을 띠고 있으나 이를 계기로 농민층의 자아의식, 사회의식이 각성되고 지배층에 경종을 울림으로써 다소의 개혁이 단행되었으며, 특히 갑오년 동학농민혁명의 원류가 되었다는 점에서 역사적 의미는 대단히 크다.

동학농민혁명에 나타난 진보·개혁의지

조선 봉건체제와 대립되는 민중종교인 동학은 개항 후 그 모순이 집중적으로 심화되어온 삼남지방을 토대로 크게 발전하게 되었다. "조선 봉건제 해체사의 최종적 도달점이며 근대조선 민족해방운동사의 본격적인 출발점"이 된 동학농민혁명을 살피기에 앞서 동학이 태동하게 된 역사적 배경부터 찾아보기로 한다.

첫째, 18세기 이후 변질된 조선왕조 양반사회의 제반 정치적 모순, 둘째, 삼정의 문란, 셋째, 19세기 이후 서세동점(西勢東漸)의 위기 속에서 국가보위 의식의 팽배, 넷째, 전통적인 유교의 폐해에 따른 지도 이념의 퇴색, 다섯째, 서학의 침래를 민족적 주체의식으로 대응하려는 저항정신, 여섯째, 실학에서 현실 비판 및 개혁사상에 영향받은 피지배 민중의 의식수준의 향상과 높아진 자각도 등을 들수 있을 것이다.

최제우(崔濟愚)에 의해 창도된 동학은 유교의 인륜, 불교의 각성, 선교(仙敎)의 무위를 접화군생(接化群生)시킨 천도사상을 말한다. 동학의 중심 개념은 인내천, 즉 천인합일의 사상으로 사람 섬기기를 하늘 섬기듯 하고(事人如天), 억조창생이 동귀일체(同歸一體)라 하여 계급제도를 부정, 인간평등을 주창하는 개혁사상을 포함하고 있다.

이런 동학사상을 전봉준이 혁명철학으로 내세웠다. 전봉준은 개항 이래 외래사조의 침투에 따른 반식민지화와 국내 봉건적 관료층의 수탈로 신음하는 피압박 민중의 해방운동, 반봉건·반외세 투쟁의 이념으로 정립했다.

동학농민혁명은 1894년 전라도 고부의 민란으로부터 시작했다. 직접 원인은 고부 군수 조병갑의 가혹한 미곡 징수와 만석보의 수세(水稅) 징수로 농민의 원성이 충전하자 전봉준·김개남·손화중 등 동학교도들이 봉기함으로써 발발하게 되었다.

동학농민군은 창의문(倡義文)에서 "민은 국가의 근본이다. 근본이 말라버리면 국가는 쇠잔해지게 마련이다. (…) 우리는 비록 재야의 유민이나 군토(君土)를 먹고 군의(君衣)를 입고 있으니, 국가의 위망을 앉아서 볼 수만 없다. 인로(人路)가 동심하고 순의(詢議)하여 이제 의기를 들어 보국안민으로서 생사의 맹세로 삼는다"고 선언하고, 강령을 "양왜(洋倭)를 몰아내고 권귀(權貴)를 멸한다"고 하여 혁명의 명분이 외세 침략에 항거하고 국내 봉건 귀족세력의 타도에 있음을 분명히 했다.

농민혁명에 참여한 세력은 동학교도뿐만 아니라 향반, 서리, 유생, 역졸, 농민, 천민 등 각계 각층이 망라되어 민중혁명의 성격을 띠고 있다. 동학군은 12개조 폐정 개혁안을 정부에 제기하여 국정의 개혁과 외세의 배척을 요구했으며, 53개 주에 집강소를 설치하여 개국 이래 처음으로 농민 민주주의를 시행했다.

동학농민혁명은 부패한 봉건세력이 끌어들인 외세에 의해 종국적으로는 좌절했음에도 불구하고 반식민지화, 반봉건의 민족·민중운동의 원천이 되었다. 이후 민중사 전개에 큰 영향을 주고, 의병운동, 3·1 만세시위, 항일무장 독립전쟁, 4·19혁명, 반유신 저항운동, 광주민주화운동, 6월항쟁, 촛불시위 등의 정신적인 사상적인 원천이 되었다.

동학농민혁명은 토지의 평균 분작, 노비 문서의 소각 등 정치·사회면에서의 높은 혁명성과 민중의 뜨거운 참여에도 불구하고 조선왕조를 타도 대상으로 삼는 데까지는 이르지 못하는 정치의식의 한계성 그리고 현대 병기로 무장한 일본군의 학살로 근대 시민혁명으로 발전하지 못하고 말았다. 그럼에도 뒤이은 갑오개혁으로 토지소유제의 진전, 전제군주권의 제한, 노비제도의 전면 폐지, 무명잡세의 폐지 등을 가져오는 데 크게 기여했다.

국채 보상운동과 민중 참여

국채 보상운동은 1907년 1월 대구 광문사(廣文社)의 서상돈, 김광제 등이 단연회를 만들어 일본에 진 빚 1300만 원을 갚자는 민중운동에서 시발되었다. 이들은 일본의 빚을 갚지 않으면 국토가 담보가 되리라고 우려하면서 2000만 국민이 담배를 끊는다면 한 사람의 한 달 담뱃값을 20전으로 쳐서 석 달이면 일본 빚을 갚을 수 있을 것이라 했다.

이 소식이 전해지자 〈대한매일신보〉, 〈황성신문〉, 〈제국신문〉, 〈만세보〉 등 신문이 일제히 호응을 보였고, 경향 각지의 여러 단체를 비롯, 학생, 상인, 노동자, 농민 할 것 없이 1만 원에서부터 10전, 20전에 이르기까지 액수의 다소를 가리지 않고 국채 보상운동에 호응했다. 이 소식이 전해진 다음 날 국채보상 기성회가 천도교 인사들이 중심이 되어 발족했으며 전국 각지에는 보채회(報債會)가 조직되어 모금에 나섰다. 이런 단체는 전국에 수백 개에 이르렀다.

고종 황제도 담배를 끊고, 궁내에서도 담배를 금했으며 서민, 학생, 여성, 기생, 걸인까지 이 운동에 참여했다.

〈황성신문〉 1907년 3월 1일 치에 따르면, 국채보상을 위한 "단연 연설 중 일반 민중이 몇십 원 몇십 전을 기부하는 중이었다. 이때 한 걸인이 돈 5냥을 수전소에 놓고 곧 담뱃대를 부러뜨리고 돌아갔다. 이를 본 사람들이 더욱 감동을 받아 부녀들은 반지와 장도를 놓고 갔다"고 보도하였다. 국민이 얼마나 이 운동에 열성적으로 참여했는가를 보여준다.

일제는 조선을 병탄하기 위해 대한제국 정부의 재정과 민간 자본의 예속을 노려 1905년 을사늑약 후 1300만 원의 차관을 반강제로 제공했다. 이에 대해 황현은『매천야록』에서 "왜(倭)도 재정이 궁핍하여 저리로 미국에서 빌린 것을 고리로 우리에게 주었다 한다. 왜놈이 우리 땅을 빼앗고자 그러함은 말할 것도 없다. 정부를 위협, 차관을 강제로 주면서 빨리 갚지 못하게 하고, 말로는 공예, 농업, 학습에 쓴다고 했으나 경성, 인천의 항만 건설로 쓸 뿐 아니라 민영기 무리가 착복한 것이 수십만 원이었다"고 하여 일제의 침략적인 간교에 의한 차관을 통박하고 있다.

정부 고관과 거부, 거상들만 외면할 뿐 많은 국민의 성원으로 모금된 의연금은 반년 만에 19만여 원에 달했다. 그러나 일제의 탄압과 이미 일제의 꼭두각시로 변한 정부의 무성의로 이 운동은 좌절되었다. 일제는 이 운동을 전국적으로 주도한 양기탁을 구속하고, 박은식·남궁억 등이 기금의 일부를 민립대학 설립기금으로 사용하고자 했으나 그것도 막았다.

만민공동회와 깨어난 민중

만민공동회는 정부대신과 양반, 상민, 천민이 한 자리에서 시국을 논의한 우리 역사상 초유의 민회였다. 당초에는 관과 민의 지도자들이 모이는 '관민공동회'라는 이름을 갖고 있었다. 1898년 3월 10일 종로에서 처음 열린 만민공동회는 정부대신들은 물론 독립협회 간부, 지식인, 학생, 부인, 상인, 승려, 백정 등 1만여 명이 모인 군중 대회였다.

이날 대회에서는 쌀장수 현덕호가 회장에 선출될 만큼 신분차별이 배제된 집회였다. 주요 토의 내용은 ① 외국에 의존치 말고 관민이 합력하여 황권을 공고히 할 것 ② 광산, 철도, 석탄, 산림 및 차관, 차병(借兵)과 외국과의 조약은 각부 대신과 중추원 의장이 합동으로 서명치 않으면 시행되지 못하게 할 것 ③ 전국의 재정은 모두 탁지부에서 관할하여 정부의 타기관이나 사(私) 회사가 간섭치 못하게 하고 예산과 결산을 인민에 공표할 것 ④ 중죄인을 공판에 회부하되 피고가 자백한 후에 재판할 것 ⑤ 칙임관은 황제가 정부의 과반수 동의를 받아 임명할 것 ⑥ 장정(章程)을 실천할 것 등 '헌의 6조'를 의결했다. 황제도 그대로 실시할 것을 약속했다.

만민공동회는 서울뿐만 아니라 지방에서도 자발적으로 열려 국사와 지역의 주요 의제를 논의했다. 만민공동회는 대표위원을 선출하여 결의사항을 집행케 하는 직접 대표제를 택하고 있었다. 이런 민주주의 방식을 채택한 결과 민중의 참여는 갈수록 늘어났고 이 과정에서 의회 설치론까지 대두하기에 이르렀다.

그러나 만민공동회는 변심한 고종황제와 보수세력의 탄압으로 해체되어 모처럼 발아하기 시작한 의회주의의 가녀린 싹은 짓밟히고 말았다. 삼남민란이나 동학혁명이 하층 농민에 의한 민중 저항운동이었다면, 만민공동회는 도시 지식인들과 상인들이 중심이 된 민중운동이었다.

영학당(英學黨)에 참여한 민중의식

무릇 우리들의 큰 임무는 오로지 나라를 돕고 백성을 편안히 하려는 뜻에 있다. (…) 온 국토의 모든 백성이 일체로 힘을 합쳐 일본이나 서양의 세력을 몰아낸 뒤에 한편으로는 국가를 돕고 한편으로는 백성을 편안케 하기를 절실히 바란다.

〈황성신문〉광무 3년 6월 16일 치에 실린 것으로 홍덕·고부 등지에 영학당이 살포한 격문 내용이다. 여기서 알 수 있듯이 영학당은 각지의 민란과 동학혁명, 의병투쟁의 기치 아래 만든 결사체였다. 영학당의 한 부대 대장인 최익서는 "우리 당은 모두가 갑오의 여괴(餘魁)"라고 했다. 동학의 실패로 피신했던 사람들이 중심이 되어 조직한 것임을 알 수 있다.

영학당은 1898~1899년 사이에 호남지방에서 대단한 기세로 활약했다. 1898년의 홍덕민란, 1899년 3월의 전주 농민 소요, 5월의 전주, 고부, 홍덕, 고창, 태인, 정읍, 무장, 옥구 등지의 민란은 특히 규모가 큰 영학당의 투쟁이었다.

영학당이 일반 민란이나 동학운동과 다른 것은 상당히 조직적이고 다른 지방세력과 연계를 도모했다는 점이다. 이들은 계를 조직하는 것처럼 하면서 비밀리에 결당을 하고 세력 확장을 위해 지방의 향민세력과 연합을 도모하기도 했다.

주목할 점은 당의 운영이나 집회에 있어서 만민공동회의 운영 방식을 택했다는 사실이다. 이들은 만민공동회를 모방, 민회를 개최하여 토호나 탐관오리를 규탄하거나 처벌했다. 군중을 집합시켜 놓고 지방 수령의 비행을 재판하여 군중의 의사에 따라 처벌했다. 수령 이외의 향리나 향임에 대해서는 일체 가해하지 않았다.

영학당이 주도하여 홍덕에서 일어난 민란은 주모자 이화삼(李化三)이 군수의 실정 5개 조목을 군중 앞에서 공개, 참석한 군중의 동의를 얻어 군수를 징벌하고 자기들의 요구 사항을 제시했다.

이러한 사실을 종합할 때 영학당운동은 여타의 일반 민란보다 한 단계 높은 민중운동이었음을 알게 된다. 각 지역의 영학당이 연합하고자 한 것도 발전적인 현상임을 알 수 있다.

활빈당, 의적이 된 민중

"빈민에게 활력을 준다"는 활빈당운동은 민란, 동학투쟁, 초기 의병전쟁에서 달성할 수 없었던 민중적, 계급적 욕구의 실현을 위한 결사체였다.

"우리는 여러분들을 위해 자유평등의 이득을 주고 사회 빈부의 커다란 차이를 타파하고 또 우리나라의 혁신을 보여주고자 하며 지금 여러분에게 나누어주는 전곡(錢穀)은 바로 여러분들에게 활빈의 실(實)을 보여주는 것"이라는 선전문이 말해주듯이 '자유평등' '빈부 타파' '국정혁신'을 내걸고 배외안민(排外安民)을 향한 의적의 무리가 활빈당이다.

1898년 말에 충청도 서부 연안의 내포(內浦) 지방에서 발생하여 1904년 무렵까지 강원도와 호남, 영남지방에까지 확장된 활빈당은 해산된 의병 출신과 동학교도들이 중심이 되어 조직된 것으로 화적(火賊), 동비(東匪), 서학(西學), 영학(英學), 남학(南學), 육적(陸賊), 수적(水賊) 등으로도 일컬어졌다.

활빈당은 "탐학 관리와 부민의 재산을 빼앗아 빈민에게 나누어주기" 때문에 일반 비도(匪徒), 당도(黨徒)와는 인식이 달라 민중의 폭넓은 지지를 받을 수 있었다. 이들은 "탐관오리를 응징한다는 것을 기치로 내거는 것과 함께 배외배일(排外排日)을 주장하면서 일종의 쇄국주의를 부르짖고 있다"는 자료에서도 볼 수 있듯이 일반 도적의 무리와는 전혀 다른 것이었다.

17세기 초에 발표된 허균의 『홍길동전』의 활빈당 투쟁을 이념적으로 따르고 특히 '선언서'와 "국정과 민현의 13개 조목"이란 강령을 채택하는 등 상당히 이념적인 민중운동이었다. 백성의 '절대평

등'을 추구하기도 했다. 활빈당 운동의 특징으로는 출신 지역과 활동 지역이 서로 달랐다는 점과 구성원의 지역적 국지성에서 벗어났다는 점을 들 수 있다.

3월의 거족적 민중 항거

일제의 무단통치하에서 일어난 1919년의 3·1항쟁은 망국의 민중이 자발적으로 봉기한 국권회복 항쟁이다. 각계각층의 200만 민중이 참여한 3·1항쟁은 범국민적인 반외세 근대적 민중운동이다.

7500여 명 피살, 4만 6000여 명 피검, 1만 6000여 명이 부상을 당한 3·1항쟁은 촌부, 기녀들까지 참여하여 한민족의 저항 정신을 분출했다. 어느 시골에서 만세를 부르다 체포된 촌부가 "누가 시켜서 만세를 불렀느냐"는 왜경의 심문에 "닭이 새벽에 홰를 치고 우는 것도 누가 시켜서 우는 거냐"고 참여의 자발성, 자주의식을 분명히 한 것에서도 나타나듯이 자발적인 국권 회복을 향한 민중항쟁이었다. 국권 침탈 뒤의 민중저항이 산발적이고 국지적이었지만 3·1항쟁은 전국적이고 초계층적이었다. 당시 검거된 인원은 1만 9525명이었는데 이 중 56퍼센트가 농민, 12퍼센트가 학생·교사, 13퍼센트가 상공업자였다는 자료에서도 민중 참여의 의지를 읽을 수 있다. 지도층은 파고다공원의 군중 앞에 나타나지도 못했지만 3·1항쟁은 민중에 의해 주도되고 전국으로 확산되었다. 그리고 해외의 동포 사회로 번졌다.

일제가 거사 당일까지도 모르고 있을 정도로 민중 사이에 비밀보장이 잘 되었다. 3·1항쟁의 높은 뜻은 여기서도 찾을 수 있다.

3·1항쟁이 엄청난 국민의 희생을 치르면서 쟁취한 의미는 외세에

항거한 근대적 민족운동이었다는 점, 대내적으로는 국민주권 정부 수립 다시 말해서 군주제에서 민주공화제로의 전환점이 되었다는 사실이다. 또 대한민국 임시정부 수립의 계기가 되고, 세계 피압박 민족 해방투쟁의 촉진제가 되었다. 일제의 혹독한 탄압으로 많은 인명과 재산의 피해를 입으면서도 비폭력운동으로 시종, 한민족의 높은 도덕주의와 평화 지향적인 민족의 긍지를 지킬 수 있었다.

한국의 민주공화제가 3·1항쟁의 과정에서 민중의 참여로부터 태동됐다는 점은 우리 민주주의의 높은 역사성을 보여주는 대목으로, 운동의 숭고한 정신이 항일 독립운동과 해방 뒤 민주주의 정신으로 이어지고 있음을 알 수 있다.

형평운동(衡平運動)을 전개한 백정들의 평등 의지

일제강점기에 일어난 많은 민중운동 가운데 백정들의 형평운동은 최하층 천민들에 의한 민족운동이다. 원래 '백정(白丁)'은 벼슬하지 않은 평민이라는 뜻을 갖고 있었지만, 고려 중기 이후 천민 계층의 호칭이 되었다. 노비와 같은 천민이면서 노비에게도 사역(使役)을 당하는 그야말로 최하층의 신분계급이다.

짐승을 잡거나 버들고리를 만들어 파는 일에 종사하는 백정들은 돈을 벌어서 기와집에 살아도 안 되고, 비단옷을 입어도, 갓을 쓰고 예복을 갖추어도 안 되며, 평민들 앞에서 담배를 피우거나 술을 마셔도 안 될뿐더러, 일반 음식점의 출입조차도 거부되었다. 양반은 물론 평민들의 명령에 따르지 않으면 '강상죄(綱常罪)'로 다스림을 받게 된다.

백정들의 형평운동은 1920년대 초에 진주에서 시작되어 전국으로 확산되었다. 형평이란 "저울대처럼 기울지 않는 평등"을 뜻하는 신분 해방운동을 말한다.

진주의 백정 출신 이학찬(李學贊), 백정 인텔리 장지필(張志弼) 등은 1923년 5월 진주에서 '형평사'를 결성하고 형평사 '주지'와 '사칙'을 공표했다. '사칙'에서 이들은 계급 타파, 모욕적 호칭 폐지, 교육 장려 등을 요구하고, '주지'에서는 "공평은 인류의 근본이고 애정은 인류의 본령이다. 그런고로 아등(我等)은 계급을 타파하고 칭호를 폐지하며 교육을 장려하고 아등도 참다운 인간이 되는 것은 본사의 주지이다. (…) 아등도 조선 민족 2000만의 분자로서 갑오년 6월부터 칙령으로서 백정의 칭호가 없어지고 평민이 된 우리들이다. (…) 40여 만의 단결로서 본사의 목적인 '주지'를 선명하게 표방하고자 한다"고 취지를 분명히 했다.

전국으로 퍼진 형평운동은 일반민과 일제의 탄압을 받으면서도 1924년 대전에서 전국대회를 갖고 조선형평사 중앙총본부를 발족, 백정의 관습을 없애자는 계급투쟁과 더불어 국권 회복투쟁에 참여하며 반일·반제운동에 앞장 설 것을 결의했다.

신분해방투쟁에서 민족해방투쟁으로 전환한 형평운동은 형평청년회와 북풍회, 형평여성동맹 등의 산하단체를 구성하여 격렬한 항일운동을 전개했다.

한때 일본의 수평사(水平社)와 제휴하기도 한 형평운동은 1928년 6차 대회에서 강령을 통해 "아등은 경제적 조건을 필요로 한 인권 해방을 근본적 사명으로 한다"고 표면상으로는 온건한 사회운동을 표명하면서도 위원장으로 추대된 김종택을 비롯하여 회원들은 반일투쟁을 격렬히 전개했다.

일제의 중국 침략과 때를 같이하여 전시체제가 강화되면서 사회단체들의 강제 해산으로 형평운동도 해체되고 말았지만, 봉건왕조 이래의 최하 천민계층인 백정들이 왜족 통치 아래에서 계급해방운동을 민족해방투쟁으로 전환시킨 그 뜨거운 민족애는 어떤 형용사로도 표현이 모자랄, 민중진보사상이고 평등운동이었다고 할 것이다.

해방 이후의 민족·민주·민중저항운동

해방 뒤 한민족은 외세에 의해 북위 38도선으로 분단되고, 남한은 미군정 3년에 이어 1948년 국회의원 총선을 통해 대한민국 정부를 수립했다. 3·1항쟁으로 시작된 민주공화제 요구는 대한민국 임시정부에 이어 정부 수립과 함께 채택되어 오늘에 이른다.

하지만 민주공화제는 이승만의 12년 장기 독재에 의해 처참하게 유린되고 형태만 남게 되었다. 국민은 도탄에 빠지고 소수의 권력층이 이승만 정권과 결탁하여 귀속 재산을 차지하거나 원조 물자를 착복하면서 특권을 누렸다. 헌법은 이승만의 권력 유지를 위한 장식품으로 전락하고 선거는 관권·금권 부정으로 유린되었다. 외신이 한국에서 민주주의는 쓰레기통에서 장미가 피기보다 어려울 정도라고 조롱할 만큼 민주주의가 짓밟혔다. 이승만은 6·25전쟁을 겪으면서 남북통일보다 반공체제 강화를 통해 권력을 유지하려 했다.

국민은 언제까지 굴종하지 않았다. 1960년 실시된 정·부통령선거에서 이승만정권은 부정선거를 통해 영구집권을 획책했다. 3월 15일 마산의 시민·학생들을 시발로 전국적인 항거가 시작되고, 마침내 4·19민주혁명이 이루어졌다. 우리 민족사상 처음으로 피지배계층이 지배세력을 타도하면서 성취한 4월혁명은 고등학생들이 앞서고 대학생·시민들이 참여한 국민혁명으로 승화되었다.

이 과정에서 전국적으로 186명이 사망하고 6020명이 부상당하는 희생을 치렀다. 희생자는 노동자 61명, 고등학생 36명, 무직자 33명, 대학생 22명, 초등학생·중학생 19명, 회사원 10명, 기타 다섯 명이었다. 4월혁명 정신은 1960년대 아시아, 라틴아메리카 등으로 번져 반독재 민주혁명의 도화선이 되었다. 이승만은 하와이로 쫓겨가고 독재의 하수인들은 혁명재판에 회부되었다. 그러나 1961년 박정희 세력이 주도한 5·16쿠데타로 4월혁명은 '의거'로 격하되고, 이승만 독재 못지않은 박정희 18년의 군부독재가 자행되었다.

일본군 출신 박정희는 군부 쿠데타로 집권한 이후 굴욕적인 한일회담·베트남 파병 등을 통해 미국과 밀착된 힘을 배경으로 3선개헌, 유신 쿠데타, 긴급조치 등 강압통치를 자행했다. 그동안 경제개발 계획을 추진했으나 지역차별, 도농격차, 빈부격차 등 민족분열상을 조성하고, 온갖 특혜를 통해 소수 재벌을 육성했다는 평가를 받는다.

박정희가 강권통치와 개헌을 통해 종신집권을 획책하는 동안 학생·노동자·야당·종교인·문인·언론인 등 재야 민주세력은 부정선거 반대, 한일회담 반대, 100만인 서명운동, 민주회복 시민운동, 3·1구국선언, 부마항쟁 등을 전개하면서 박정희 독재 타도에 나섰다. 이 과정에서 수많은 청년학생과 민주인사들이 처형·투옥·납치·해직·연금·수배를 당하고, 한국의 인권 탄압은 국제사회의 조롱거리가 되었다.

박정희는 1979년 10월 궁정동의 안가에서 20대 여성들과 술판을 벌이다가 중앙정보부장 김재규의 총탄에 맞아 18년 독재의 종말을 고했다. 국민의 민주항쟁이 독재정권 내부의 분열을 일으키는 동인이 되었다.

박정희 권력 밑에서 기생해온 군부 내의 사조직 하나회 출신 전두환·노태우 등은 1979년 12월 12일 하극상을 통해 군권을 장악하고, 1980년 5월 17일 쿠데타로 제2기 군부독재 정권을 수립했다.

이에 반대하여 궐기한 5·18광주항쟁을 신군부가 공수부대의 핵심인 7공수여단의 33대대와 35대대 병력을 광주에 파견, 시민·학생들을 무차별 살상하면서 광주는 살육의 피바다가 되었다. 광주에서는 수백 명의 사망자와 수천 명의 부상자가 생겼으며 아직도 행불자와 집단매장지가 발견되지 않고 있다.

광주의 시민·학생들은 신군부의 무차별 살상에 맞서 무장투쟁을 전개했으나 훈련된 공수부대의 상대가 되기 어려웠다. 광주항쟁은 1980년대 민주화와 통일운동의 기폭제가 되었다. 1988년 여소야대 국회에서 '광주학살 진상규명 청문회'가 열렸으나 정확한 사망자 수와 발포 책임자 등은 밝히지 못했다.

신군부 정권은 광주학살, 민주화운동 탄압 등 온갖 반민주 폭거를 자행하다가 1987년 6월항쟁을 맞게 되었다.

전두환은 박정희 정권보다 더 잔혹한 살육과 탄압으로 민주주의를 짓밟았다. 그러나 국민은 굴복하지 않았다. 광주항쟁을 시발로 민주화추진협의회와 1985년 2·12 총선을 통해 선명 야당이 결집하고 이어서 개헌 현판식 과정에서 시민·학생들과 연대하여 반독재 투쟁을 전개했다. 학생·노동자들은 미문화원 점거, 민정당사 점거를 비롯하여 5·3 인천 사건, 건국대 농성사건과 분신·투신·할복 등 자기희생을 통해 격렬한 전두환 타도투쟁을 벌였다.

전두환 정권은 부천서 성고문사건, 박종철 고문치사사건, 이한열 최루탄 피격사건 등 반인륜적 야수적 만행을 자행하면서 민주세력을 탄압했지만, 1987년 시민·학생·노동자·종교인·야당 인사들이 연대하여 6월항쟁으로 군부세력을 압박했다. 6월항쟁은 동학농민혁명 → 3·1독립항쟁 → 4월혁명 → 반유신항쟁 → 부마항쟁 → 광주항쟁으로 이어지는 민족·민주·민중운동의 총체적 저항투쟁이었다.

신군부세력은 후계자로 지목된 노태우가 직선제 개헌 등 민주화를 수용하는 '6·29 항복선언'으로 위기를 모면하고자 했다.

6월항쟁의 '역사의지'는 성공했으나 현실 정치에서는 성공하지 못했다. 6·29선언 이후 야권은 직선제 개헌 등을 수용하고, 결국 김대중·김영삼의 분열과 정부의 관권 부정선거로 노태우에게 패배했다. 5년 동안 군부정권이 이어졌으나 여소야대 정국에서 어느 정도 민주화가 진척되었다. 하지만 이것도 잠시 1990년 노태우·김영삼·김종필의 3당 야합으로 거대 여당이 태어나면서 권력은 5공체제로 회귀했다.

다시 학생, 노동자들이 저항의 전선에 나서고 수명의 학생·노동자가 분신, 투신하면서 이른바 '분신정국'이 형성되었다. 민주세력은 극심한 탄압을 받으면서도 노태우 정권의 공안몰이에 저항하면서 민주주의를 회복시키고자 싸웠다.

1992년 12월 군부세력과 야합한 김영삼이 대통령에 당선되어 문민정부를 출범시켰다. 김영삼은 초기에 전두환·노태우 구속, 하나회 해체, 금융실명제 실시 등 개혁을 추진했으나 수구기득권 세력에 포위되어 곧 한계를 드러냈다. 국정의 무능은 IMF 사태를 초래하고 6·25전쟁 이래의 국난이라는 경제위기를 불러왔다.

1997년 제15대 대선에서 야당의 김대중 후보가 승리하면서 정부 수립 이후 최초로 수평적 정권교체로 민주진보세력이 집권하게 되었다. 김대중은 김종필과 연합하여 집권하고, 의욕적으로 개혁을 추진했지만 원내 다수당을 장악한 야당의 발목 잡기로 한계에 부딪혔다. 여기에 국가부도 위기에 직면해 경제 살리기에 총력하느라 초기 국정 개혁의 기회를 놓치고 말았다.

김대중 정권은 국가인권위원회와 여성부 설치 등 인권과 소외계층의 권익 향상에 노력했다. 또 제주 4·3 진상규명위원회, 의문사 진상규명위원회, 민주화 명예회복위원회 등 과거사 청산 작업을 비롯하여 200만 명에 이르는 기초생활보호자 대책 등을 실시했다.

반세기가 넘도록 적대와 증오심으로 대치해온 남북 관계를 6·15 선언과 남북 정상회담을 통해 화해와 협력의 구도로 바꾸고 금강산 관광 사업으로 한반도 평화통일의 물꼬를 텄다. 김대중 대통령의 노벨평화상 수상은 한국의 '국격'을 높이는 데 기여했다.

2003년 제16대 대통령에 취임한 노무현은 김대중 정권의 정책을 이어받아 국정을 수행했으나 1년 만에 보수세력의 탄핵 위기에 몰렸다. 시민들의 촛불시위와 헌재의 기각 판결로 직무에 복귀했으나 보수언론과 야당의 끈질긴 발목 잡기로 개혁정책에 어려움이 적지 않았다.

노무현 정부는 반민족친일진상규명위원회, 진실화해위원회, 친일재산 환수위원회 등 과거사 청산에 노력하고, 지방분권 정책으로 행정수도 충남 이전 문제 등을 결정했다. 특히 국가정보원, 검찰, 국세청 등 국가 핵심 권력기관에 자율성을 부여하고 선거의 공정성을 위해 선거 풍토를 개혁했다. 개성공단 설치와 제2차 남북 정상회담을 통해 한반도 평화체제를 구축했다. 국가보안법 폐지, 사립학교법 개정 등 4대 악법의 처리는 보수세력의 반대로 좌초되었다. 노무현 대통령은 퇴임 뒤 김해 봉하마을로 귀향했으나 2009년 5월 이명박 정부의 정치보복에 몰려 투신자살했다.

2008년 제17대 대통령에 취임한 한나라당 이명박은 '실용주의'를 내세웠다. 하지만 보수 일변도의 정책으로 일관하여 전임 정부의 개혁과 남북화해 체제를 가로막았다. 공영방송 장악을 비롯하여 보수 신문에 지상파방송 허용, 부자감세, 민간인 사찰, 용산참사, 촛불시위자 탄압, 노무현 측근 구속, 노무현 전 대통령 정치보복, 4대강사업 강행, 보수단체 지원과 시민단체 지원 차단 등 반개혁으로 시종했다.

정부는 분별없는 미국산 쇠고기 수입에 반대하여 벌인 수백만 시민의 촛불시위와 35미터 높이의 크레인에 올라가 항의 농성하는 한진중공업 해고 노동자 김진숙을 지원하는 '희망버스'에 물대포를 쏘고, 광화문 서울광장을 시민들로부터 빼앗았다. 삶의 터전을 잃고 항의하는 시민들을 불에 태워 죽여도(용산참사) 경찰 책임자들은 승승장구했다.

'경제 살리기'를 믿고 이명박을 찍었던 국민은 고용불안·소득격차·교육격차·주거불안·노후불안·전쟁불안에 시달리는데 집권세력은 소수 재벌을 배 불리는 토건사업에만 예산을 투입했다.

전임 정권에서 어렵게 추진해놓은 남북관계는 천안함, 연평도사건 등 전쟁 일보 전까지 치달아 한반도의 위기국면을 조성했다. 여전히 진보세력을 좌파·종북주의자로 매도하고 한국 사회를 1950년대식 멸공주의 시대로 되돌렸다.

1987년 6월항쟁으로 군사독재를 거부하고 민주화시대로 역사의 수레바퀴를 돌린 지 20여 년 만에 이명박 정권의 등장과 함께 한국 현대사는 다시 반동기를 맞게 되었다. 일제강점기 친일로부터 형성된 한국의 보수수구세력은 이승만·박정희·전두환·노태우·김영삼 정권을 거치면서 막대한 부를 형성하고, 이를 토대로 정치·경제·언론·대학·검찰·경찰 등 권력기관에 포진했다. 김대중·노무현 정권의 민주개혁 정책은 거대한 수구세력의 저항을 받게 되고 민주진보정권은 10년 단명에 그치게 되었다.

이명박 정권은 민주주의 후퇴, 서민생계 파탄, 남북관계 적대화를 심화시켰다. 하지만 국민은 역사의 반동을 방관하지 않았다. 촛불시위를 비롯하여 노무현 전 대통령 추모집회, 4대강 반대, 한·미 자유무역협정(FTA) 반대, 2011년 10월 26일 실시된 서울시장 선거에서 박원순 후보 당선 등 깨어 있는 국민, 특히 청년층이 역사의 반동을 막고 개혁진보의 가치를 살리고자 노력했다. 한국 청년의 면면한 저항과 진보의 역사의식을 다시 보여주었다.

돌이켜보면 우리나라는 고구려·발해의 대륙 국가가 멸망하면서 왜소한 반도 국가로 전락하고, 해양세력과 대륙세력이 패권을 다투는 지정학적 구조로 사대주의적 지배세력을 낳게 되었다. 특히 조선왕조 이래 친명, 친청, 친일, 친미로 종주국을 바꿔가면서 사대권력을 장악해온 보수수구세력은 이명박 정권에 이르기까지 600년간 견고한 기득권을 유지해왔다.

왕조사와 민중사는 달랐다. 이 땅의 민중들은 지배층의 사대와 수탈에도 불구하고 의병, 독립군, 의열단, 광복군, 통일국가 수립운동, 민주화운동, 노동운동, 평화운동으로 이어지는 줄기찬 항쟁을 통해 민족의 정체성을 지키며 경제건설과 민주화를 추진해왔다. 그 중심에는 언제나 불의를 보면 참지 못하는 청년들의 의기가 있었다. 또 시대정신에 투철한 소수 선각자들의 헌신이 있었다. 느리기는 하지만 한국의 근현대사도 진보와 저항의 인류사적 발전과 운동에 동행하고 있다.

주(註)

1. 태초에 저항이 있었다

1) 신영복,『강의 : 나의 동양고전독법』, 217쪽, 돌베개, 2004.

2) 기세춘,『묵자』, 332쪽, 바이북스, 2009.

3) 고병익,『아시아의 역사성』, 39~40쪽, 서울대학교 출판부, 1969.

4) 사마천,『사기』, 이사열전.

5)『사기』권 6, 진시황본기.

6) 황밍허(黃鳴鶴) 지음, 이철환 옮김,『법정의 역사』, 414쪽, 시그마북스, 2008.

7) 김삼웅,『위대한 아웃사이더』, 33쪽, 사람과 사람, 2002.

8) 빌헬름 바이쉐델 지음, 연효숙 옮김,『철학의 뒷계단』, 38쪽, 분도, 1990.

9) 앞의 책, 39쪽.

10) T. Z. 래빈 지음, 문현병 외 옮김,『소크라테스에서 사르트르까지』, 24쪽, 동녘, 1996.

11) 앞과 같음.

12) 앞의 책, 25쪽.

13) 제임스 A. 콜라이아코 지음, 김승옥 옮김,『소크라테스의 재판』, 247쪽, 작가정신, 2005.

14) 앞의 책, 206쪽.

15) 앞의 책, 317쪽.

16) 앞의 책, 325쪽.

17) T. Z. 래빈, 앞의 책, 383쪽.

18) 김삼웅, 앞의 책, 36~37쪽.

19) 빌헬름 바이쉐델, 앞의 책, 44쪽.

20) 에르네스트 르낭, 박무호 역,『예수전』, 324쪽, 홍성사, 1986.

21) 플루타르크,『영웅전-크라수스편』.

22) M. 일리인·E. 세갈 지음, 민영 옮김,『인간은 어떻게 거인이 되었나 2』, 304쪽, 일빛, 1996.

23) J. F. C. 해리슨 지음, 이영석 옮김, 『영국민중사』, 70쪽, 소나무, 1989.

24) 찰스 오먼, *The Great Revolt of 1381*(Oxford, 1906 ; new ccln, 1969)

25) 도브슨, 앞의 책, 164~165쪽.

26) 해리슨, 앞의 책, 89쪽, 재인용.

27) 해리슨, 앞의 책, 91쪽.

28) 모리치오 비롤리 지음, 김경희·김동규 옮김, 『공화주의』, 16~17쪽, 인간사랑, 2006.

29) 와타히키 히로시 외 지음, 김현영 옮김, 『자유로 읽는 세계사』, 209쪽, 디오네.

2. 종교의 시대 : 우상과 싸우다

1) E. 코크래인·J. 커쉬너 엮음, 김동호 옮김, 『르네상스』, 42~43쪽, 신서원, 2003.

2) 강본청일(岡本淸一), 『자유의 문제』, 43~44쪽, 진흥문화사, 1983.

3) 에리히 프롬, 『불복종에 관하여』, 13쪽, 범우사, 1996.

4) 앞의 책, 14쪽.

5) 박성래, 『과학사서설』, 93쪽, 한국외국어대학교 출판부, 1997.

6) 브로노프스키·매즐리슈 공저, 차하순 옮김, 『서양의 지적전통』, 150쪽, 홍성사, 1980.

7) B. 러셀 지음, 송상용 옮김, 『종교와 과학』, 21쪽, 전파과학사, 1984.

8) 존 헨리 지음, 예병일 옮김, 『왜 하필이면 코페르니쿠스였을까』, 17쪽, 몸과 마음, 2003.

9) 요하네스 헴레벤 지음, 안인희 옮김, 『갈릴레이』, 172쪽, 한길사, 1998.

10) 카리우트리오 지음, 안미현 옮김, 『이브의 역사』, 11쪽, 자작, 2001.

11) 네이 벵사동 지음, 박혜경 옮김, 『여성의 권리』, 21쪽, 탐구당, 1993.

12) 앙드레 미셸 지음, 이혜숙 옮김, 『여성해방의 역사』, 27~28쪽, 백의신서, 1994.

13) 홍성표, 『서양 중세사회와 여성』, 16~17쪽, 재인용, 느티나무, 1999.

14) 김응종, 『사양사 개념어사전』, 137쪽, 살림, 2008.

15) 에두아르트 푹스 지음, 전은경 옮김, 『캐리커처로 본 여성풍속사』, 95쪽, 미래 M&B, 2007.

16) 앞의 책, 55쪽.

17) 홍성표, 앞의 책, 18쪽 재인용.

18) 카를 마르크스, 『자본론』.

3. 혁명의 시대 : 천부인권의 탄생

1) 니콜 하워드 지음, 송대범 옮김, 『책, 문명과 지식의 진화사』, 80쪽, 플래닛 미디어, 2007.

2) 앞의 책, 82쪽, 재인용.

3) 차하순, 「백과전서에 나타난 사회사상」, 〈역사학보〉 제53~54 합편, 187쪽, 재인용.

4) 앞의 책, 188쪽.

5) 이상신, 『개정 서양사학사』, 290~291쪽, 신서원, 1994.

6) 『위대한 사상과 사상가들』, 현대사상연구회 편, 124쪽, 범우사, 1977.

7) 피터 게이 지음, 주명철 옮김, 『계몽주의의 기원』, 21~22쪽, 민음사, 1998.

8) 차하순, 『서양근대사상사 연구』, 104쪽, 재인용, 탐구당, 1994.

9) 디트라이 슈바니츠 지음, 인성기 옮김, 『교양』, 173~174쪽, 들녘, 2001.

10) 미국사연구회 엮고 옮김, 『미국역사의 기본사료』, 19~20쪽, 소나무, 1996.

11) R. R. 파머·J. 콜튼 공저, 강준창 외 옮김, 『서양근대사(2)』, 672쪽, 삼지원, 1992.

12) 미국사연구회 엮고 옮김, 앞의 책, 44쪽.

13) 김형곤, 『조지 워싱턴』, 91쪽, 재인용, 살림, 2009.

14) 스테파니 슈워츠 드라이버 지음, 안효상 옮김, 『세계를 뒤흔든 독립선언서』, 29쪽, 그
    린비, 2005.

15) 알베르 소부울, 『프랑스혁명사』, 234쪽, 일월서각, 1989.

16) 미셸 보벨-민석홍 대화, 〈신동아〉, 1987년 7월호.

17) 민석홍 엮음, 『프랑스혁명사론』, 7쪽, 까치, 1990.

18) 알베르 소부울 지음, 전풍자 옮김, 『프랑스혁명』, 2~3쪽, 종로서적, 1981.

19) 조경래, 『시민혁명사』, 233쪽, 일신사, 1992.

20) 조경래, 앞의 책, 215쪽, 재인용.

21) 스기하라 야스오 지음, 석인석 옮김, 『인권의 역사』, 40~41쪽, 한울, 1996.

22) 조경래, 앞의 책, 359쪽

23) 『백아금』 이도(吏道), 조덕본(曺德本) 지음, 김덕균 옮김, 『중국봉건사회의 정치사상』,
    150~151쪽, 재인용, 동녘, 1990.

24) 앞의 책, 151쪽.

25) 『손지재집』16, 남재기(南齋記), 숙공권(肅公權) 지음, 최명·손문호 옮김, 『중국정치사상
    사』, 881쪽, 서울대학교 출판사, 1998.

26) 『손지재집』3, 군직, 앞의 책, 883쪽.

27) 『손지재집』5, 조후전론(篠侯傳論), 앞의 책, 886쪽.

28) 『중국 고대사』, 318쪽, 인민교육출판사 역사실, 강화성신화서점, 2000.

29) 김삼웅, 『넓은 하늘 아래 나는 걸었네』, 97쪽, 동방미디어, 2000.

30) 이탁오 지음, 홍승직 옮김, 『분서』, 179쪽, 홍익출판사, 1998.

31) 이탁오, 『분서』, 「답등명부(答鄧明府)」, 앞의 책, 58쪽.

32) 『이탁오 문집』, 앞과 같음.

33) 김삼웅, 앞의 책, 103쪽.

34) 조덕본(曹德本) 지음, 김덕균 옮김, 『중국봉건사회의 정치사상』, 155~156쪽, 동녘신 서, 1990.

35) 김삼웅, 앞의 책, 107쪽.

36) 김삼웅, 앞의 책, 109쪽.

37) 천합정길(川合貞吉) 지음, 표문태 옮김, 『중국민란사』, 66~67쪽, 일월서각, 1979.

38) 유기, 『욱리자』, 소공권 지음, 최명·손문호 옮김, 『중국정치사상사』, 871쪽, 서울대학 출판부.

39) 앞의 책, 873쪽, 재인용.

40) 앞의 책, 877쪽, 재인용.

41) 고염무, 『일지록』, 조덕본 지음, 『중국봉건사회의 정치사상』, 168쪽, 재인용.

42) 앞의 책, 169쪽, 재인용.

43) 고병익, 「황종회의 신시대대망론」, 〈동양사학연구〉 1쪽, 동양사학회, 1970.

44) 서정보(徐定寶) 지음, 양휘웅 옮김, 『황종회 평전』, 226쪽, 돌베개, 2009.

45) 앞의 책, 229쪽.

46) 『명이대방록』, 원군(原君), 조덕본의 앞의 책, 163쪽, 재인용.

47) 조덕본, 앞의 책, 173~174쪽.

4. 민주주의의 시대: 꺼지지 않는 진보의 불꽃

1) 니콜라이 베르자예프 지음, 이경식 옮김, 『러시아 지성사』, 19쪽, 종로서적, 1985.

2) 이무열, 『러시아사 100장면』, 172쪽, 가람기획, 1994.

3) 마로스 슬로먼 지음, 박성규 옮김, 『러시아 문학과 사상』, 29쪽, 대명사, 1983.

4) 정명자, 『인물로 읽는 러시아 문학』, 35~36쪽, 한길사, 2001.

5) 안드레이 발리츠키 지음, 장실 옮김, 『러시아 철학과 사상사』, 59쪽, 슬라브 연구사, 1988.

6) 이무열, 앞의 책, 177쪽.

7) 정명자, 앞의 책, 57쪽, 재인용.

8) A. 아니킨 지음, 김악회 옮김, 『러시아 사상가들』, 210쪽, 나남, 1994.

9) 마로스 슬로먼, 앞의 책, 105쪽.

10) 안드레이 발리츠키, 앞의 책, 109~110쪽.

11) 앞의 책, 104쪽, 재인용.

12) 아니킨, 앞의 책, 247쪽.

13) 홍성우, 『프랑스 지식인의 양심과 용기』, 〈창작과 비평〉 1979년 봄호, 358~360쪽.

14) N. 할라즈 지음, 황의방 옮김, 『드레퓌스 사건과 지식인』, 113쪽, 한길사, 1992.

15) 앞의 책, 115쪽.

16) 지그프리트 피셔 파비안 지음, 김수은 옮김, 『위대한 양심』, 193쪽, 열대림, 2006.

17) 앞의 책, 203~204쪽.

18) 앞의 책, 204~205쪽.

19) 앞의 책, 205~206쪽.

20) 앞의 책, 206쪽.

21) 노서경, 「조레스의 드레퓌스 사건 개입의 이유와 의미, 1898년 1월·1899년 6월」, 〈프랑스사 연구〉 1999년 1월호, 118~119쪽, 한국프랑스사학회.

22) 노서경, 앞의 글, 122쪽, 재인용.

23) 앞의 책, 『위대한 양심』, 211쪽.

24) 앞의 책, 217쪽.

25) 앞의 책, 224쪽.

26) 이병혁, 「드레퓌스 사건에서 보는 양심과 진실의 승리」, 〈신동아〉 1987년 7월호.

27) 엠마 골드만 지음, 김시완 옮김, 『저주받은 아나키즘』, 역자 후기, 313쪽, 우물이 있는 집, 2001.

28) 콜린 윌슨 지음, 황종호 옮김, 『잔혹』, 222쪽, 하서출판사, 2003.

29) 볼테르, 『모음집』, 장 프레포지 지음, 이소희 외 옮김, 『아나키즘의 역사』, 35~36쪽, 재인용, 이룸, 2003.

30) 조지 우드코드 지음, 하기락 옮김, 『아나키즘』, 702쪽, 형설출판사, 1972.

31) 앞의 책, 69쪽.

32) 현대사상연구회 편, 『위대한 사상과 사상가들』, 183쪽, 범우사, 1977.

33) 조지 우드코드, 앞의 책, 124~125쪽.

34) 앞의 책, 125쪽.

35) 앞의 책, 129~130쪽.

36) 앞의 책, 151쪽.

37) 옥천신명(玉川信明) 지음, 이은순 옮김, 『아나키즘』, 40~41쪽, 오월, 1991.

38) 조지 우드코드, 앞의 책, 190쪽.

39) 앞의 책, 177~178쪽.

40) E. H. 카 지음, 박순석 옮김, 『미하일 바쿠닌』, 뒤표지, 종로서적, 1989.

41) 한스 마그누스 에첸스베르거 지음, 김준서 외 옮김, 『역사가 나를 무죄로 하리라』, 164쪽, 이매진, 2006.

42) 앞의 책, 167쪽.

43) 리영희(대담 임헌영), 『대화』, 618~619쪽, 한길사, 2005.

44) 노명식, 『프랑스혁명에서 파리코뮌까지』, 281~282쪽, 까치, 1980.

45) 김응종, 『서양사개념어 사전』, 350쪽, 살림, 2008.

46) 노명식, 앞의 책, 283~284.

47) 마르크스와 엥겔스, 『프랑스혁명연구 3』, 엥겔스의 서문, 38쪽, 태백, 1988.

48) 앞의 책, 90쪽.

49) 김태승 편역, 『세계사 기초지식』, 170쪽, 신서원, 1994.

50) 노명식, 앞의 책, 288~289쪽.

51) 노명식, 앞의 책, 288쪽.

52) 쥘 발레스 지음, 현원창 옮김, 『소설 파리코뮌(下)』, 322쪽, 형성, 1986.

53) 노명식, 앞의 책, 293쪽.

54) 앞의 책, 322쪽.

55) 제임스 졸 지음, 편집부 옮김, 『현대 유럽정치 사회사(1)』, 79쪽, 학문과 사상사, 1982.

56) 마르크스와 엥겔스, 앞의 책, 182쪽.

57) 앞의 책, 276쪽.

58) 앤터니 비버 지음, 김원중 옮김, 『스페인 내전』, 앞 날개, 교양인, 2009.

59) 임재경, 『스페인 내전』, 노명식·이광주 편, 『20세기 현대사』, 149쪽, 청람, 1981.

60) 앤터니 비버, 앞의 책, 425쪽.

61) 존 체리 엮음, 김기협 해설·옮김, 『역사의 원전』, 695~698쪽, 바다출판사, 2006.

62) 폴 존슨, 이희구·배상준 옮김, 『세계현대사』 2, 126~127쪽, 한마음사, 1993.

63) 임재경, 앞의 책, 163쪽.

64) 에드 레이너·론 스트이플리 지음, 이종인 옮김, 『가면을 벗은 역사』, 574쪽, 시대의 창, 2008.

65) 폴 존스 지음, 주윤정 옮김, 『모던 타임스 1』, 608쪽, 살림, 2008.

66) 앞의 책, 610~611쪽.

67) 앞의 책, 611쪽.

68) 앞의 책, 613~614쪽, 재인용.

69) 앤터니 비버, 앞의 책 머리말.